BAYERISCHE AKADEMIE DER WISSENSCHAFTEN

BAYERISCH-ÖSTERREICHISCHES WÖRTERBUCH

II. Bayern

BAYERISCHES WÖRTERBUCH (BWB)

Herausgegeben
vom
Beirat für Mundartforschung
Bearbeitet von Felicitas Maria Erhard, Edith Funk,
Anthony R. Rowley, Andrea Schamberger-Hirt,
Michael Schnabel und Vincenz Schwab.

Heft 33 (6. Heft des 4. Bandes)
dürfen – Eigen

DE GRUYTER
AKADEMIE FORSCHUNG

ISBN 978-3-11-163588-0
e-ISBN (PDF) 978-3-11-163616-0

Library of Congress Control Number: 77235493

Bibliografische Information der Deutschen Nationalbibliothek
Die Deutsche Nationalbibliothek verzeichnet diese Publikation in der Deutschen Nationalbibliografie; detaillierte bibliografische Daten sind im Internet über http://dnb.dnb.de abrufbar.

Druck und Bindung: CPI books GmbH, Leck

www.degruyterbrill.com

Fragen zur allgemeinen Produktsicherheit:
productsafety@degruyterbrill.com

dürfen, dör-

Vb. **I** Vollvb.– **1** die Erlaubnis haben.– **1a** (etwas bereits Genanntes od. Bekanntes) tun dürfen, °NB, MF vereinz.: *er håt nöt derfft* Laberweinting MAL; *Dös derfen Sie net? ... Aba geg'n mi, da hamm Sie scho derfen?* THOMA Werke VI,274 (Andreas Vöst).– **1b** hin-, hergehen, -fahren u.ä. dürfen, meist mit Richtungsadv., °OB, °NB vereinz.: °*er håd ned ins Wiatshaus deafa* Frsg; *nacha hama erst af unsana Platz hi derft* Blaibach KÖZ; *d' Leut ham natürli da net eini derfn* BREITENFELLNER Spinnstubengesch. 81.

2 †benötigen: *anno 1490 was alles das teur, das man dorft zu essen und trinken* ARNPECK Chron. 678,38f.

II Modalvb.– **1** die Erlaubnis, das Recht haben, berechtigt, befugt sein, °Gesamtgeb. vielf.: *des deast net doa* Eisenärzt TS; *Waglfåun håm ma an nian* [jeden] *Khiata deaffa* Mittich GRI; *denkn deafst allas, nea niat song* Sulzbach-Rosenbg; *Natürli durfst dei' Wort nit brecha* KOBELL Ged. 10; *Kinna, derfts af Kirwa göih* MORGENSCHWEIS mei Schloch 26; *den er daz gibet, die nidurfen nieth murmilon* 11.Jh. SKD 171,2 (Predigtslg B); *das er auch prezen bachen derffe* 1604 Stadtarch. Rosenhm PRO 144, 77.

2 Veranlassung haben, brauchen, °NB vereinz.: *sie deafat net zuaspiern* „sie braucht nicht" Neustadt KEH; *däafts Enk* [euch] *nöt füad'n, i thua-r-Enk nix!* LAUTENBACHER Ged. 37; *Du dèrfst nà˜ sàgng* „brauchst nur zu sagen" SCHMELLER I,538; *Ratich wider stet der vergift in ezzen, vnd wer sein wurtz izzet, der darf der slangen nicht fůrchten* KONRADvM BdN 453,18f.; *'S Prinzel leit schon auf dem Schragen* [Bahre] *... Derf nimm'r essen bayrisch Knöd'l* 1699 HARTMANN Hist.Volksl. II, 127; *die ... ihre wunden Von dem schlangen bis empfunden Derffen nur ins lager gehn Und des Moysis schlang ansehn So seind sie genesen* ROSNER Passionssp. 174.– In Beteuerungen der Unschuld, OB, NB, °OP vereinz.: *da deaf ö mausdåud umfoön!* „wenn ich lügen sollte" Aicha PA; *Da derfat mi pfeilgrad der Blitz derschlagn ... wenn i net die reine Wahrheit sag* Mchn.Stadtanz. 18 (1962) Nr.2,6.

3 †wagen, sich getrauen: *Marius ... dorft sich nit schlahen mit den Teutschen* AVENTIN IV, 506,31-507,2 (Chron.).

4 die Notwendigkeit, Verpflichtung haben, sollen, °OB, NB, MF, SCH vereinz.: *a Beichl* [Beil] *deaf, wänns gschliffa is, koan Fadn a da Schneid haba, sonst schneids nöt* Hohenpeißenbg SOG; *iatz derfast aber aufhören!* Passau; *dǫ dẹavada vimv mąrg ned dsvöl sā̃* nach HINDERLING Zinzenzell 254,72f.; *denne nidarf er sorgen* 9.Jh. SKD 69,65 (Muspilli); *So haben wir ... zuvor nie kain voglherdt vom pfleger, wie ietzt, dürffen besteen* [pachten] Hohenburg AM 1541 VHO 84 (1934) 53.– Auch sollen, können, zum Ausdruck eines Wunsches, einer Bitte, °OB, NB, OP vereinz.: *s deaf bål a mal andascht wean* Stadlern OVI; *Herr Richter, derfa S' ma glaubn* Mchn.Stadtanz. 18 (1962) Nr.9,4.

5 †können, die Möglichkeit haben: *so nidurffin si chindes m(en)din* [sich freuen] 11.Jh. MAURER relig.Dicht. I,74,31 (Merigarto).

6 im Konj. zum Ausdruck einer Annahme, einer Vermutung, °OB vereinz.: °*då duffatst zwoa Schtund wartn, bevorst bei dem Dokter dro kammatst* Siglfing ED; *Im Vergleich dazua derfat a Rosn ... gar net zum Dazoin sei!* MM 17.6.1998, 34; *fürchtete er nicht unbillich, es därffte denen im Thurn Leithenden nicht allerdings wohl ergehen* Tuntenhsn AIB 1730 G. MAYR, Marianischer Gnaden-Psalter, München 1738, 76.

Etym.: Ahd. *durfan*, mhd. *durfen* unreg. Vb. idg. Herkunft; KLUGE-SEEBOLD 224.

Ltg, Formen: Mit Fortsetzung von *-ö-*, Rückbildung aus dem mhd. Prät. *dorfte* (Lg. § 6b), Inf. *dẹafa*, *-fm*, auch *-ẹ(r)-* MF (dazu MB), *-ia-* (KÖZ; ESB, NEW, TIR; WUN), ferner *dẹam*, *dẹrm* u.ä. OF (dazu KEM, NEW, TIR, VOH).— 1., 3.Sg.Präs. *dẹav*, *dẹrv*, *dẹ̄v* u.ä., *diav* (KÖZ), 2.Sg.Präs. *-s(d)*, *-š(d)*, auch *dẹas(d)* OB, NB (dazu CHA, NEN, R; BT; HEB, HIP, SC), *-š(d)* OB, MF (dazu PA; BEI, NM; ND), *dẹaft* u.ä. (LF, MB; NM; FÜ, N), ferner *diafft* (KEM; WUN).— 1., 3.Sg.Konj.Prät. *-ad*, *-tad* (BOG), auch *duaft*, *-fad* u.ä. OB (dazu GRA, PAN; FDB), *dufad* (ED).— Part.Prät. *dẹaft* (AÖ; KÖZ, MAL, REG); v.a. nördl.NB, OP (vgl. SNiB V,115) nur in Bed.I, sonst Ersatzinf. wie Inf. In Bed.II Ersatzinf. Gesamtgeb.

SCHMELLER I,538.– WBÖ V,172-176.

Abl.: *Durft*, *dürftig*, *Dürftigkeit*, *Dürftling*.

Komp.: [**be**]**d.** ä.Spr. **I** wie →*d.*I,2: *dina gnada ... also ih des bidurfi* 11.Jh. SKD 182,3f. (Otlohs Gebet); *Dez menschen gesicht bedarf liehtes* KONRADvM BdN 33,19f.; *Die ietzigen Schulden dazu Wir der Steuer bedärfen* 1463 BLH VI,51.– **II** wie →*d.*II,2: *um Korn und Habern ... da bedarf Ew. Gnad nicht um sorgen* Mchn 1492 BLH IX,139.

SCHMELLER I,538.– WBÖ V,176.

Abl.: *bieder*. A.R.R.

Durft

F., Bedürfnis, ä.Spr., in heutiger Mda. nur in Komp.: *In desem uuortum sint allo unsro licmiscun* [leiblichen] *durufti pifankan* 9.Jh. SKD 44,38f. (Freisinger Paternoster A); *mag der vater den selben chinden daz selb erb nicht verchůmmern ... umb chain sein durft* 1340 Stadtr.Mchn (DIRR) 346,23-25.

Etym.: Ahd., mhd. *durft* stf., Abl. von →*dürfen*; [2]DWB VI,1801.

SCHMELLER I,539.

Komp.: [**Not**]**d. 1** †Bedrängnis, bedrängte Lage: *wil aber er ... durch notdv̊rft v̊ber die sehs schilling dar avf pawen* [in Stand halten] Aldersbach VOF 1296 Corp.Urk. III,458,1f.; *In zwang notturfft und armůtt das er wider zu im kam* HARTLIEB Dial. 358,8f.; *soll er ... nächtlicher Weil sich ohne sonderer Nothdurft nicht brauchen lassen* CJBjud 15.– **2** notwendige Menge.– **2a** das Nötige: *die Notdurft* Passau; *Ez schullen auch di vorgenanten vier leibe auf daz gewelbe ... pawn ir notdurft, swie si wellent* 1361 Rgbg.Urkb. II,198; *den Simon alhie ... in die Schuel ... gehen und die Notturfft ... lesen und schreiben lehrnen lassen* O'audf RO 1616 Chron.Kiefersfdn 351.– **2b** Bedarf, ä.Spr.: „Flachs baut man nur *zur Nothdurft*" SOG HAZZI Aufschl. II,1,125; *swaz man ... geit den swestern/ gewant vñ ander ir notturift* Altenhohenau WS 1295 Corp.Urk. III,387,32; *hat gesworn ... meinen herrn in irer notdurfft mit schreiben und anderm willig zu sein* Ambg 1441 VHO 74 (1924) 55.– Auch Unterhaltsbedarf: *das sy ir nottůrft und narůng nit besuchen ... mogen* 1498 Urk.Juden Rgbg 231.– **2c** †Vorrat: *die wägen (so si mit inen füerten und ire plunder und notturft darauf legten ...)* AVENTIN IV,151,30f. (Chron.); *In der Kuchel ... 1 zimliche Notturfft oder Verrath an erden Höfen* Wildenau TIR 1593 Oberpfalz 77 (1989) 231.– **3** was zur Verteidigung einer Rechtssache notwendig ist, ä.Rechtsspr.: *Auch ein jede Partey macht haben/ jhr Sach vnd Notturfft selbs ... im Rechten fürzebringen* Landr.1616 101.– **4** †wie →*D.*: *Fridrich Aichsteter, dem ich mein ... merckliche notdurft an ewer gnad ze werben bevolhen hab* Straubing 1435 SbMchn 1885,2.Tl 341.– **5** Entleerung von Darm od. Blase: *Notdurft* Passau; *In ainem haws unnsers ordens, da ward ain gebaw gemacht zu notturfft der múnch* HARTLIEB Dial. 359,24f.

SCHMELLER I,539, 1772.

Mehrfachkomp.: †[**Feuer-not**]**d.** Schornsteinbeschau: „weil die befohlene *Feuernotdurft* noch nicht gemacht ist" Aholfing SR 1657 VHN 80 (1954) 90.

– †[**Gegen-not**]**d.** wie →[*Not*]*d.*3: *da er je in solcher Zeit/ mit seiner Gegennotturfft nicht auffkommen kundt* Landr.1616 41.

– †[**Haus-not**]**d.** Hausgebrauch, eigener Bedarf: „die sogen. *Hausnothdurft*, nämlich ihren Holzbedarf für bauliche Reparaturen und an Brennholz" E. BECKER, Der Walchensee u. die Jachenau, Innsbruck 1897, 158; *wann ainer ... mer über sein hausnothdurfft Schmalz khauffen ... will* Tirschenrth 1563 VHO 22 (1864) 98.

– †[**Leibs-not**]**d.** Lebensnotwendiges: *Gelder/ so zu der Pupillen Leibs-Notturfft/ an Kostgeld ... nothwendig ... auffgewendet worden ist* Instruction Rgbg 22f.

[**Un**]**d., -darft** fehlende Notwendigkeit, in Phras. *zu* / † *nach U.en* unnötigerweise: °*z'udürftà* Mering FDB; *Z· undurften vo'schlengə͂* „ohne Noth verschleudern" SCHMELLER I,539; *die schlegel millich* [Buttermilch] ... *sol ein pawfraw dar geben den dreschern vnd ehalten vnd nit nach undurfften auß geben* Indersdf DAH 1493 HuV 17 (1939) 211.

SCHMELLER I,539; WESTENRIEDER Gloss. 601. A.R.R.

dürftig, -u-

Adj. **1** bedürftig, arm: *diafte* nach KILGERT Gloss.Ratisbonense 64; *sehzich phenninge sol man geben den Dv̊rftigen zeinem mal an dem charfreitage* Mchn 1279 Corp.Urk. I,350,20; *den armen dürfftigen umb wein und brot geben* Landsbg 1474 MITTERWIESER Fronleichn. 37; „erhalten *dürftige* Dienstbothen ... die besten Medikamenten ohnentgeltlich" MEIDINGER Landshut u. Straubing 110.

2 armselig, mangelhaft, OB, NB vereinz.: *a durftigs Gwand* Passau; *Der unsälig, durftig priester erschrackt hart* HARTLIEB Dial. 212,4f.

3 †bedürfend: *Nu birt ir durftic der gebe des heiligin geistis* Spec.Eccl. 68,8f.

4: *d'Wiesn wokst diaftö* spärlich Aicha PA.

5 mager, sehr dünn: *a dürftigs Kind* Passau; *diafte* nach KILGERT Gloss.Ratisbonense 64.

Etym.: Ahd. *durftîg*, mhd. *dürftic*, Abl. von →*dürfen*; KLUGE-SEEBOLD 224.

SCHMELLER I,539.

Komp.: [**be**]**d. 1** wie →*d.*3, ä.Spr.: *Thier/ die der Beschaw bedürfftig* Landr.1616 wendig: *daß bedierfftige gestreb* [

Inleith [Fln.] ... *aufgeschnitten* 1690 POSCHINGER Glashüttengut Frauenau 28.
SCHMELLER I,539.

[**not**]**d.** **1** wie →*d.*1: *notdürftig* „besitzlos" Passau; *die pischof ... solten die geistlichen güeter den nottürftigen außtailen ... nit in iren nutz wenden* AVENTIN IV,1060,21-25 (Chron.).– **2** †wie →*d.*3: *Fleisch schmalz vnd alles was Sÿ Nothürfftig gewösen* 1633 HAIDENBUCHER Geschichtb. 104,22f.– **3** wie →[*be*]*d.*2, ä.Spr.: *allen zeûg ... der zů solher aribeit gehŏrt und notdůrftig ist* 1359 Rgbg.Urkb. II,142.
SCHMELLER I,539. A.R.R.

†Dürftigkeit
F., Bedürftigkeit, Armut, ä.Spr.: *Egestas ... durchtichait* Aibling 1.H.15.Jh. Lib.ord.rer. 492,19.– Wohl auch seelische Armut: *erlöß uns von ubel ... mangerlay dürftigkait* Polling WM 2.H.15.Jh. ZDA 44 (1900) 191.

Komp.: [**Not**]**d.** wie →*D.*, ä.Spr.: *du solt sorg haben vmb ellend vnd vmb notturftigkayt armer menschen* JOHANNES V I Fürstenlehren 2,40-42.
WBÖ V,1144. A.R.R.

Dürftling
M. **1** im Wachstum zurückgebliebenes od. schwächliches Wesen, Gewächs, Körperglied.– **1a** Mensch, °NB mehrf., °OP vereinz.: *a Diaftlön* „Krüppel" Haselbach BOG; *dös vokrüppelte Gwachs ... Der Dürftling, der Herglaufane, der Gottvalassne!* HALLER Dismas 51.– **1b** Tier, °NB, OP vereinz.: *Düaftlön* „ungeratenes kränkliches Rind" Neurandsbg BOG; *Diaftling* HÄRING Gäuboden 135.– Auch jüngster Vogel im Nest: *Diaftling* Hunding DEG.– **1c** Pflanze od. Frucht, °NB, °OP vereinz.: °*Dirftling* verkümmerte Zwetschge Kchbg REG; *Dürftling* verkrüppelter Baum Rgbg; *Dürftling* „mißwachsene Zwetschge oder Schlehe" Bay.Wald SCHMELLER I, 539.– **1d** Körperteil, NB vereinz.: *mei rechta Zeigfinger is a Dürftling* Passau.
2 mißratener, wertloser Gegenstand, NB vereinz.: *dea* [Laib Brot] *is a ganza Diaftlöng woan* Hengersbg DEG; *diavdlen* „geringes, wertloses Ding" nach KOLLMER II,87.– Auch: *Dürftling* altes, schlechtes Taschenmesser Deggendf.
3: *der ... diaftling* „geistig minderbemittelter Mensch" KILGERT Gloss.Ratisbonense 64.
4: *Düaftleng* „kümmerlich um sein Auskommen ringender Mensch" JUDENMANN Opf.Wb. 27.
SCHMELLER I,539. A.R.R.

Duri(dari), Rausch, →*Diridari.*

Duridel →*Dorothea.*

Türke, -u-
M. **1** Türke: *da Türk* „statt 'die Türken' oder 'die Türkei', beim Politisieren" Mchn; *d'Faßnacht ... der Sensenbauern-Toni der hot an Türken gmacht* MÜLLER Lieder 186; *turk* SCHWEIZER Dießner Wb. 218; *dieweil ... ain gemainer reichstag zu Regnspurg gehaltn, vnd von ainer stattlichen hilf wider den Turckhen beratschlagt werden sollte* 1527 QE IV,115; *Vom 18. biß 26. Februariy haben die in der Nebenlag specificierte Türckhen bey den Neuen Cannall ... gearbeithet* 1689 HIERL-DERONCO Lust zu bauen 179.– Phras.: °*dea is wöi a Diak* „forscher Mensch, der die Arbeit anpackt" Kchnthumbach ESB;– °*der is wöi a Dirk* „ungezogen" Gunzendf ESB;– *Der Hausherr wenn ers mirkt Schlagt zu als wie a Türk* [heftig, ungezügelt] MAYER Raindinger Hs. 156.– *Dastehen / dasitzen wie ein angemalter T.* u.ä. reglos, teilnahmslos, steif, unbeholfen, OB, NB, °OP vereinz.: °*er steht da wöi a ogmolner Dürk* Wdmünchen; *dasitzen wie ein gemalter Türk* SCHLAPPINGER Niederbayer II, 39.– In Ausrufen der Verärgerung, Flüchen: *Türken Element!* Passau; *Türkenelement, und der hat mi ausgstocha!* Schönsee OVI Bayerld 18 (1907) 530;– *Türknstern!* Hengersbg DEG.
2 von Menschen allg., v.a. männlichen Personen.– **2a** kräftiger, grobschlächtiger, robuster Mensch, °NB, °OP vereinz.: °*er is a rechter Türk, dem ko nix o* Wiesenfdn BOG.– Als Hundename, °OB, °NB, °OP, °SCH vereinz.– **2b** ungehobelter, rüpelhafter Mensch: *Türk* „ungeschliffener ... Kerl" ZEHETNER Bair.Dt. 353.– **2c** lebhaftes, ungebärdiges Kind, Lausbub, °OP vereinz.: °*unsa Kina san richtige Dirkn* Neusorg KEM.– **2d** schwerfälliger, ungeschickter Mensch: *Dirk* Passau; *diak* „Tölpel" KOLLMER II,87.– **2e**: *Türken* „Schwarzhändler" OB.– **2f** allg. abwertend od. Schimpfw., OB, NB vereinz.: *Türk* Berchtesgaden.
3 Maikäfer mit rötlichem Brustschild, Kaiser: *Tiak* Ingolstadt.

4 Pfln.– **4a** †Mais (Zea mays): „Das Frühstück ... Mus aus Waitzen oder dem hier viel gebauten *Türk* (türkischem Korn)“ Chiemgau Bavaria I,440.– **4b** Feuerbohne (Phaseolus coccineus): *Türk* Metten DEG.

5 †best. türkische Münze: *7 Tůrken* 1405 Runtingerb. II,425.

6 †Türkis, Edelstein: *ainen guldein rinkch mit ainem langlaten saffir und mit ainem turcken* 1428 Runtingerb. III,68.

Etym.: Mhd. *Turc, Türke, Turke* st/swm.; WBÖ V, 1145.

SCHMELLER I,621.– WBÖ V,1145-1149.

Abl.: *Türkel*[1], *türkelhaft*, *-türkeln*[1], *Türken*, *türkisch*.

Komp.: [**Hei**]**t.**, [**Hau**]- →*Heiduck*.

[**Kruzi**]**t.**, Fluch, →*Kruzifix*.

[**Kümmel**]**t. 1**: *Kümmetürk* „abfällig für türkischer Gastarbeiter“ BINDER Saggradi 115.– **2**: *Kümmetürk* „langweiliger Spießbürger“ BINDER Saggradi 115.– **3**: *Kümmltürk* „Prahlhans“ SINGER Arzbg.Wb. 131.– **4** wie →*T.*2b, NB, °OP vereinz.: *Kümltürk* grober Mensch Mehlmeisel KEM.– **5** wie →*T.*2c, °OP vereinz.: °*Kimmltürk* ungezogenes oder eigensinniges Kind Kemnath; „wenn er fragte, *was seid ihr*, und die Klasse im Chor antworten mußte *Kümmeltürken*“ Falkenbg TIR Heimat TIR 13 (2001) 130.

WBÖ V,1149f.

[**Semmel**]**t.** wie →*T.*2b: *Semmediak* „dummer, ungehobelter Kerl“ BINDER Saggradi 218.

A.S.H.

Türkel[1]

M. **1** Türke: *wo insa Kurfürscht mit de Türkln a'n Kriag is* DINGLER Türkenfahrer 16.– Phras.: *Schaugts ma den Schneidersgsell, Sitzt in der Ofenhöll Grad wiar a Türkl* [im Schneidersitz] *her* DINGLER Handwerksleut 39;– *der alte Naz ... fliegt ... in das Schaffl mit der roten Rosenfarb. Wie ein angemalter Türkl hat er ausgeschaut* [bunt bemalt, mit Farbe befleckt] Altb.Heimatp. 9 (1957) Nr.26,7.

2 von Menschen allg., v.a. männlichen Personen.– **2a** Mensch mit dunkler Gesichtsfarbe: *is des a Tüarkl* O'audf RO.– **2b** kräftiger, grobschlächtiger, robuster Mensch, °OB, °NB, °OP vereinz.: °*san scho soichane Dirggln a, d'Hoizmeiabuam* Ebersbg; *diakl* „kräftig gebautes Kind“ nach DENZ Windisch-Eschenbach 272.– **2c** ungehobelter, rüpelhafter, gewalttätiger Mensch, °OB, °NB, °OP vereinz.: °*der Dürkl hätt mi fast umgrennt vor lauter narrisch* G'höhenrain AIB; „*Der is ma da Diakl z'grouß!* ... der ist mir zu grob“ BINDER Saggradi 41.– **2d** eigensinniger, sonderbarer Mensch, °OB, °NB, °OP, °SCH vereinz.: °*a dickschedleter Dirkl* Gündlkfn LA; °*a so a Türkl* „komischer Kauz“ Neumarkt.– **2e** schwerfälliger, langsamer, ungeschickter Mensch, °OB, °NB mehrf., °OP vereinz.: °*den Dirkl konnst zu koana gnädign Orwat net braucha* Teisendf LF; °*der Dirkl is mir in d'Wasch eidredn* Simbach EG; *diakl* „Tölpel“ KOLLMER II,87.– **2f** dummer, einfältiger Mensch, °OB, °NB vereinz.: °*so a Dürkl* Senkenschlag DAH.– **2g** lebhaftes, ungebärdiges Kind, Lausbub, °OB, °NB, °OP mehrf., °SCH vereinz.: °*gib a Ruah, du Dirkl!* Mauern FS; °*hot der Dirkl scho wieda a Fenster eigwoafa* Petzkfn R; „*Hörst net auf, du Türggl!* ... die Buben ... wenn's recht ... unartig ... waren“ SCHILLING Paargauer Wb. 47.– **2h** alberner, kindischer Mensch, °OB, °NB vereinz.: °*a Dirkl is a* Winklsaß LA.– **2i** leichtfertiger, nichtsnutziger Mensch, °OB, °NB vereinz.: °*a so a Dirggl, auf da Keglboo håd a sei gånzi Hirwa* [Anwesen] *vaschbuid* Ebersbg.– **2j** durchtriebener, böswilliger, zänkischer Mensch, °OB, °NB, °OP vereinz.: *zwiedana Türkl* Neubeuern RO.– **2k** schlauer, pfiffiger Mensch, °OB, °NB vereinz.: °*Diaggl* Neufraunhfn VIB; „*Diaggl* ... Schlaumeier“ Tacherting TS Heimatb.TS 37.

3 von Tieren.– **3a** (großer, kräftiger, nicht reinrassiger) Hund, auch Hundename, °OB, °NB, °OP vereinz.: °*dös is a richtiga Türkl* Ohlstadt GAP; *Türkl* STEMPLINGER Altbayern 54.– Auch: °*Türkl* „großer, kräftiger Kater“ Schwandf.– **3b** unfolgsamer, lebhafter Hund, °NB, °OP vereinz.: *er is a Türkl* Schönbrunn LA.

4 Körperteil.– **4a** dicker, unförmiger Kopf, NB vereinz.: *dea håt a so an Diakl auf* Seestetten PA.– **4b**: *Tiăkl* „Penis“ FEDERHOLZNER Wb. ndb.Mda. 221.

5 Pfln.– **5a** Mais (Zea mays): °*Türkl* (Ef.) Wasserburg; *Der ... Türkel* „türkischer Weizen, Mais“ SCHMELLER I,621.– **5b** wohl †Steckrübe (Brassica Napus Napobrassica): *Zu rutten des krauts daz in turkel vel sulzrueben* [Rübenkraut] *die vast smeckhen* 15./16.Jh. ZDA 14 (1869) 173 (Tegernseer Angel- u. Fischb.).

SCHMELLER I,621.– WBÖ V,1151.

Komp.: [**Hei**]**t.** →*Heiduck*.

[**Ge-walt**]**t.** wie →*T.*2c: *der Gwalttürkl haut gar aso zua, daß ois brecha muaß* Passau. A.S.H.

Türkel[2]

M., (starker) Rausch, °NB mehrf., °OB, °OP vereinz.: °*der hat an soichan Dirkl, daß a nimma steh ko* Marktl AÖ; °*an gscheitn Dirkl håb i hoambråcht* Lohbg KÖZ; *er hat ... ein' Türkl* SCHLAPPINGER Niederbayer I,23.

WBÖ V,1151. A.S.H.

türkelhaft

Adj. **1**: *dierkelhaft* unbeholfen Moosham WOR.
2 lebhaft, ungebärdig: °*a türkelhafts Kind* Thanning WOR. A.S.H.

-türkeln[1]

Vb., nur in Komp.: [**an**]**t.** anstoßen, anrempeln, °OB, °OP vereinz.: °*den hob i gscheit o*ⁿ*dirklt* Frauenbg PAR.

[**anhin**]**t.** wie →[*an*]*t.*: °*an den bin i anidirklt* Pittenhart TS. A.S.H.

-türkeln[2]

Vb., nur im Komp.: [**an**]**t.** torkelnd, schwankend gehen, daherkommen: °*der dirklt o wej a Antn* Schnaittenbach AM.– Nebenf. von →*torkeln*; DWB XI,1,2,1856.

Abl.: *Türkel*[2]. A.S.H.

Türken

M. **1** Mais, (Brei aus) Maismehl.– **1a** Mais (Zea mays), °südl.OB vielf.: °*an Türkn putzn* Marquartstein TS; „aus Innsbruck mitgebracht ... *Erdäpfel, Türkn ... Fisolen*" M'nwd GAP Altb.Heimatp. 9 (1957) Nr.15,4; „türkischer Weizen ... *ə˜ Land* (Acker) *Türkng; ə˜ Sàk Türkng*" SCHMELLER I,621.– **1b** Polenta, °OB vereinz.: °*Türkn* „Maisbrei" Au AIB; „*ə˜ Pfann voll Türkng* ... gekocht" SCHMELLER I, 621.– **1c** Maismehl, °OB vereinz.: °*Dirgn* Reichersbeuern TÖL.
2 Steckrübe (Brassica Napus Napobrassica), °NB vereinz.: *Diagn* „weiße Rüben, für Tier und Mensch" Dietelskchn VIB.

SCHMELLER I,621.– WBÖ V,1145-1149. A.S.H.

Türkis, -os

M., Türkis, Edelstein, ä.Spr.: *1 zerbrocher ringck mit einem turkoß* 1476 Rgbg.Judenregister 141; *Im achten ring ain Dürgges, darein ein Kopff geschniten* Mchn 1581 MJbBK 16 (1965) 129 (Inv.).

Etym.: Mhd. *turkois, turkîs, turkes* stm., aus frz. *turquois* 'türkischer (Stein)'; KLUGE-SEEBOLD 936.

WBÖ V,1152f. A.S.H.

türkisch, -u-

Adj. **1** nach türkischer od. osmanischer Art, aus der Türkei od. Kleinasien stammend, NB vereinz.: *türkoschö Ringal* „Ohrringe" Hengersbg DEG; *ein schener langer dirggischer Teppich, yber ein Lange fursten Daffl* Mchn 1581 MJbBK 16 (1965) 136 (Inv.).
2 †leuchtend rot: *Wie man ein roß schön ferben soll ... nimb auf ein ros vier pfund wiener gewicht turhische farb* Roßarznei (BRUNNBAUER) 175.
3 †unchristlich, heidnisch: *so ja keine obrigkeitliche, geschweige eine christliche, sondern eine auf eine türkische Weis gleiche Procedur ist* 1689 Chron.Kiefersfdn 330.
4 †grausam, barbarisch: *Zum vierdten befinde ich mich in einer rechten Türckischen Dienstbarkeit: ich muß leyden/ daß mir das Marck in den Beinen möchte zerschmältzen* G. STENGEL, De Judiciis Divinis, Augsburg u.a. 1712, 266.

WBÖ V,1153-1156. A.S.H.

Turko(s)

M. **1** Turko: *De Turkos, de Zuavn, de Zephirl* RATTELMÜLLER Soldatenlieder 177.– Phras.: *a Had håm wiara Turkos* „schwarze Haut" Iggensbach DEG.
2: *turkas, turkus* „türkischer Brustgürtel für Frauen" SCHWEIZER Dießner Wb. 18 (Nachtr.).– Übertr.: *turkas, turkus* „im abfälligen Sinn von modischen Unterwäschestücken, Büstenhaltern usw." SCHWEIZER Dießner Wb. 18 (Nachtr.).

Etym.: Über frz. *turco* aus it. *turco* 'Türke'; DUDEN Wb. 3998. A.S.H.

Durl →*Dorothea*.

Turm, Turn

M. **1** Bauwerk.– **1a** Turm, Gebäude(teil), °OB, NB, OP, SCH vereinz.: *a neuche Uhi hamma drom an Tuim* Surbg TS; *dàs van Duan oara da Zwülfaschlooch aafangd* LODES Huuza güi

60; *Tu'n, Tuə'n* SCHMELLER I,622; *Die gygante, die wider got ... einin tûrn hin zi himele zimberin woltin* Spec.Eccl. 74,17f.; *Item geben einem hafner, der II ½ c daschen vff ein klains turndl gemacht hat, II lb d.* Ingolstadt 1489 Sammelbl.HV.Ingolstadt 99 (1990) 194 (Rechnung); *daß die übrige Schläg* [Prägungen] ... *die ... an denen zwey Thürnen zuerkennen, unter die verruffene zuverstehen sind* Mchn 1694 LORI Münzr. III,214.– Phras.: *da Thurm und Sturm lögt sö wieda* [alles renkt sich wieder ein] SCHLICHT Dorftheater 57.– Spiel: „Wenn man aus Scherz einen kleinen Knaben mit beiden Händen beim Kopfe packt, und ihn in die Höhe hebt, sagt man: *Wart' ich will dir den Thurm weisen*" DELLING I,142.– Ortsneckerei: „für die Stadt Neumarkt ... der Uzname *Turm*" BRONNER Schelmenb. 72.– **1b** †bewegliche turmartige Holzkonstruktion zur Belagerung u. Erstürmung von Befestigungsanlagen: *Ptolemæus ... hat am parn an seim hof* [zu versorgen] *gehabt ... viertausend helfentier* [Elefanten] *mit türn und pasteien* AVENTIN IV, 405,32-36 (Chron.).– **1c** Schuldturm, Haft darin.– **1cα** †Schuldturm, Gefängnis, Kerker: *wil ich [dich] ... in einen turen seczen* HAYDEN Salomon u. Markolf 336,1057f.; *iñ Thurn legen* SCHÖNSLEDER Prompt. Ii4r.– **1cβ** †Haft im Schuldturm, Gefängnis, Kerker: *dy jhenigen, so die geltstraff nit vermügen, mit dem thurn zustraffen* OP 1534 WÜST Policey 604.

2 kegelförmig aufgeschichteter Holzstoß: °*Duam* Babing VIB; *tūrə* Hohenfurch SOG nach SBS XIII,134.

3: *an ganzn Turm auf an Kopf hâm* „aufgetürmte Haartracht" Mittich GRI.

4 frei stehende Felsnadel, Anhöhe, OB, NB vereinz.: *Tuam* Fürstenfeldbruck.

5 †best. Münze: *ich chawfft zů Loven ... ain satplab tuch umb 23 ½ Durren* 1403 Runtingerb. II,203.

Etym.: Ahd., mhd. *turn* stm., roman. Herkunft; KLUGE-SEEBOLD 936.

Ltg, Formen: *duam, durm*, ferner *duan, durn* OB, NB (dazu CHA, ESB, NEW; EIH, HIP, N, SC; DON, FDB), *dūn* (ED, WOR; DON, FDB), *dūra* (FFB, LL, SOG, WM; FDB), *duim, duin* (BGD, LF, TS).— Pl. mit Uml. *diam, dirm*, ferner *dim* (GRI), *dian, dirn* (LL; MAI), *dīra* (LL, SOG), *dium* (BGD, LF, RO), *diama* u.ä. OP (dazu AÖ, LF, MÜ; GRA, MAI, MAL, PA; PEG; EIH, HEB, SC; FDB, ND), *deama* (LF), ansonsten ohne Uml. wie Sg., ferner *dūrax* (FFB, WM), *duima* (LF).

DELLING I,142; SCHMELLER I,622f.– WBÖ V,1156-1160.

Abl.: *türmen*[1], *Türmer*.

Komp.: [**Pfarr**]**t.** Turm einer Pfarrkirche, in Phras.: *an oban Pfarrdurn schreibn* „Aufsehen erregen" Ingolstadt.

[**Pulver**]**t.** **1** †Pulverturm: *Heraus, Alter, du mußt mit uns nach dem Pulferthurm* J. DEIFL, Infanterist Deifl, München 1939, 22.– **2** übertr.– **2a** großer, länglicher Kopf, OB, NB vereinz.: *an Buiferturm aufhâm* Burghsn AÖ.– **2b**: *Puifatuam* starrköpfiger Mensch Plattling DEG.

WBÖ V,1160.

†[**Faul**]**t.**: *Der ... Fâlturn* „verlornes Gefängniß in alten Schlössern, (Burgverlies), wo die Gefangenen lebendig verfaulen sollten" SCHMELLER I,708.

SCHMELLER I,708.

[**Frauen**]**t.** **1** einer der beiden Türme der Frauenkirche in München, im Rätsel: *Welches ist das glücklichste Paar in München? Die beiden Frauentürm' (Manderl und Weiberl); die haben immer Knöpf' (Knödel) und gar kein Kreuz* Mchn BRONNER Schelmenb. 207.– **2** meist Pl., übertr. best. Kegelbild, Formation stehengebliebener Kegel im Kegelspiel, °OB, °NB, °OP vereinz.: *d Frauadüam schdöngan no* Reisbach DGF; „Bleiben die beiden *Paarer* [Kegel schräg hinter dem *König*] allein stehen, so heißt das Bild *die Frauentürme*" ObG 15 (1926) 69.

[**Glocken**]**t.**, †[**Glock**]**-** Glockenturm, OB, NB vereinz.: *Glockntuam* Hengersbg DEG; *a Kapelln ... mit an hülzern Glockntturm* M. DINGLER, Der Schimmelhof, Feldafing 1959, 11f.; *Lienhart Mawrer vnd Jorg Soltel haben in Glockturn die Stiegen gepessert* Frsg.Dom-Custos-Rechnungen I,613.

WBÖ V,1160.

[**Holz**]**t.** wie →*T.*2: °*Hulzduam* Wdershf TIR; *holdsdurə* Dettenhfn LL nach SBS XIII,134.

[**Hunger**]**t.** Hungerturm, übertr. hagerer, hoch aufgeschossener Mensch: °*des is so a Hungerturm* Ergolding LA.

WBÖ V,1161.

[**Kirch(en)**]**t.** **1** Kirchturm, °OB, NB, OP vereinz.: *horscharf is dear Flieger übrn Kirchedure num* Hfhegnenbg FFB; *Kiratuin* Heimatb.LF II,43; *Darnach am chirchturn ein gaden ist* Landshut 1331 Chron.dt.St. XV,260; *Den 3. May ... hat zu Sultzbach der Donner in den*

Kirch Thurn geschlagen Taxa DAH 1658 BJV 1954,73.– Phras.: *etwas auf den Kirchturm naufschreibn* „überall herumerzählen" Hengersbg DEG.– *Dem muaßt mitn Kirchturm winken* „dem geistig Schwerfälligem deutliche Hinweise geben" Rudelzhsn MAI.– *A anderer kriagt a Watschn, daß er drei Tag um an Kirchaturm umilaaft* [heftige Ohrfeige] Beiträge zur Gesch. des Lkr. Regensburg H.26, Regensburg 1982, 10.– Schnaderhüpfel: °*droma am Kirchaturm tanzn zwoa Schneidabuam, tanzn so staad, daß der Wind net oiwaaht* Ottenzell KÖZ.– °*Wenn da Kirchturm a Maßkruag war und war volla Bier, trinkat ma grod oa Maß und nöt drei vier* Lalling DEG.– **2** übertr.– **2a** spitz zulaufendes Feld: *an Kirchatun* Erding.– **2b** abwertend spitzköpfiger Bub: *da Kihatuan* Wettzell VIT.– **2c** abgewinkelte Haltung des Zeigefingers beim Schreiben: *mogst wieda an rechtn Kirchaduan* „hältst den auf der Schreibfeder ruhenden Finger steif gebogen in einer Dreiecksform" Simbach PAN.

WBÖ V,1161.

[**Leucht**]**t.** **1** Leuchtturm, OB, NB vereinz.: *da Laichtduam* Mittich GRI.– **2** übertr.– **2a** rote Nase: *a ausgmachter doppelter Laichturm* Rosenhm.– **2b** wohl groß gewachsener Mensch: *a Leuchturm is dös* Neustadt KEH.

WBÖ V,1161.

†[**Luger**]**t.** Wachturm: *ain gart, hinder dem lueger turn an der mawr* Mchn 1372 MB XVIII, 199.

SCHMELLER I,1463; WESTENRIEDER Gloss. 333.

†[**Reck**]**t.** Turm, in dem gefoltert wird: *Je höher die Person hinauff gezogen wird in dem Reckthurn/ je grössere Schmertzen empfindet sie* J. DEDINGER, Vinea Domini, München 1678, 423.

SCHMELLER II,43.

†[**Zieh**]**t.** **1** wie →*T.*1b: *treibe daz gerüst oder ziechtürn von der stat maür* Ende 15.Jh. Cgm 356, 196.– **2** wie →[*Reck*]*t.*: „Der Münchner Thurm am Isarthor … der *Ziechthurn*; cf. *aufziehen* bei der Folter" 17.Jh. SCHMELLER II, 1106 (Schlosserrechnung).

SCHMELLER II,1106.

[**Zwiebel**]**t.** Kirchturm mit Zwiebelhaube: *Gleich da hinten bei dem Zwiefiturm ist Fischbachau* CHRIST Werke 259 (Mathias Bichler).

A.S.H.

Turmel

M., Schwindel, Taumel: *duaml* nach DENZ Windisch-Eschenbach 272; *Der Turmel* „Wirbel, Schwindel" SCHMELLER I,621.

SCHMELLER I,621f.– WBÖ V,1163. A.S.H.

türm(e)lig, -lich(t), -u-

Adj., schwindlig, benommen, betäubt, OB, °NB, °OP, °MF vereinz.: °*am Max is heunt türmlet im Kopf, der hat wieder amoi z tiaf in Krug gschaugt* N'viehbach DGF; *mir ists aber jetzt dürmlich* „sonderbar zu Mut" Neunkchn LAU; *türmlich* SCHMELLER I,622; „setzte sich Herr Dierl etwas *durmelig* auf den Bettrand" THOMA Werke VII,36 (Altaich).

SCHMELLER I,622.– WBÖ V,1164, 1168. A.S.H.

durmeln

Vb., schlafen, schlummern: *turmet oiwei so vor si hi* Schrobenhsn. A.S.H.

turmeln, turbeln, -ü-

Vb. **1** unpers., †schwindlig, benommen sein: *Wem … dürmelt vnd we ist in den oren* Ebersbg 15.Jh. Clm 5931,fol.241[v].

2 herumwirbeln, herumtollen.– **2a** †: *türmeln* „im Kreise herumwirbeln" SCHMELLER I,622.– **2b** auch refl., ausgelassen sein, herumtollen, °NB vereinz.: °*di Kinder turmeln si wieder im Dreck* Eggenfdn.

3 pochend schmerzen, °OB, °NB, OP vereinz.: *da Neaf is gånz düablad* Ambg.

Etym.: Mhd. *türmeln*, *-u-*, weitere Herkunft unklar; WBÖ V,1164. Formen mit *-rb-* wohl unter Einfluß von lat. *turbare*; vgl. DWB XI,1,2,1842.

SCHMELLER I,622.– WBÖ V,1164.

Abl.: *Turmel, türm(e)lig.* A.S.H.

durmen

Vb., schlafen, schlummern, OB vereinz.: *turma* Gachenbach SOB; „Bei einer so schönen Sommernacht … ist es nicht angenehm, in der Herberg zu *durma*" Greding HIP Dt.Gaue 12 (1911) 85.

Etym.: Über rotw. *dormen* 'dass.' (WOLF Wb.Rotw. 81f.) aus frz. *dormir*; WBÖ V,1165.

WBÖ V,1165.

Abl.: *durmeln.* A.S.H.

türmen[1], †-u-

Vb. **1** †mit einem Turm, Türmen versehen: „Anmuthsvoll und lustig steht das *gethürmte*

Schlößlein über den Wogen" Ammerld WOR STEUB Hochland II 442.
2 aufschichten, stapeln: °*Scheitl dirm* Simbach EG.
3 †ins Gefängnis sperren, einkerkern: *ain gemainer ratt hat ainen purger umb mißhandel* [nicht mit Tod bestrafte Verbrechen] *zu fahen und zu türnen* Hohenburg AM 2.H.15.Jh. VHO 84 (1934) 47.
SCHMELLER I,623.– WBÖ V,1164f. A.S.H.

türmen[2]
Vb., flüchten, schnell weglaufen: *Jetza derfa ma aber türma* PESTENHOFER Drahtverhau 45.
Etym.: Herkunft unklar; KLUGE-SEEBOLD 936.
WBÖ V,1165. A.S.H.

-türmen
Vb., nur im Komp.: [**auf**]**t.** refl., sich aufregen, zornig werden: °*dö kann nix anders als über jeds bissl si auftürma* Reit i.W. TS.– Abl. zur selben Wz. wie →*turmeln*. A.S.H.

Türmer, Turner, -ü-
M., Turmwächter, Turmbläser, später auch (leitender) Bläser, Musikant: *Thuina* „Musiker in der Kirche" Berchtesgaden; *Der Turner* „der ... geübt seyn muß, vom Thurme herab allerley Zeichen mit dem Horn oder der Trompete zu geben" SCHMELLER I,623; *Z'döift, Turna, z'döift spielst heint!* SCHWÄGERL Dalust 101; *swaz man Turnærn wahtærn/ Torwarteln geben sol* Hohenburg WS 1296 Corp.Urk. III, 468,45f.; *das ainer ... alle nacht auf die türner und ir slahen merke und ob sy darinn sawmbnus horten* 1465 KOLLER Eid 114; *Die Thurner blasen auch ein glückseliges neues Jahr an* BUCHER Pferderennen 9.
Etym.: Mhd. *turner*, *-ü-* stm., Abl. von →*Turm*; KLUGE-SEEBOLD 936.
SCHMELLER I,470, 623.– WBÖ V,1165f.

Komp.: [**Erd**]**t.** Ameise: *Erdtürner* Nantesbuch WM DWA V,4.

[**Stadt**]**t.** Turmwächter, Turmbläser, später auch leitender Bläser, Musikant einer Stadt: *geh mit auf Straubing zum Stadttürmer; da suachens Musikanten* STEMPLINGER Obb.Märchen I,41; *Dem Statt Thürmer liess mein Herr nitt plasen, schankt ihm 4 Krz.* Rottenbuch SOG 1538 OA 103 (1978) 253. A.S.H.

türmig, †-o-
Adj. **1** von einem best. körperlichen Zustand.– **1a** schwindlig, übel, benommen, betäubt, °OP, MF vereinz.: *oin diame schlong* Fürnrd SUL; *mir wirds dürmi* Reichenschwand HEB; *türmig* SCHMELLER I,622; *termi* „taumelnd, schwindelnd" HÄSSLEIN Nürnbg.Id. 134.– **1b** an Drehkrankheit leidend, OP, MF vereinz.: *des Schåuf is diame* Fürnrd SUL; *daz ein ytlicher fleischman hie im dorff kain Tormichs Vich nit schlahen sol* Ensdf AM um 1470 MB XXIV,236.
2 †: *türmig* „wild, ungestüm, zornig" SCHMELLER I,622.
Etym.: Abl. zur selben Wz. wie →*turmeln*; WBÖ V, 1166.
SCHMELLER I,622; HÄSSLEIN Nürnbg.Id. 134.– WBÖ V, 1166. A.S.H.

Dürming, Mitesser, →[*Dürr*]*made*.

türmisch, -u-, -ö-
Adj. **1** von einem best. körperlichen Zustand.– **1a** schwindlig, übel, benommen, betäubt, °OP, °OF vielf., °OB, °NB, °MF, °SCH vereinz.: *durmisch im Khopf* Fischbachau MB; °*i bin so tüamesch, kon mi nit bucka* Schnaittenbach AM; °*vo lauta Reitscholfåhrn* [Karussellfahren] *is a ganz dirmisch worn und speia hout a si a möin* Lauf; *diərmiš* Dinzling CHA nach BM I, 80; *daß si in den kopfen turmisch waren* Passau 1478 LILIENCRON hist.Volksl. II,145; „unbekanntes Kopfweh – ungarische Krankheit ... *Wer damit behafftet wurde, wurde bestürzt und dirmisch im Kopf*" Heideck HIP 1610 VHO 52 (1900) 103.– **1b** an Drehkrankheit leidend: *a dirmisch Schouf* Lauterhfn NM.– **1c** unter Hitzewallungen leidend: *diamisch wern* fliegende Hitze Dietldf BUL.
2 ungezügelt, erregt, unruhig.– **2a** wild, ungestüm, draufgängerisch, °OB, °NB, °OP vereinz.: °*dös hast a weng gar z'diamisch obackt* Fürstenstein PA; °*des is a ganz Dirmischa, der darennt ålle* „beim Fußball" Petzkfn R; *türmisch* „ungestüm, rappelköpfig" BAUERNFEIND Nordopf. 148; *Dürmisch* „stürmisch" PRASCH 17.– **2b** zornig, feindselig, leicht reizbar, °OB, °NB, °OP vereinz.: °*der schaug dürmisch drei, was nur der hot!* Brunnen SOB; *Dürmisch* WESTENRIEDER Gloss. 115; *ein graußlicher Mann ... gantz trutzig und türmisch* SELHAMER Tuba Rustica II,91.– **2c**: *a dürmischer Kerl* fahriger, unsteter Mensch Stadtamhf R.

3 nicht recht bei Verstand.– **3a** dumm, einfältig: *der hat an düamischn Khoopf aaf* Breitenbrunn PAR.– **3b** verrückt, närrisch, °OP vereinz.: *°bist du ganz dirmisch, spinnst du!* Frauenbg PAR.
4: *dürmisch* unheimlich Dietersburg PAN.
5 groß, klobig, außerordentlich.– **5a** groß gebaut, ungeschlacht, kräftig, °sö.NB mehrf.: *a diamösch Manaleit* Kreuzbg WOS; *aa da Ministerin is ganz zwoaraloa woan, zammt dem, daß a recht a türmisch Weibaleut gwön is* ObG 14 (1925) 416 (M. Peinkofer).– **5b** klobig, unhandlich, °NB vereinz.: *d'Nol is dürmisch* Iggensbach DEG.– **5c** außerordentlich, heftig, in hohem Maße, °NB vereinz.: *°der hat türmische Schmerzn* Arnstorf EG.

Etym.: Abl. zur selben Wz. wie →*turmeln*. Bed.5 auch zu →*Turm* möglich; WBÖ V,1168.

DELLING I,142; PRASCH 17; SCHMELLER I,622; WESTENRIEDER Gloss. 115; ZAUPSER 77.– WBÖ V,1166-1168.
A.S.H.

Turn → *Turm*.

Turnei, Tor-

M., Turnier, Ritterkampfspiel, ä.Spr.: *Und wo seind die schönen Turney blieben?* HOFMILLER Helmbrecht 35; *wol dan ... zuo der manslaht oder zuo dem turnei* BERTHOLDvR I,213, 8-10; *ain turnay reich von hellden aus erlesen* FÜETRER Persibein 12,42.– Reim: *Bayrischer Thurnier Rheym ... Jch mein auch die von Satlpogen/ Die seind offt nachgezogen/ Dem löblichen Thurnay/ Mit grosser Costung vnd Geschray* HUND Stammenb. I[,XVI-XX].

Etym.: Mhd. *turnei* stm., aus afrz. *tornoi* 'Kampf, Turnier, Drehung, Wendung'; Fremdwb. V,535.

SCHMELLER I,622; WESTENRIEDER Gloss. 583, 592. A.S.H.

turnen

Vb., turnen, sich sportlich betätigen, °OB, NB, MF, SCH vereinz.: *°de Gwichta brauch i gon Turna* G'holzhsn RO; *tuana mitn Oaman* Hengersbg DEG.

Etym.: Im 19.Jh. eingeführt im Rückgriff auf ahd. *turnen* 'lenken, wenden', aus lat. *tornare* 'drehen'; KLUGE-SEEBOLD 936.

Komp.: [**um-ein-ander**]**t.**: *°wo seids denn wieder umeinanderdurnt?* „planlos herumgelaufen" Manching IN. A.S.H.

dürnen, mit Dornen, Stacheln versehen, →*dornen*.

Turner

M., Wiener Würstchen, °NB (PA) mehrf.: *°Turner* Fürstenstein PA.

Etym.: Nach dem niederbayer. Metzger Ignaz Thurner (1877-1963); F. MADER, Tausend Passauer, Passau 1995, 237. A.S.H.

Turnier, Turner

M., N., Turnier, Ritterkampfspiel, ä.Spr.: *Diser zeit ... haben der bairisch und schwäbisch adel ainen turnier, rennen und stechen zu Straubing gehabt* AVENTIN V,567,25f. (Chron.).

Etym.: Mhd. *turnier* stm., Abl. von →*turnieren*; Fremdwb. V,535.

SCHMELLER I,622; WESTENRIEDER Gloss. 583.– WBÖ V, 1168f.

Komp.: †[**Nach**]**t.** letzter Teil des Turniers, bei dem die Helmzier heruntergeschlagen wird: *Das kain thurnierer dem Andern im nachthurner sein cleinat* [Abzeichen] *auf dem thurners helm über seinen willen erhawen und abslahen sulle* Ingolstadt 1484 Sammelbl.HV.Ingolstadt 9 (1884) 113. A.S.H.

turnieren, tor-

Vb. **1** †an einem Ritterkampfspiel teilnehmen: *das ir ainer zeit zu Zürch auf einem hof vier und dreissigk turnierten* FÜETRER Chron. 139,8f.
2 lärmen, lärmend herumrennen, streiten: *Turnieren* „poltern, lärmen, heftig zanken" Bay.Wald DELLING I,142; *durnian* „aufbegehrend Lärm machen" KONRAD nördl.Opf. 7; *in gehabten Rausch erschröckhlich zu schwurmen: vnd zu durnieren angefangt ... ös Hundsf: ös Häusleuth* StA Mchn Hofmark Amerang Pr.18 (27.5.1748).
3: *tunieʳn* „für etwas heftig mit Worten kämpfen" Naabdemenrth NEW.

Etym.: Mhd. *turnieren*, aus afrz. *tourn(o)ier, torn(e)ier* 'sich drehen, tummeln, kämpfen'; Fremdwb. V,536.

DELLING I,142; SCHMELLER I,622.– WBÖ V,1169.

Abl.: *Turnier, Turnierer*.

Komp.: [**ver**]**t.**: *verturnieren* durch schlechtes Wirtschaften zugrunde richten Wasserburg.

†[**umher**]**t.** wie →*t.*2: „herumrennen, lärmen ... *No˜ du To'niərə', wâu to'niə'st denn ummər 'ən ganz·n Tà'!*" Bay.Wald SCHMELLER I,622.

SCHMELLER I,622. A.S.H.

†Turnierer, Tor-

M. **1** Teilnehmer an einem Turnier, waffenfähiger Adliger: *wie wol der merer Adl, als die*

Turnierer, vil unlust mit dem mynnern adl hetten FÜETRER Chron. 258,20f.; *Historisches und Heraldisches Verzeichniß der Bayerischen Turnierer, und Helden* J.M.M.EINZINGER v. EINZING, Bayer. Löw, München, 2 Bde, München 1762 (Deckbl.).
2 jmd, der lärmt, herumrennt: *du To'niərə'* Bay.Wald SCHMELLER I,622.

Etym.: Mhd. *turnierære* stm., Abl. von →*turnieren*; Fremdwb. V,536.

SCHMELLER I,622. A.S.H.

Dürnitz, T-, -u-
F., beheizbarer Raum in einem Burg-, Schloß- od. Klostergebäude, bes. Speisezimmer, Frauengemach, ä.Spr.: *Da war ein Ritter, in dem seiner Dürnitz haust ein wilder Troß* HOFMILLER Helmbrecht 24; *einen Ofenmacher der di Ofen in der Mittern Stuben in der durntzen vnd dem klainen Stübl gemacht hat xxxij Pfg.* Ingolstadt 1392 FREYBERG Slg II,126; *Es befinden sich in dem gantzen Pallast ... 8. Türnitzen* ERTL Atlas I,124.

Etym.: Mhd. *dürniz, dürnitze* st/swf., aus slaw. **dvorŭnica* 'Hofstube'; KLUGE-SEEBOLD 211 (Dönse).

SCHMELLER I,542-544; WESTENRIEDER Gloss. 106.– WBÖ V,1169f. A.S.H.

†Turnos(e), Tornos, -nis, -nasch
M., urspr. in der frz. Stadt Tours, später auch in Deutschland geprägte Silbermünze: *unsere montze zu Amberg ... daz sy doselbs slahen mogen tornos, Amberger pfening nach Regenspurger pheninge korn, ufzal und werung* Ambg 1373 Runtingerb. III,86; *Thuronensis thurnasch* Seemannshsn EG 1466 Clm 17634, fol.199[r].

Etym.: Mhd. *turnôs, turnes* stm., aus afrz. (*gros*) *Tournois*; DWB XI,1,2,1897.

SCHMELLER I,623. A.S.H.

Turock → *Tarock*.

dürr, -ö-
Adj. **1** trocken, ohne Flüssigkeit.– **1a** ausgetrocknet, ohne Feuchtigkeit, °OB vielf., °NB, °OP, OF, °SCH vereinz.: *a dirs Schdikl Brout* Schloppach TIR; *düə're Spañ* nach SCHWÄBL altbayer Mda. 35; *uuitu ... thurri* wohl Rgbg 1.H.9.Jh. StSG. I,86,28f.; *aber so die vergift erhitzt, so tôt si den menschen mit derren vnd mit dů̂rr machen* KONRADvM BdN 288,9f.; *ain schlittn vol diers holz zu haus gefüerth* Abbach KEH 1600 HELM Obrigkeit 125.– **1b** ausgetrocknet u. unfruchtbar, karg (vom Boden), OB, NB, OP, OF vereinz.: *des is a dire Wis, do woxt nix wia Geamsbard und Hoad* Erding; *Sicientem durra* Tegernsee MB um 1000 StSG. I,806,22; *die schaff ... Wenne man sie fůrt an důrr waid, so lebend sie verr lenger wan auf faůhter waid* KONRADvM BdN 180, 21-28; *wächst an dürren orten* SCHÖNSLEDER Prompt. L8[v].– Häufig in ON, Fln. u. Gewässernamen.– **1c** vertrocknet, verdorrt, welk, abgestorben, °Gesamtgeb. vielf.: °*do ischt a durrer Ascht, dea keart wöckgmacht* Peiting SOG; *d'Bleamö hand dirr* Frauenau REG; *daaß ma an dürn Baam huln haout deam, wenn er am Stuack niat mäiharer wöi eilf Santimeter gmessn haout* SCHEMM Stoagaß 100; *Gramina ... arida thuriri* wohl Rgbg 1.H.9.Jh. StSG. I,160,33f.; *er kom vil kûme zu ainem durren boume* Kaiserchr. 181,5459f.; *Gegruesset seist dus du dürre rüotten ... gar wunderlichen pist du grůnen mit laubern und mit plaimen* Tegerns.Hym. 40,187-190.– Phras.: *I' ho's ihm gsagt dürr und grea* [wohl unmißverständlich] KOBELL Schnadahüpfln 140.– **1d** einen (zu) geringen Gehalt an feuchter, bes. fettiger Substanz aufweisend, °OB, NB, MF vereinz.: *a dira Kas* N'kam LA; *Der ist ein zornig man ... dem die haut an dem antlůtz trucken oder důrr ist* KONRADvM BdN 78,4f.– **1e** (fast) ohne Niederschlag, Luftfeuchtigkeit, °OB, NB, °OP, OF vereinz.: °*heid geht a dürrer Wind* „sehr kalt oder heiß" Mauern FS; *höor hama koan diarn Suma* Gottsdf WEG; *dira Nebl* feiner Dunst bei klarem Wetter am Horizont Mockersdf KEM; *uentis siccis ... uuinti thurri* wohl Rgbg 1.H.9.Jh. StSG. I,80,23; *War auch domals ein gar dürrer sumer, verpran Welschland* AVENTIN IV,103,28f. (Chron.).– **1f** gedörrt, gedarrt, nw.OB mehrf., °NB vereinz.: *dire Birn* Gundamsrd PAF; *dia(r)* „Dürrer Hopfen" MEISTER Hallertauer Hopfenbauern 61; *Swer obs in die stat fůret, ez sei grůn oder důrr* nach 1319 Stadtr.Mchn (DIRR) 236,12; *Von dirren Weixeln, kanst ihn aůch Machen* PICKL Kochb.Veitin 157.– **1g** geräuchert, geselcht: *a Dürrs* „Bauerngeselchtes" Naabdemenrth NEW; *dürres Fleisch* SCHMELLER I, 533; *49 Amber* [Amberger Pfennige] *umb důrr visch* 1393 Runtingerb. II,272; *daß sein weib nur ein dürrs stückhl fleisch under das khraut gelegt* Auerbach ESB Mitte 17.Jh. HELM Konflikt 95.– **1h** hart gefroren (vom Schnee): *da*

Schnee … grad g'rauscht hat a, so dürr is a g'wen BIBERGER Geschichten 13.– **1i** †ohne Auswurf, Schleim: *Wider die dúrren hústen … nim psillen samen* KONRADvM BdN 452,8-10. **2** dünn, mager, abgezehrt, °Gesamtgeb. vielf.: *des is a rechd a Dira* Teising MÜ; °*hot der a dirrs Gfries* M'rfels BOG; *derra Heida* mageres, schlechtes Pferd Preith EIH; *diə* Dinzling CHA nach BM I,81; *α durrα daifl* nach SCHWEIZER Dießner Wb. 217; *Sô ist er mager unde dürre an dem lîbe* BERTHOLDvR I,559, 28f.; *Dz man nur den alten dürren Arsch herbreche, es solle dopfen darauf geschlagen werden* Rgbg 1.H.17.Jh. Cgm 2212,fol.14r.– Als M., personifizierte Gestalt des Todes, in Phras.: *da Dürr mit der Sangs* [Sense] Chieming TS.
3 †rein, mit hohem Feingehalt: *auz den Regenspurgern ist zú Venedig worden dúrrs silbers 219½ markch Venediger gewichtt* 1395 Runtingerb. II,110.
4: *mit dirrö Woat* „trockenen, sachlichen Worten" Mengkfn DGF.

Etym.: Ahd. *durri*, mhd. *dürre*, germ. Wort idg. Herkunft; Et.Wb.Ahd. II,875f.

SCHMELLER I,533f.– WBÖ V,1170-1176.

Abl.: *Durrach, Dürre, Dürrel, Dürrling, Durrte*.

Komp.: **[bein(er)]d., [beinlein]- 1** sehr trocken, ohne jegliche Feuchtigkeit, °OB vereinz.: °*boadurr* „von sehr trockenem Heu" Bayersoien SOG.– **2** sehr dünn, mager, abgezehrt, OB, NB vereinz.: *des is a boadira Mensch* Mittich GRI; *Der Tod … Der boanldürra Tropf* STURM Lieder 74f.; *Da ist mir allemal unser Beindirrer Scherg eing'fahlen* BUCHER Jagdlust 74.
WBÖ V,1176.

[blitz]d. wie →*[bein(er)]d.*2, °OB, MF vereinz.: °*blitzdürr* Tittmoning LF.

[bock]d. 1 wie →*[bein(er)]d.*1, SCH vereinz.: *boukdürr* „vom Heu" Derching FDB; *De Astal san bockdürr* Altb.Heimatp. 67 (2015) Nr.40, 10.– **2** wie →*[bein(er)]d.*2, °OB, °OP, °SCH vereinz.: °*dea is bokdürr* Adelshfn FFB.
WBÖ V,1175.

[brettlein]d. sehr dünn, mager, flach (von Frauen), °OB vereinz.: °*de is brettldürr* Rehling AIC.

[brinn]d. wie →*[bein(er)]d.*2: *brinndürr* zaundürr Rieden AM.
WBÖ V,1175.

[pulver]d. wie →*[bein(er)]d.*1, °OB, °SCH vereinz.: *pulverdürr* zu stark getrocknetes Heu Hzkchn MB.
WBÖ V,1172.

[darm]d. 1 wie →*[bein(er)]d.*2, °OB, °NB vereinz.: °*Gribbe darmdüra!* Pörnbach PAF.– **2** geizig, widerwärtig, meist verstärkend bei Schimpfw., °OB, °NB vereinz.: °*so a darmdürrer Hund, schau daßd voschwindst!* Schönbrunn LA.
WBÖ V,1175.

[giebel]d. wipfeldürr, OB vereinz.: *giwidir* Griesstätt WS.

[gipfel]d. 1 wie →*[giebel]d.*, °OB, NB, OP vereinz.: *da Bam is gipfödürr* O'audf RO; *gipfediur* Spr.Rupertiwinkel 31; *Neue G'häger und Zäune soll man nicht aufbringen, und zur Erhaltung der alten keinen schönen Stamm … sondern nur gipfeldürres Holz und schadhafte Stangen* Benediktbeuern TÖL 1700 S. LINDERMAYER, Kurze Ortsgesch. von Jachenau, München 1869, 66.– **2**: *gipfedürr* „glatzköpfig" RINGSEIS 100.
WBÖ V,1176.

[girbel]d. wie →*[giebel]d.*: *gürweldür* Derching FDB.

[zaun-hagel]d. wie →*[bein(er)]d.*2: *zaunhacheldürr* Hauzenstein R.

[hüfel]d. wie →*[bein(er)]d.*2: °*er is hievldürr* „sehr schlank" Steinhögl BGD.– Zu →*Hüfel* 'Stange zum Trocknen von Getreide od. Heu'.

[klapper]d., [klepper]- wie →*[bein(er)]d.*2, OB, NB, OP, OF, MF vereinz.: *de san klepperdürr* „knochig, ohne Fettpolster" Mchn; *klopadürr* Etzenricht NEW; *klappadiir* SINGER Arzbg. Wb. 121.
WBÖ V,1175.

Mehrfachkomp.: **[zaun-klapper]d.** wie →*[bein(er)]d.*2: *zaunklappadürr* Etzenricht NEW.

[kletzen]d. wie →*[bein(er)]d.*2: *kletzndürr* spindeldürr Massing EG; „Allerdings soll sie … nicht *zaun-* oder *kletzendürr* sein" NB HuV 6 (1928) 314.

[krach(en)]d., [krächelein]- 1 wie →*[bein(er)]d.*1, °OB, °NB, °OP, °MF, SCH vereinz.: °*s Hei is scho krachdürr, da Woazz a* Grafing EBE; *s Hei … Bal's naou schöi' krachadirr is* SCHWÄGERL Dalust 41.– **2** wie →*[bein(er)]d.*2, °MF vielf., °OB, °NB, °OP, °OF vereinz.: *°so grachdia is a, den ko koa Wind umstäßn, wei dea vobei wahd, wenn er gead* Nandlstadt FS; *°dös Vieh is kracherldürr* Schwandf; *grà:chaldia* „extrem dünn" KILGERT Gloss.Ratisbonense 65; *ə˜ krachdürrə' Mensch* SCHMELLER I,534; *o Tod, So krach dürr als du bist* BUCHER Werke VI,152.

SCHMELLER I,534.– WBÖ V,1172, 1175.

Mehrfachkomp.: **[zaun-himmel-krach]d.** wie →*[bein(er)]d.*2: *zauhimökrachdirr* Pfarrkchn.

– **[zaun-krach(en)]d., [-krächelein]- 1** wie →*[bein(er)]d.*1, °OP vereinz.: *°zaunkracherldürr* „vom Heu" Ambg; *dsãugrǫxaldia* „sehr dürr, trocken" nach DENZ Windisch-Eschenbach 291.– **2** wie →*[bein(er)]d.*2, OB, °NB, °OP, MF vereinz.: *°der is zaungracherldürr* Pocking GRI; *zaukrachdüa* Stein TIR; „den höchsten Grad der Magerkeit ... *zaunkrachendürr*" DELLING II,211; *D'Kouh zau'krachaldirr* SCHWÄGERL Dalust 106.

DELLING II,211; SCHMELLER II,1130.– WBÖ V,1175.

[zaun-krampen]d. wie →*[bein(er)]d.*2: *zaugrambendier* Weferting PA.

[krucken]d. wie →*[bein(er)]d.*2: *grukadia* Aicha PA.

[zaun-latten]d. 1 wie →*[bein(er)]d.*1: *°zaunlattndürr* „von Holz, Heu" Parsbg.– **2** wie →*[bein(er)]d.*2, OB, OF vereinz.: *zaulattnderr* Leutendf WUN.

WBÖ V,1175.

[luft]d. an der Luft getrocknet, OB, NB vereinz.: *s Hai is luftdir* Mittich GRI.

[nacken]d. wie →*[bein(er)]d.*2: *Nockendürr ist sie ... Ganz ausghungert!* SCHLAPPINGER Wurzelholz 14.

Mehrfachkomp.: **[zaun-nacken]d., [-näckelein]-** wie →*[bein(er)]d.*2: *zaunackaldürr* Wolnzach PAF; *zau˜-nack·ng-dürr* „äußerst mager, dürr" SCHMELLER I,1720.

SCHMELLER I,1720.

[zaun-nagel]d. wie →*[bein(er)]d.*2, °OF vielf., OB, NB, OP vereinz.: *a za^{u}nogldira Keapa* Iggensbach DEG; *der Liesawett ihra Rhodeländer Hähn ... a zwatalicher Brust ... döi waou bal bis aaf die zaunogldürrn „X-Ständer" oiglangt haout* SCHEMM Stoagaß 69.

[nuß]d. wie →*[bein(er)]d.*1, °OB, NB vereinz.: *s Hei is nußdüa* Reisbach DGF.

WBÖ V,1172.

[racken]d., [rackels]- wie →*[bein(er)]d.*2, OB vereinz.: *ragglsdurr* Peiting SOG; *rackendürr* „äußerst mager" SCHMELLER II,41.– Wohl zu österr. *Rack* 'Baummoos' (SCHMELLER II,41); DWB VIII,34.

SCHMELLER II,41.

Mehrfachkomp.: **[himmel-racken]d.** wie →*[bein(er)]d.*2: *himmörackadüarr* spindeldürr Gschaid PAN.

– **[zaun-racken]d., [-racker]-, [-räckelein]-** wie →*[bein(er)]d.*2, °OB, NB, OP, °SCH vereinz.: *zaunrackerldirr* „von einem extrem dünnen Menschen" Mchn; *zauraggadirrs Luada* Kötzting; *Zaurackerdürr war i dortmals* LOEW Grattleroper 17; *Du alta Stempn* (altes Pferd)! *bist zaunrackadirr* STA 1861 OA 121 (1997) 145.

SCHMELLER II,41, 82, 1130.

[zaun-ranken]d. wie →*[bein(er)]d.*2, NB, OP vereinz.: *zanrangandia* Wdmünchen; *zaunrankndia* „äußerst mager" FEDERHOLZNER Wb.ndb.Mda. 251.

WBÖ V,1176.

[rappel]d. wie →*[bein(er)]d.*2, NB, MF vereinz.: *rappldürr* Reisbach DGF; *ráppeldürr* „sehr dürr oder mager" SCHMELLER II,129; *Rappeldürr* „sehr mager, so, daß die aneinander stosenden Theile bey nahe klappern" HÄSSLEIN Nürnbg.Id. 108.

SCHMELLER II,129; HÄSSLEIN Nürnbg.Id. 108.

Mehrfachkomp.: **[zaun-(ge-)rappel]d. 1** wie →*[bein(er)]d.*1: *zau^{n}rappidirr* „vom Heu" Rimsting RO.– **2** wie →*[bein(er)]d.*2: *zaungrabldüa* „vom Vieh" Sulzbach-Rosenbg; *zau^{n}rappldü^{rr}* VOGT Sechsämter 42.

[rausch]d., [räuschelein]- wie →*[bein(er)]d.*1, °OB, °NB, °OP, °SCH vereinz.: *°räuscherldürr* Neukchn KÖZ; *°a rauschdürrs Heu ham ma hoamgfahrn* Barbing R.

WBÖ V,1172.

[reispen]d., [reispelein]- 1 wie →*[bein(er)]d.*1, °NB vereinz.: *°dös Heu is scho räuschperldürr* Frauenau REG.– **2** wie →*[bein(er)]d.*2: *reischpendürr* Grattersdf DEG; *Reischbaldiarre* „sehr magere und dürre Frau" BINDER Saggradi 174.– Zu →*Reispe* 'Docht-, Spanende'.

WBÖ V,1172, 1176.

[schepper]d. 1 wie →*[bein(er)]d.*1: „ein Kranz ... er ist mit der Zeit ... *schepperdürr* und braun geworden, aber keine einzige Nadel war abgefallen“ Elbach MB HuV 16 (1938) 29.– **2** wie →*[bein(er)]d.*2: *scheberdürr* zaundürr Holzen WOR.

[schindel]d. wie →*[bein(er)]d.*2, OB vereinz.: *schindldürr* Steinebach STA.
WBÖ V,1172, 1176.

[spalten]d. wie →*[bein(er)]d.*2, OB, NB vereinz.: *schpaltndürr* „vom mageren Vieh“ Pfaffenbg MAL.
WBÖ V,1176.

[span]d., [spänlein]- wie →*[bein(er)]d.*2, OB, NB vereinz.: *a Spandldürre* „mageres Mädchen“ Wasserburg.
WBÖ V,1176.

[spindel]d. wie →*[bein(er)]d.*2, °OB, °NB, MF vielf., °OP, OF, SCH mehrf.: *schpindldirrö Årm* Wackersbg TÖL; *ös zwoa spindeldürr'n G'sell'n habt's scho no Platz* Stemplinger Obb. Märchen I,26.
WBÖ V,1176.

[spinn(en)]d. wie →*[bein(er)]d.*2, OB, NB, MF vereinz.: *spindürr* Degerndf RO; „Der auffallend Magere ist *spinnadürr*“ HuV 16 (1938) 312.
WBÖ V,1176.

[zaun-sprüssel]d. wie →*[bein(er)]d.*2: *zaunsprißldürr* spindeldürr Lichtenwd R.

[zaun-stangen]d. wie →*[bein(er)]d.*2: *zau^{n}stangandürr* spindeldürr Mengkfn DGF.

[stecken]d., [steckelein]- 1 wie →*[bein(er)]d.*1: *steckerldürr* sehr trockenes Heu Döfering WÜM.– **2** wie →*[bein(er)]d.*2, °OB, °NB, SCH vereinz.: *stekhadir* Friedbg; *Des is a steckerldürra Mo* Dingler Arntwagen 155.
WBÖ V,1176.

Mehrfachkomp.: **[zaun-stecken]d., [-steckelein]-** wie →*[bein(er)]d.*2, °OB, °OP vereinz.: *Zau^{n}steggerldüra* ein Magerer Anzing EBE; *Zahnluckat bist, zaunsteckadürr* Stemplinger Horaz 22.
WBÖ V,1176.

[streu]d. wie →*[bein(er)]d.*1: °*des Hei derfst eifahrn, des is ja so resch, direkt stradirr* O'neukchn MÜ.

[stroh]d. 1 wie →*[bein(er)]d.*1, °OB, °NB, °OP vereinz.: *s Hai is stråuhdia* Mittich GRI; *a Tannabaam ... Is ja strohdürr und voller Würm* Gumppenberg Bergamseln 5; *schtroudiur ... dass grod krocht* Spr.Rupertiwinkel 86.– **2** wie →*[bein(er)]d.*2, NB vereinz.: *strohdürr* Haidlfing LAN.– **3** †des göttlichen Segens bedürfend: *weil aber unsere Hertzen strohdürr/ so verleyhe uns doch die Gnad durch Mariä ... Vorbitt/ unsere Sünden ... zubeweinen* K. Harderer, Seraphisch Buß- u. Lob-anstimmendes Wald-Lerchlein, Bd V, Augsburg 1740, 88.
Schmeller II,803.– WBÖ V,1172, 1176.

[wipfel]d. wie →*[giebel]d.*, OB vereinz.: *wipfidia* Ingolstadt.
WBÖ V,1176.

[wurz]d. mit vertrockneten, abgestorbenen Wurzeln: *wuschesdürr* O'audf RO.

[zaun]d. 1 völlig ohne Flüssigkeit, Feuchtigkeit.– **1a** wie →*[bein(er)]d.*1, °OB, °NB, °OP, °MF vereinz.: °*a so ist's recht, zaundürr is des Heu* Fahrenzhsn DAH; *s Bråud is zaudirr* Wassing VIB; °*des Holz is owa zaudürr* O'viechtach; *zau˜dīá* Angrüner Abbach 93.– **1b** stark ausgetrocknet u. unfruchtbar, äußerst karg (vom Boden), °OB, NB, OP vereinz.: *da Bo^{d}n is zau^{n}diar* Stadlern OVI.– **1c** einen viel zu geringen Gehalt an feuchter, bes. fettiger Substanz aufweisend, NB vereinz.: *zaudürö Haut* Hengersbg DEG.– Schnaderhüpfel: °*auf mi hams scho gschossn, auf mi hams scho ghaut, es geht ja nix dur(ch) durch mei zaudürre Haut* Lalling DEG.– **2** sehr dünn, mager, abgezehrt, °Gesamtgeb. vielf.: °*friß denn de gor nix, daß de gor so zaudirr is?* Stammham AÖ; °*is dös a zadearö Dingön* Rattenbg BOG; *a zaudira Heida* mageres, schlechtes Pferd U'hütte WÜM; *Du Herrgottsackermentsg'ripp, du zaundürrs!* Christ Werke 69 (Erinnerungen); *bathe er ihn ... er wolle ihm und seinen Zaun-dirren Kühen seinen gnädigen Seegen ertheilen* Selhamer Tuba Rustica II,182.
Delling II,211; Hässlein Nürnbg.Id. 140; Schmeller II,1130; Westenrieder Gloss. 684.– WBÖ V,1176.

†**[zunder]d.** wie →*[bein(er)]d.*1: *Auf der Kupel herum lag eine Menge verfault und zunderdirres Holz* Geisling R 1782 Oberpfalz 63 (1975) 79.
WBÖ V,1172. A.S.H.

Durrach, Durret(s), -ü-
N. **1** Dürrholz, °OB vereinz.: °*du hast a Haufa Durrats in deim Holz* „viel dürres Unterholz und Stangen im Wald“ Bayersoien SOG.
2 Dürre, große Trockenheit: *Dürad* Bergen TS.
SCHMELLER I,534.– WBÖ V,1176f., 1178. A.S.H.

Dürre, Durre, -ene
F. **1** Dürre, große Trockenheit, Gesamtgeb. vielf.: *a Dürrna hats* Partenkchn GAP; *es herrscht a rechte Dirr* Passau; *des is heier a Dirrn* Kolmbg CHA; *Siti durri* Tegernsee MB 1.H.11.Jh. StSG. II,640,65; *Důrrein schat den vischen ser, wan si werdent gemaincleich vaizt, wenn regen zeit ist* KONRADvM BdN 270, 24f.; *zur Zeit der Dürre vnd Trückne* GEMINIANUS MONACENSIS, Geistlicher Weeg-Weiser gen Himmel, Bd III,1, München 1709, 531.
2 vertrockneter, abgestorbener Baum, °südl. OB mehrf.: °*a dä Durr hot jatz da Blitz no amoi eigschlogn* Fischbachau MB; *Då schteht a Djul* [Dim.] RASP Bgdn.Mda. 44; „Baum, der auf dem Stamm abgestorben und dürr geworden ist. *Die Dürr stêt, die Rôn ligt*“ SCHMELLER I,534; *Gremia ... durri* wohl Rgbg 1.H.9.Jh. StSG. I,164,26.
3 †Darre, Vorrichtung zum Trocknen: *Die Dürr* „Kämmerlein, das unmittelbar ob einem Backofen angebracht ist“ SCHMELLER I,534.
4 Stelle, Platz im Wald mit vertrockneten, abgestorbenen Bäumen: °*heut tun wir in der Dürre das Holz wegschaffen* Roding.
5 Magerkeit, damit einhergehende Krankheit.– **5a** Magerkeit, Abgezehrtheit, OB, OP vereinz.: *dea schebat vo lauta Dürr* Ohlstadt GAP.– **5b** †Schwindsucht: *daz ist gar gůt wider die chalten hůsten vnd wider die důrren der průst* KONRADvM BdN 397,15f.; *tabes 'abdorrung, schwelckung, verwesung, durr, gift'* AVENTIN I,395,3f. (Gramm.).– **5c** Entzündung der Bürzeldrüse von Vögeln: °*Diar* „Taubenkrankheit“ Neufraunhfn VIB; *Dürr, die* „Krankheit der Vögel, wenn am Steiß ein Blätterchen mit Eiter entstehet“ DELLING I,142.
6 †Getreidebrand: *Uredo ... dúrrene* Aldersbach VOF 12./13.Jh. StSG. III,263,32.
Etym.: Ahd. *durrî* stf., mhd. *dürre* stf. neben ahd. *durrina*, mhd. *durrene* st/swf., Abl. von →*dürr*; vgl. Et. Wb.Ahd. II,876f. Formen ohne Uml. v.a. in Bed.2, Formen mit Uml. teilw. nicht von →*Dörre* zu unterscheiden.
DELLING I,142; SCHMELLER I,534.– WBÖ V,1177f.

Komp.: [**Heu**]**d.** **1** trockenes, heißes Wetter, °OB, °NB, °OP vereinz.: °*heit håts a richtige Heidürre* Limbach PA.– **2** trockener Zustand des Heus, °OB, °SCH vereinz.: °*Heudürre* Kiefersfdn RO.

†[**Löser**]**d.**: „daß ... die Rinderviehpest oder sogenannte *Löserdürre* unter dem Hornvieh herrsche“ G. DÖLLINGER, Das Medicinalwesen in Bayern, Erlangen 1847, II,84.

[**Wind**]**d.** durch Windbruch geschädigter, abgestorbener Baum, °OB vereinz.: °*eine Winddurre* „vom Wind umgerissener Baum“ U'ammergau GAP; *Die ... Winddurr* SCHMELLER I, 534.
SCHMELLER I,534. A.S.H.

Dürrel
M., N.: *der, das ... dial* „dürre Person“ KILGERT Gloss.Ratisbonense 65. A.S.H.

türreln, -u-
Vb. **1** sich wild, schwankend bewegen.– **1a** refl., sich heftig bewegen, wild herumrennen, herumspringen: *dūá'ln* „planlos, wie gehetzt umherrennen“ ANGRÜNER Abbach 28; „auf närrische, lustige Weise herumspringen ... *də' Hund tiə'lt si*“ SCHMELLER I,619; *sich thürlen* „tummeln“ PRASCH 25.– **1b** schwankend gehen, taumeln, benommen sein: °*duarln* „benommen umhertorkeln“ Schwandf.
2 streifen, mit einer gleitenden Bewegung berühren: *dialn* Naabdemenrth NEW; *diăln* „streifen“ BAUERNFEIND Nordopf. 142.
3 sich ankündigen, befallen.– **3a** wohl refl., sich ankündigen, sein Herannahen erkennen lassen: *diedeln* „sich melden“ OP SCHMELLER I, 619.– **3b** befallen, überkommen: *dialn* Naabdemenrth NEW; *diăln* „anwandeln“ BAUERNFEIND Nordopf. 142.
4 in Versuchung bringen, kokettieren.– **4a** reizen, Verlangen auslösen, °OP vereinz.: °*da hots mi dirlt* Stöckelsbg NM; *diedeln* „reizen“ OP SCHMELLER I,619.– **4b** refl., sich übermütig, kokett benehmen: °*dialn* „sich zieren, um aufzufallen, im Mittelpunkt zu stehen“ O'nrd CHA; *„Die junger Weibsbilder ... im Anfang sans freundlich gween, habns sich schön dirlt ...* Übermütig gezeigt, kokett benommen“ MAYER Raindinger Hs. 25.– Part.Prät.: *dualad* eingebildet Metten DEG.
Etym.: Wohl Abl. von →*turren*[1], anders WBÖ V,1140 od. SCHMELLER I,619.
PRASCH 25; SCHMELLER I,619.– WBÖ V,1140.

Komp.: **[an]t.** **1** taumelnd anstoßen, anrempeln, °OB, °OP vereinz.: °*adirln* „schwindlig werden und sich dabei anstoßen“ Weiherhammer NEW.– **2** wie →*t.*2, °NB, OP vereinz.: °*die Katz hat mi andirlt* „schmeichelnd berührt“ Bayerbach GRI; *andürln* „streifen“ Bauernfeind Nordopf. 142.– **3** sich ankündigen, befallen.– **3a** refl., †wie →*t.*3a: *Eine sich andiəlende Lungenentzündung* Bay.Wald Schmeller I, 619.– **3b** wie →*t.*3b: *as duald me oa* „alte Ängste wollen wieder über mich kommen; ein Schmerz will wieder beginnen“ Konrad nördl. Opf. 22.– **4** in Versuchung bringen, schöntun.– **4a** wie →*t.*4a, °OB, °NB, °OP vereinz.: °*des tat mi ondierln, dem was oztoa* N'viehbach DGF; °*enka Koucha tat me fei odirln* Nittenau ROD; „in Versuchung führen. *Dés tiə'lt mi' nét à~*“ Schmeller I,619.– **4b** verleiten, anstiften, anstacheln, °OB, °OP vereinz.: °*i hejt mi beinah andirln loan und hejt dös doa, wos der gwöllt håt* Waidhs VOH.– **4c** refl., schöntun, sich einschmeicheln, °OB, °NB, °OP vereinz.: °*der möcht si andirln* „um in Arbeit oder an Geschenke zu kommen“ Hexenagger RID.– **5** stören, belästigen: °*andirln* „jemanden nicht in Ruhe lassen“ Simbach PAN.– **6** anzetteln: °*der mecht was adirln* „eine Lumperei“ Arnstorf EG.– **7** refl., sich aneignen, unerlaubt an sich nehmen: °*dea hat si s andirlt* „sich abgelegte Gegenstände aneignen“ Kay LF.– **8** refl., sich betrinken: °*dea hod se gestern wieda ondirld* Nabburg.

Schmeller I,552, 619.– WBÖ V,1140.

†**[aus]t.** refl., sich ausgelassen benehmen, austoben: „einmal recht nach Herzenslust toll seyn, sich herumtummeln. *Heu~t gen I sə'n Tanz, das ə mi' widər ə màl rècht ástiə'ln kà~*“ Schmeller I,619.

Schmeller I,619.

[der]t. refl., sich abhetzen, durch hastiges Arbeiten überanstrengen, zugrunde richten, °OP vereinz.: °*des Wei dadurlt se a nou, däi raggat se von früih bis in d'Nocht nei o* Dietfurt RID.

A.S.H.

turren[1]

Vb., ziellos herumlaufen: *turn* „mit allerlei Unterbrechungen, Besuchen, Geschäften herumlaufen“ Naabdemenrth NEW.

Etym.: Mhd. *turren* 'taumeln, stürzen'; WBÖ V,1179.

Schmeller I,620.– WBÖ V,1179.

Abl.: *türreln*.

Komp.: †**[an]t.**: *à~turn* „anrennen, ungeschickt ankommen“ Schmeller I,619.

Schmeller I,619.

[um-ein-ander]t. **1** wie →*t.*, °OP vereinz.: °*umanandadurn* „ziellos herumlaufen“ Maxhütte-Haidhf BUL.– **2**: *umanandaturn* das wilde Herumtollen spielender Kinder Staubing KEH.

[da-hin]t. taumelnd fliegen, flattern: *a Dummpfaff … Da duarrt a dahin Ohne Dank aus da Händ* Pangkofer Ged.altb.Mda. 35.

A.S.H.

†**turren**[2], **[ge]-**, **türren**

Vb., wagen, sich getrauen: *Audet catar* wohl Rgbg 1.H.9.Jh. StSG. I,24,12; *einem seinem ůbergenozzen* [ihm standesmäßig Überlegenen] … *den er von vorchten nicht bechlagen tŏrst* 1340 Stadtr.Mchn (Dirr) 306,13f.; *sölch groß narrenköpf … die sölcher tanderei glauben geben, und so unverschämbt schelm, die's türn sagen* Aventin IV,1027,6-8 (Chron.).

Etym.: Ahd. *-turran*, mhd. *turren*, *-ö-* unreg. Vb., germ. Wort idg. Herkunft; WBÖ V,192.

Schmeller I,620; Westenrieder Gloss. 106f., 202, 583.– WBÖ V,192f.

Abl.: *torsch*, *-turst*, *turstig*, *Türstigkeit*.

A.R.R.

dürren →*dörren*.

Dürrling, Durr-

M. **1** vertrockneter, abgestorbener Baum od. Ast, °OB, °NB, °OP, MF vereinz.: *a Dirling* Griesstätt WS; *turliŋ* „dürrer Waldbaum“ Schweizer Dießner Wb. 218.

2 dünnes, schwächliches Lebewesen.– **2a** dünner, magerer, abgezehrter Mensch, Schwächling, °OB, °NB, SCH vereinz.: °*der Dialöng* Ergolding LA; *Dürling* Häring Gäuboden 135.– **2b**: *Dualöng* durch Krankheit zurückgebliebenes Stück Vieh Arrach KÖZ.

3 †Blätterpilz mit dünnfleischigem Hut u. dünnem Stiel, auch in Phras.: „*Dürrlinge* … Hut fleischlos, oft durchscheinig … [Agaricus] villosulus … *Feinzottiger Dürrling* … [Agaricus] paucilaminus … *Armblättriger Dürrling* … [Agaricus] lateralis … *Seitenstieliger Dürrling*“ Schrank Flora II,600-605.

WBÖ V,1179.

Komp.: †**[Ast-moos]d.** wohl Waldmooshäubling (Galerina hypnorum): „[Agaricus] hypnorum … *Astmoosdürrling*“ Falkenfels BOG Schrank Flora II,605.

A.S.H.

Dürrnitz(el)
M., dünner, magerer, abgezehrter Mensch, NB vereinz.: *a Dürrnitzl* Deggendf; *ein Dürrnitz* Passau.

Etym.: Spielerische Erweiterung von →*dürr*? A.S.H.

Durrte, Dürr-
F., vertrockneter, abgestorbener Baum od. Ast, °OB vereinz.: °*Duichtn* dürre Fichte oder Tanne Piding BGD.

Etym.: Nebenf. von →*Dürre*; WBÖ V,1177.

WBÖ V,1177. A.S.H.

Durst[1]**, -ü-**
M. **1** Durst, Bedürfnis zu trinken, °Gesamtgeb. vielf.: °*wejnsch Duusch hosch, muascht wos dri*ⁿ*cha* Todtenweis AIC; °*jetz mou i erscht mein Durscht löschn* M'rfels BOG; *mäj, häjd i an Durschd!* „bring mir doch ein Bier!" Nabburg; *No nix toa ham, aba an Durscht ham* HERRLEIN Wallfahrt 103; *a guadö Wurd, dö macht an guadn Durd* OB SCHLICHT Altheimld 120; *die buozzint* [stillen] *da den durst* 11.Jh. MAURER relig.Dicht. I,74,29 (Merigarto); *welher mensch den stain in seinem mund tregt, dem verget der durst* KONRADvM BdN 224,22f.; *Thuet vielleich da Durst di plagn?* ZAUPSER 98.– Phras.: (*einen*) *über den D. trinken* u.ä. zu viel von einem alkoholischen Getränk trinken: °*er trinkt gern über den Durst* Steinhögl BGD; *wenn mar a Halwe trinkt iwern Durscht* HÖRNING-KNITTEL Heimatgesch.Mering I,43; *mann hat vbern Durst truncken* SCHÖNSLEDER Prompt. L8ᵛ.– Trinksprüche: °*alle sochadns, i saffert, ower vo mein Durscht redt nemerds* Rottendf NAB, ähnlich °OB, °NB vereinz.– °*Des bassd heid wieda zsamm, s Gejd ausganga und da Durschd hi* O'neukchn MÜ.– °*D'Liab is mir wurscht, mi plagt grad da Durscht* N'viehbach DGF, ähnlich °SR.– Schnaderhüpfel: °*Hefaknödl und Broutwurst, des hülft fürn Hunger, niat fürn Durst, fürn Durst hülft bei mir a Stamperl Schnaps und a Maß Bier* Seubersdf PAR.
2 übertr.– **2a** Bedarf an Wasser von Pflanzen: °*dös Kraut hat oiwei Durst, da is a Wasser in der Näh* „stellt der Brunnenbauer fest, wenn er Kohldisteln sieht" Schönbrunn LA.– **2b** Mangel an Wagenschmiere: *dö Rada habm Duscht* die Räder kreischen Hengersbg DEG.– **2c** †Verlangen, Begehren: *Geld und Gut entzünden reiche Leut mit einem unersättlichen Durst* SELHAMER Tuba Tragica II,386.

Etym.: Ahd., mhd. *durst* stm., germ. Bildung zur selben idg. Wz. wie →*dürr*; PFEIFER Et.Wb. 256.

Ltg: *duašd, duršd* u.ä., vgl. Lg. § 32b6, auch *dūšd* südl.OB, westl.OB, SCH (dazu VIB), *duišd* (BGD, LF, TS, WS), *douršd* (FFB; PAN; FDB), *douašd* (NM), *doašd* (BOG), *do(r)šd* (FÜ), ferner *duaš, durš* (AIC, SOB; FDB), *dūš* (AIC), *durt* OB, vgl. Lg. § 50e4, mit Uml. *dęašd* (IN), *diašd* OP (SCHMELLER I,544, heute †), daneben vereinz. ugs. *duasd, dursd*.

DELLING I,142; SCHMELLER I,544.– WBÖ V,1180f.

Abl.: *dürsten, durstig*.

Komp.: [**Hunger**]**d.** Begleiter des →*Pfingstel*, Bed.1 beim Pfingstumzug: *Da Viert is da Hungerdurst, Geht in Kuchl und brat si a Wurst* BRUNNER Heimatb.CHA 179.

[**Schaf**]**d.** Durst auf Wasser: *Haoust di suawöisua as ganze Gaouher – ich in Winter aa, waali oan sogenanntn Schaoufdurscht glien ho ... hoimli oa die Wasserleiting oighänkt* SCHEMM Stoagaß 86. A.S.H.

Durst[2], Trespe, →*Durt*.

†-turst
F., nur in: [**Ge**]**t.** Kühnheit: *Intemperantia ... caturst* wohl Rgbg 1.H.9.Jh. StSG. I,196,35-37; *weder konig, grafen noch fursten leben nit in den getursten, das ir keiner nit vermug, das ein weib versuch vnd tug* HAYDEN Salomon u. Markolf 351,1536-1539.– Ahd. *giturst* stf., mhd. *turst* stf./m., Abl. von →*turren*[2]; WBÖ V,1181.

WESTENRIEDER Gloss. 202.– WBÖ V,1181. A.R.R.

dürsten, -u-
Vb., meist unpers. **1** Durst haben, durstig sein, °Gesamtgeb. vielf.: °*an ganzn Tag hamma dürschdn miassn* Grafing EBE; °*mi diaschd – diaschd enk* [euch] *net?* Bodenmais REG; °*öitz hot me gschei duarscht* Mimbach AM; *dérscht·n* mittl.Altmühl DMA (FROMMANN) 7 (1877) 393; *Wenn mi dirscht, dann dirscht mi. Und heit dirscht mi gscheit* LAUERER Wos gibt's Neis? 110; *Ih glouba daz der heiligi Christ an dirre uuerlte ... hungerota, dursta* 11.Jh. SKD 137,13-16 (Wessobrunner Glauben I); *wan do er in seinem pittern leiden hiench an dem chrâutz, da schrai er mit lauter stimm 'Mich dûrstet!'* KONRADvM BdN 383,23-25; *es durst mi holt nit* ZAUPSER 98.– Neckspruch: „Man neckt die Oswalder Klosterlandler ... mit dem Nachgesungenen Zwiegespräch *Geh eina, wenn die düarscht ... Heit düarscht mi net, am*

Sunnda het mi düarscht! Dabei fällt der Ton vom ersten Wort zum zweiten ab und geht dann zur Quint hinauf" GRA Bayerwald 68 (1976) 110.
2 übertr.– **2a** eine lose herabhängende Schuhsohle haben: *an Schua düascht* Reisbach DGF.– **2b** †verlangen, begehren: *daz ... mih dara nah hungiro unta dursti* 11.Jh. SKD 182, 7f. (Otlohs Gebet); *Den liebhabern gewonhait ist dursten aneinander* Tegerns.Hym. 49,41.
Etym.: Ahd. *dursten*, mhd. *dürsten*, *-u-*, Abl. von →*Durst*[1]; [2]DWB VI,1814.
WBÖ V,1181f.

Komp.: [**der**]**d. 1** verdursten, °OB, °NB, °OP vereinz.: °*werst net glei dadürschtn!* Hartpenning MB; °*nehm fei aufs Feld a Trinkats mit, sonst dadurscht ma bei dera Hitz!* Wiefelsdf BUL; *ma hat ja schaung miaßn, daß d'Roß ned dadürschdn* BILLER Garchinger Gsch. 40.– **2** großen Durst haben: *mia san ma dadürscht ... Trompeta ham koa Bier!* DITTRICH Kinder 112.
WBÖ V,1182.

[**ver**]**d. 1** wie →[*der*]*d.*1, °OB, °NB, °OP, °MF vereinz.: °*wenn nöd boid ebba ebs zan dringa bringd, åfd moanö miaßma allö vadiaschdn* Grafenau; °*dou werst net glei vaderschdn* Regelsbach SC; *vodiuscht* Spr.Rupertiwinkel 93.– **2** wie →[*der*]*d.*2: °*de han an Vodurschtn* Dorfen ED.
WBÖ V,1182. A.S.H.

durstig, -ü-
Adj. **1** Durst habend, leidend, °OB, °NB, °OP, °OF, °MF vereinz.: °*des han lauta Durschtige* Dorfen ED; °*ejts bin i owa gscheid derschde worn* Eichstätt; *D'Student'n ... Wenn's nua ned so vül duarschte wan, Und tranka mit Vostand* SCHUEGRAF Wäldler 97; *daz ih hungrenta nigilabota noh turstiga nigitrancta* 10./11.Jh. SKD 315,22 (Jüngere bayr. Beichte); *mit meinem durstigen munde pin ich lieplichen kosten dy heiligen tropffen* Tegerns.Hym. 27,119f.
2 Durst hervorrufend: °*heit isch wiedr so a duschtigs Wettr* Kaufering LL; *waal a duarschtes Weeda woar, saanns naoun Schwamman a weng aagkäihat* HEINRICH Gschichtla u. Gedichtla 31.
3 †begierig: *Die sint ŏch sælic, der herze unde gedanc hungerick unde durstic ist nach dem himelriche* Spec.Eccl. 115,4f.; *daz wir hungerig vnd dürstig seinn, kummbt aus der erbsünd* BERTHOLDvCH Theologey 38.
Etym.: Ahd. *durstag*, *-îg*, mhd. *durstec*, Abl. von →*Durst*[1]; PFEIFER Et.Wb. 256.
SCHMELLER I,544; WESTENRIEDER Gloss. 115.– WBÖ V, 1182f. A.S.H.

†turstig, [ge]-, türstig
Adj., wagemutig, verwegen: *ausus est caturstic ist* Rgbg 1.H.9.Jh. StSG. I,24,13; *wider die türstigen Türrer* [Waghalsigen] Passau um 1457 Cgm 340,fol.27[r].
Etym.: Ahd. *-turstîg*, mhd. *turstic*, *-ü-*, Abl. von →*turren*[2]; WBÖ V,1183.
SCHMELLER I,625f.; WESTENRIEDER Gloss. 582.– WBÖ V, 1183. A.R.R.

†Türstigkeit
F., Waghalsigkeit, Frechheit: *dünn an guet, aber mit dürstikait und schalkchait genug lautmär* [ruchbar] ANDREASvR 624,36f.
Etym.: Mhd. *türsticheit* stf., Abl. von →*turren*[2]; vgl. WBÖ V,1184.
SCHMELLER I,626.– WBÖ V,1184. A.R.R.

Durt, Pfln., →*Turd*.

Turte →*Torte*.

turteln
Vb. **1** gurren (von Tauben): °*duaddln* Simbach PAN.
2 sich verliebt, zärtlich miteinander verhalten, °OB, °NB, °OP vereinz.: °*de duichtln* Taching LF; *De dua:dln wia zwoa junge Vâ:liabde* CHRISTL Aichacher Wb. 239.
Etym.: Abl. von ahd. *turtulo* swm., mhd. *turtel* 'Turteltaube' stf., gleicher Herkunft wie →*Turterer*, in heutiger Mda. nur als Bestimmungsw. in →[*Turt(el)*]*taube*; DWB XI,1,2,1905f.
WBÖ V,1184. A.S.H.

dürten →*dörren*.

Turterer
M., Turteltaube, nur in Phras.: *der ist eitel wie ein Turterer* Waging LF.
Etym.: Ahd. *turtur* stm., aus lat. *turtur* 'dass.', onomat. Herkunft; vgl. DWB XI,1,2,1904 (Turtel). A.S.H.

dus[1]**, dös**
Adj. **1** still, ruhig, kleinlaut: *ə˜ dusə' Mensch* Mchn SCHMELLER I,548; *Du bist a(u)faramal sua duus* SINGER Arzbg.Wb. 57; „Ein *duser* Mensch, der ... nicht viel schwäzt" HÄSSLEIN Nürnbg.Id. 58.

2 trüb, diesig, OP, MF vereinz.: *dus* „vom Wetter" Vilseck AM; *ə˜ dusə' Tàg* Mchn SCHMELLER I,548.
3 dumpf, muffig: °*dös* Laaber PAR.
4 †nicht ganz durchsichtig, klar: *dusé Fenstə'-scheibm* SCHMELLER I,548.

Etym.: Variante zur Wz. von mhd. *tûze* 'still, sanft, ruhig', germ. Wort idg. Herkunft; vgl. [2]DWB VI,1816. Anders Schwäb.Wb. II,513.

DELLING I,143; HÄSSLEIN Nürnbg.Id. 58; SCHMELLER I, 548.– WBÖ V,1186.

Abl.: *Dusam, dusam, Dusel, dusel, dus(e)lig, duseln, dusen, duserln, dusig, Dusler, duslern, dusmig.* A.S.H., E.F.

dus[2], dusi, duis
Interj., Lockruf für Geflügel, in Wiederholung u. Abwandlungen, OB, °OP vereinz.: *duis duis duis* „für Hühner" Thanning WOR; *dusala, dusala* „für Gänse" Speinshart ESB; *dūsai – dūsai* BRÜNNER Samerbg 79.

Etym.: Onomat; WBÖ V,1186.

WBÖ V,1186.

Abl.: *Duselein.* A.S.H., E.F.

†Dusak(e), Duseken
M., F., langes Messer, Hirschfänger: *ain gemainer Duseggen* Mchn 1585 Bayerld 19 (1908) 369.

Etym.: Nebenf. von →*Dessek*; WBÖ V,1187.

SCHMELLER I,549.– WBÖ V,1186f. A.S.H.

Dusam, †Dusem
M. **1**: *des is a Dusam* „Mensch, der wenig redet" Aichach.
2 †Nebel, Dunst, Qualm: *als ob er vil nahent erplindet wär und durch einen tusem säch* HARTLIEB Dial. 31,8; *Dusam* „vapor vel fumus" PRASCH 17.

DELLING I,143; PRASCH 17; SCHMELLER I,548.
A.S.H., E.F.

dusam, †dusem
Adj. **1** still, ruhig, bescheiden, °OB, °OP, °OF, SCH vereinz.: *der is dusam* „sehr bescheiden" Derching FDB; *dusam* „mild, stille" SCHMELLER I,548.
2: *dusam* „bequem, faul" Greding HIP.
3 †matt, schwach: *doch schriren sie mit dusmer stimme* LAMPRECHTvR 205,4347.
4 schwül, dämmrig.– **4a** schwül, wechselhaft, °OB, °OP, °SCH, MF vereinz.: °*heunt is so dusams Weda* „es kann alle Augenblicke zu regnen anfangen" Wettstetten IN.– **4b** dämmrig, düster, OB, °OP, °SCH vereinz.: *duhsam* Rehling AIC; *Dusam* „Düster" PRASCH 17.
5 †: *dusam* „matt ... nicht glänzend" SCHMELLER I,548.

PRASCH 17; SCHMELLER I,548.– WBÖ V,1187.
A.S.H., E.F.

Tusch[1], -tuschen
M. **1** Knall, Krach, °OB, °NB, °OP vereinz.: °*af oamoi hats an Tusch ta und da Girgl is unterm Tisch drin glegn* Frauenau REG; *Duusch* „Knall ... gemeinsames Schnalzen der *Passen* [Gruppe mit Peitschen]" Spr.Rupertiwinkel 24.– Phras.: *auf einen T.* auf einmal, gleichzeitig, °OB vereinz.: °*auf oan Tusch konn der des aa net ois kaffa* G'höhenrain AIB.
2 Tusch, musikalisches Signal, °OB mehrf., °NB, °OP, °MF, °SCH vereinz.: *an Dusch blåsn* Gallenbach AIC; *Dusch* „Musikbegleitung bei einem 'Hoch'" HELM Bgdn.Ld 59; *Einem ə˜n Tusch machə˜* „ihn mit Trompeten- (und Pauken-)Schall bekomplimentieren" SCHMELLER I,628.
3 Platzregen, °OB, °NB, OP vereinz.: °*da is a Dusch kema und dann wars wieda vorbei* Ainring LF; *duš* „plötzlicher Regenguß" KOLLMER II,99.
4 Schläge, Prügel, °OB, NB vereinz.: *Tusch kriagn* Mittich GRI.
5 Tadel, Rüge, OB, NB vereinz.: *dem hab i an Dusch gebn* Schloßbg RO.
6: *hams eam an duš drauf gem* „schlagfertige Antwort" nach SCHWEIZER Dießner Wb. 218.
7 †Bedeutungsloses, Minderwertiges.– **7a** etwas ohne Bedeutung od. Wirkung, nichts: *Dà is mər ə˜ schönə' Tusch* (soviel als nichts) *übə'-blibm* SCHMELLER I,628.– **7b** minderwertiges, wertloses Ding: *Was tuə-w-I mit dèn Tusch?* „mit diesem Bettel" SCHMELLER I,628.

Etym.: Rückbildung aus →*tuschen*[1]; PFEIFER Et.Wb. 1477.

DELLING I,143; SCHMELLER I,628.– WBÖ V,1188-1190.

Komp.: [**Pfingst**]**t.** Knallen mit der Peitsche, Pfingstbrauch: *der Pfingsttusch* Rieding CHA.

†[**Maul**]**t.** Ohrfeige: „Wegen Raufens zahlte man 1 fl. ... wegen eines *Maulstraichs* oder *Maultusch* 12 kr." Plattling DEG 1660 Bayerld 9 (1898) 431.

[**Nacht**]**t.** Klaps vor dem Schlafengehen, °NB vereinz.: °*do host dein Nachtduschn* „nach der Kirche" Herrnwahlthann KEH.

[**Hoch-zeit**]**t.** Tusch, musikalisches Signal bei der Hochzeit: *an Håuzaddusch spejn* „beim Ein- und Auszug in der Kirche“ Schönau EG.

WBÖ V,1189. A.S.H.

Tusch², Tusche

M., F., Tusche, Tinte, OB vereinz.: *mit Tusch zeichnen* Haag WS; *Der Tusch* „zum Zeichnen“ SCHMELLER I,628; *duš* „m.“ nach SCHWEIZER Dießner Wb. 218.

Etym.: Rückbildung aus →*tuschen³*; KLUGE-SEEBOLD 937.

SCHMELLER I,628; WESTENRIEDER Gloss. 592.– WBÖ V, 1190. A.S.H.

-tusch

N., nur in: [**Ge**]**t.**: °*schaugts, daß enka Gedusch da zammputzts!* „verspritztes Wasser“ Wettstetten IN. A.S.H.

Dusche¹, Dusch

F., M. **1** Dusche.– **1a** Vorrichtung zum Duschen, OP, SCH vereinz.: *a Dusch* Floß NEW; *Dusch* „Brause“ BERTHOLD Fürther Wb. 46.– **1b** Duschbad: *der Dusch* Passau.– Phras.: *ein(e) kalte(r) D.* Ernüchterung, Enttäuschung, NB vereinz.: *ea håd a khaidö, an khaidn Dusch kriagt* Mittich GRI.– Auch mit Schwung geschüttete Flüssigkeitsmenge: *Wannst moanst, dasst no a Dusch brauchst, na hau no weida so um!* Altb.Heimatp. 58 (2006) Nr.29,25 (G. Umrath).

2: *d'Tusch* Brause der Gießkanne Rimsting RO.

Etym.: Aus frz. *douche* ‘Brause-, Gießbad, Wasserrinne’; ²Fremdwb. IV,951.

Ltg: *duʃ*, ugs. *duʃe*.

WBÖ V,1187f. A.S.H.

Dusche² →*Dorsche*.

Tusche

F. **1** Schlag, Ohrfeige, °NB vereinz.: °*i gib dir glei a Tuschn* Passau; *der Bartl … hat ein' jed'n no' a sakrische Dusch'n aberzog'n* BIBERGER Geschichten 18; *Do host a Tuschen, es schadta net, Weilst so dumm daher host gredt* MÜLLER Lieder 152.

2 Gerät zum Schlagen, Klopfen.– **2a** Brett mit Stiel zum Festklopfen der Mistfuhre, °OB, NB vereinz.: *die Dusch* Kienbg TS; *Duschn* FEDERHOLZNER Wb.ndb.Mda. 61.– **2b**: *Duschn* „Waschbleuel“ Leobendf LF.– **2c**: *Duschn* Peitsche Ayrhf VIT.– **2d** Schlaggerät aus dünnen Holzbrettern: „zum *Winteraustreiben* … Sprücherl sagen … und sich … auf die Schulter *tuschen* … aus feinen Holzblättern selbst zusammengebastelte *Tusche*“ KERSCHER Von alten Bräuchen 20.

3 große Hand: *Tuschn, Tuschal* Aicha PA.

4 Platzregen, °OB vereinz.: °*a schöne Duschn* Jandelsbrunn WOS.

5 auch M., abwertend von weiblichen Personen.– **5a** Vielrednerin, Schwätzerin, °NB vereinz.: °*is des a Duschn!* Kchmatting SR; *duʃn* nach KOLLMER II,99.– **5b** durchtriebene, bösartige weibliche Person, °NB vereinz.: °*so a ausgschamte Tuschn* Eitting MAL; *a Tuschn* „listige Frau“ HÄRING Gäuboden 180.– **5c** eigensinnige weibliche Person: *a Tuschn* Hutthurm PA; *taugt hat eahna nix dö zwee Tuschna* Bay.Wald Altb.Heimatp. 56 (2004) Nr.16,25.– **5d** liederliches, unsittliches Mädchen, °NB vereinz.: °*Duschn* Arnstorf EG.– **5e** dumme, ungeschickte weibliche Person, °OB, °NB vereinz.: °*dumme Duschn* Altfraunhfn VIB; *Duschn* Spr.Rupertiwinkel 24.– **5f** dicke, häßliche, alte weibliche Person, °NB vereinz.: °*de Duschn is ned z'nein* „korpulente Frau“ Buch a.Erlbach LA; *Du Duschn, du greißliche!* Altb.Heimatp. 67 (2015) Nr.34,14.

6 Glockenenzian (Gentiana acaulis): °*Duschn* Ramsau BGD; *Duschn* HELM Bgdn.Ld 60.

SCHMELLER I,629.– WBÖ V,1191.

Komp.: [**Ab**]**t.** Schwade, die beim Vor- u. Zurückmähen entsteht: *D' Weiberleit ham da fuchsteifelswild g'schaut, wennst koa richtige Abdusch hi'glegt host* Mühldorfer Nachrichten 18 (1962) Nr.181,4.

[**Bett**]**t.** Klaps vor dem Schlafengehen: °*Betttuschn* Aschau MÜ.

[**Pfingst(el)**]**t.** Peitsche in einem Pfingstbrauch (s. *Pfingstel*,Bed.1): *Pfingstlduschn* O'mühlbach BOG; *bviŋstuʃn* Prackenbach VIT nach SNiB VI,82.

[**Brettlein**]**t.** wie →*T.*3: *Brettltuschna* „scherzhaft große Hände“ Altötting.

[**Dunget**]**t.** wie →*T.*2a: °*die Dungatdusch* „zum Festschlagen des Mists auf dem Wagen“ Mchn.

[**Fliegen**]**t.** Fliegenklatsche, °NB mehrf., °OB vereinz.: °*Fluingduschn* Frauenau REG; *d' Fliagnduschn* SCHLAPPINGER Niederbayer II, 56.

[**Kloster**]**t.** abwertend Nonne, Ordensschwester: *Glåustaduschn* Reisbach DGF.

[**Leim**]**t.** wie → *T.*3: *Loamtuschn* „große Hand" Aicha PA.

[**Mist**]**t.** **1** wie → *T.*2a, °NB mehrf., °OB, °OP vereinz.: *mit da Mistdusch eihau*ⁿ*, bois* [wenn's] *Fuada Mist auglegt is* Erding; *mid da misdduʃn ... a vua misd zãmduʃn* nach KOLLMER II, 415.– Phras.: °*der Hans hat Pratzn wia Mistduschn* „große Hände" Innernzell GRA.– *Ein Bleschel ... wie eine Mistdusche* [große Zunge] SCHLAPPINGER Niederbayer II,34.– **2** Körperteil.– **2a** große (schmutzige) Hand, OB, NB vereinz.: *Mistduschna* „große dreckige Hände" Altötting.– **2b**: *Mistduschn* „großer, breiter Fuß" Simbach PAN.– **3** abwertend von (unreinlichen) weiblichen Personen: *Mistduschn* FEDERHOLZNER Wb.ndb.Mda. 151.

[**Moos**]**t.** wie → *T.*6: „Stengelloser Enzian ... *Moosduschn*" HELM Bgdn.Ld 60.

[**Nacht**]**t.** wie →[*Bett*]*t.*, °OB, °NB, OP vereinz.: °*Nachtduschn* „leichter Schlag, den sich die Kinder gegenseitig beim Heimgehen geben" Heilbrunn BOG.– Spruch: °*d'Nachtduschn ghört mei, wos da Hund scheißt, ghört dei* „sagt ein nicht so flinkes Kind, das den Klaps nicht erwidern kann" Frauenau REG.

Mehrfachkomp.: [**Gute-Nacht**]**t.** wie →[*Bett*]*t.*, °NB vereinz.: °*a Guatnachtduschn gebn* Dingolfing. A.S.H.

Tuschel
F., abwertend von weiblichen Personen: *duʃl* „schlampige, schwatzhafte ... etwas beschränkte Frau" nach KOLLMER II,99; „starkes grobes Weibets ... *Duschl* ... mit dem [Nebenbegriffe] des Ungeschickten" SCHÖNWERTH Opf. II, 269f. A.S.H.

-tuschel
wohl M., nur im Komp.: [**Fliegen**]**t.** Fliegenklatsche: °*Fliegentuschl* Grafenau. A.S.H.

tuscheln[1]
Vb. **1** mit der Peitsche knallen, °NB vereinz.: *duscheln* „mit großen Peitschen in der Johannisnacht" Bay.Wald.
2 tätscheln, streicheln: *duschln* Burgkchn AÖ.
3 verschütten, planschen.– **3a** Flüssigkeit verschütten, °OB, °NB vereinz.: *tuschl net so!* Weilhm.– **3b** planschen, °OB, °NB vereinz.: °*geh her dei Duschln auf!* „zum Kind, das am Wasser spielt" Innernzell GRA; *Derwei is d' Hex ... in Flânitzbâchl drin g'wën ... und hât à so duschlt drin* HALLER Frauenauer Sagen 76. A.S.H.

tuscheln[2]
Vb., tuscheln, leise, heimlich reden, °OB mehrf., °NB, °OP, MF, °SCH vereinz.: °*hörts auf mit euerm Nuschln und Tuschln!* Wettstetten IN; °*hinterrücks tuschln* Frauenau REG; *duʃln* „die Köpfe zusammenstecken und geheimnisvoll schwätzen" nach KOLLMER II,99.
Etym.: Abl. von →*tuschen*²; PFEIFER Et.Wb. 1477.
WBÖ V,1192.

Komp.: [**aus**]**t.** ausplaudern, weitererzählen: °*die zwei Dorfklatschner tuscheln wieder was aus* Limbach PA.

[**ver**]**t.** vertuschen, OB, NB, °OP, MF vereinz.: °*es wird verduschlt, daß er des war* Neusorg KEM.

[**zu-sammen**]**t.** wie →*t.*, °OB, NB vereinz.: °*wos tuschln denn dö oiwei zamm?* Reichersbeuern TÖL. A.S.H.

Duschen, Busch, →*Doschen*.

duschen
Vb., duschen, unter der Dusche reinigen, °OB, NB vereinz.: *si duschn* Passau; *duššn* ZEHETNER Bair.Dt. 107.
Etym.: Aus frz. *doucher*; ²Fremdwb. IV,952.
WBÖ V,1193. A.S.H.

tuschen[1]
Vb. **1** lärmen, knallen.– **1a** knallen, krachen, poltern, donnern, °OB, °NB, °OP vereinz.: °*a so hods scho duscht, wias gschossn ham* Taching LF; °*a tuschate Goaßl* U'griesbach WEG; *Tuscht und kracht hot's, wia's d' Aast odruckt hot* Neuschönau GRA FRIEDL Geister 128; *sy gaben einander pleschen, das tuschet als das pley* 2.H.15.Jh. Rom. Forschungen 5 (1890) 457 (H. Heselloher).– Reime: *alte Weiba und Hobischoatn bind ma zu am Buschn, schütt a Maßl Pulver dro und laß n Teifi duschn* OB.– *Schau wiə das Schlégál tuscht, schau wiə das Schlégál gàllt i˜n Bèərgngən und i˜n Wàld!* „Zugschlägelgesang [beim Einrammen von Pfählen]" SCHMELLER I,628.– **1b** mit

der Peitsche knallen, vertreiben.– **1bα** mit der Peitsche knallen, °NB (v.a. Bay.Wald), °OP (v.a. SO) mehrf., °OB vereinz.: °*Boum, heats Duschn af!* „beim Brauch des *Wolfauslassens*" Bodenmais REG; *mid da gåisl ... duſn mächtnd ... b bǫuma kinna* nach KOLLMER II,415; *Mit dəʻ Gaəsl tusch·n* SCHMELLER I,629.– Phras.: °*heid doand d'Buama wieda Digga-Dagga duschn* „bestimmte Schläge mit der Peitsche ausführen" Grafenau.– **1bβ** mit der Peitsche vertreiben: *d'Hexn tuschn* „in der Walpurgisnacht, 30. April" V'buchbg KÖZ.– **1c** übertr. Schläge, Strafe, Ärger u.ä. geben, °NB vielf., °OB mehrf., °OP, °MF, °SCH vereinz.: °*do håds sauwa duschd, wia da Sebbal zschbaad hoamkema is* G'hesselohe M; °*bi sdaad, sunsd duschts!* „Androhung von Schlägen" Bodenmais REG; *meak ... ąv, glä ... duſts!* nach KOLLMER II,415.

2 klatschende o.ä. Geräusche machen.– **2a** platschen, ein platschendes Geräusch von sich geben (von der Butter im Butterfaß u.ä.), °OB, °NB vereinz.: °*im Butterfaßl duschts scho* N'bergkchn MÜ; *weiy 's scho*[n] *áyyweiy ... tuscht ... hát dinna* STRÖBL Malching 60.– **2b** in die Hände klatschen, OB, °NB vereinz.: *do hams awa duschd!* „Beifall geklatscht" Rechtmehring WS; *ö d'Hent duschn* Mengkfn DGF; *tuschn* „klatschen" Berchtesgaden Bergheimat 8 (1928) 42.– Auch: (Hände) klatschend zusammenschlagen: *Hend duschn* Teising MÜ.– Durch Händeklatschen zum Ausdruck bringen: *Beifall tuschn* Haselbach BOG.– **2c** stark regnen, °OB, °NB, °OP, °MF vereinz.: °*schaug nur gråd naus, wias jetzt duscht!* Wettstetten IN; *krǫd duſn dǫuds!* nach KOLLMER II,415.– **2d** prasseln (vom Hagel, Regen), °OB, °NB vereinz.: *tuschn* Viechtach; *eſ reŋd, dåſ duſt* nach KOLLMER II,415.

3 schlagen.– **3a** schlagen, klopfen, stoßen, °OB, NB, OP vereinz.: *duschn* Wäschestücke an die Wand des Schaffes schlagen Dietelskchn VIB; *Haferdeckelmusikant, Hex und Teufelsgsell, tuschts ins Blech, daß' fetzt und kracht grad wia in der Höll!* MATHEIS Bauernbrot 32; „Der Bauer Thomas Madtner ... hatte ... an seiner Haustüre *sehr starckh duschen vnd schreyen hören*" Bayerisch Gmain BGD 1750 BJV 1956, 127.– **3b** flach, platt schlagen od. drücken, °OB, NB, OP vereinz.: *an Mist duschn* Perbing LAN; „das *Bauerndirndl* ... Beim *Mistduschen* soll es so kräftig schlagen, daß man es über neun Höfe hört; sonst kriegt sie keinen Mann" SCHLAPPINGER Wurzelholz 22.– **3c** (Wäsche) bleuen, NB, OP vereinz.: *d'Wäsch duschn* U'hütte WÜM.– **3d** schlagen, verprügeln, °OB, °NB, °OP vereinz.: °*äitz måua dö gscheid duschn* Lohbg KÖZ; *„Ich werde dich gleich recht tuschen, wenn du nicht stille bist,* sagt die Mutter zu ihrem kleinen Kinde" DELLING I,143; *duschn* „jmd. eine Ohrfeige geben" GÖTTLER Dachauerisch 23.– Phras.: *jmdm eine t.* u.ä. einen Schlag, eine Ohrfeige geben, °OB, °NB, °OP vielf., °MF, °SCH vereinz.: *mei Liawa, dea hood eahm a sauwane duschd* Wasserburg; *wannst ma koa Rua loßt, dusch a da oane!* Erlau WEG; °*der hout va sein Vata oine tuscht gkräigt* Eslarn VOH; *do is ma hoid d'Hand ausgrutscht und i hob eahm oane duscht* TOCHTERMANN Oiß wos Recht is 68.– **3e** †mit den Flügeln schlagen: „*duscht* sie [Henne] dabey mit den Flügeln, so ist das Unglück schon fertig" Neukchn VOH SCHÖNWERTH Opf. I,345.

4 werfen, schleudern.– **4a** ins Wasser werfen: *duſn* „wenn man etwas ins Wasser wirft" Malgersdf EG nach SNiB VI,84.– Auch einen flachen Stein über das Wasser hüpfen lassen: *duscht* Ranoldsbg MÜ.– **4b** (einen Stein) auf den Boden werfen, daß er surrend weiterfliegt: °*das Stoaduschn* Fronau ROD.

5 mit der flachen Hand berühren, tätscheln: *tuschn* Reisbach DGF.

6 †sich gierig auf etwas stürzen, über etwas hermachen: *Ihr habt kein Gelt| kein Gold im Hauß ... Hät ihr viel| wurd eure schlimme Herrschafft bald darauf tuschen| wie ein Habbich auf ein Hiendl* SELHAMER Tuba Rustica II,83.

7: °*der duscht* „hat einen schwerfälligen Gang" Reit i.W. TS.

8 verschütten, planschen.– **8a** (Flüssigkeit) verschütten, verspritzen, °NB mehrf., °OB, °OP vereinz.: °*dusch nöt goa a so!* Bodenmais REG.– **8b** planschen, °NB mehrf., °OB, OP vereinz.: °*s Kind tuscht mit Wasser* Dfbach PA.– Auch in Phras.: *Wasser t.* NB vereinz.: *daß dös Wassertuschn gar so schä ist, drecknaß bist wieder woan!* Limbach PA.

9 viel reden, schwätzen: °*tuschn* „ratschen, Leute ausrichten" Frauenau REG.

10 †sich ungeschickt verhalten: *tuschen* „dreintappen, dreinplatzen, Ungeschicklichkeiten begehen" SCHMELLER I,628f.

Etym.: Onomat.; PFEIFER Et.Wb. 1477f.

DELLING I,143; SCHMELLER I,628f.– WBÖ V,1193-1196.

Abl.: *Tusch*[1], *-tusch*, *Tusche*, *Tuschel*, *-tuschel*, *tuscheln*[1], *Tuscher(er)*, *tuscherln*, *tuschicht*, *-tuschler*.

Komp.: [**ab**]**t.** **1** †wie →*t.*3a: „*abtuschen* ... schlagen" J.C. WACK, [Toldot ve-aschkenazit,] Regensburg 1713, 203.– **2** naß machen, unter Wasser setzen, °OB, °NB, °OP vereinz.: °*iatzt hast wieda dö ganz Kuchl voll otuscht* Essenbach LA.– **3** vor- u. zurückmähen, wobei eine Schwade entsteht: „Das *Abtuschen* mußte gekonnt sein ... nicht zu viel und auch nicht zu wenig bei der *Hinmahd* stehen lassen, weil sich sonst die gemähten Halme *schlecht hinlegen* ließen" Mühldorfer Nachrichten 18 (1962) Nr. 181,4.
WBÖ V,1196.

[**an**]**t.** **1** anklopfen, festschlagen.– **1a** anklopfen: *ɔtuschtn* [sic] „stark anklopfen" Spr.Rupertiwinkel 70.– **1b** wie →*t.*3b, OB, NB vereinz.: *anduschn* den Mist am Wagen festklopfen Wurmannsquick EG.– **2** wie →*t.*5: °*otuschn* berühren Zustorf ED.– **3** Part.Prät.: *ɔtuscht* „etwas eigenartig, nicht bei Trost, spinnert" Spr.Rupertiwinkel 70.
WBÖ V,1196.

[**um-ein-ander**]**t.** **1** wie →*t.*3a: °*die Maurer tuschn aber umeinander* „klopfen und hämmern laut" Ramsau BGD.– **2** verschütten, planschem.– **2a** wie →*t.*8a, °NB mehrf., °OB, °OP vereinz.: °*host wieda a da Kuchä umanandtuscht!* Lenggries TÖL; °*kannst do net aso umanandatuschn mit dem teuern Zeug!* Mallersdf.– **2b** wie →*t.*8b, °NB vereinz.: *d'Seehund duschnt im Wassa umanand* Mittich GRI.

[**auf**]**t.** wie →*t.*3d, °NB, °OP vereinz.: °*dem hams auftuscht* „verprügelt" Fronau ROD.

[**aus**]**t.** **1** wie →*t.*1bβ, NB, OP vereinz.: „am 30. April wurden früher *die Hexn asduschd*" Wdmünchen; *em pfiŋsdsåmsta af d nåcht doumand ... b boašn ... häksn ... åsdušn* nach KOLLMER II,415.– **2** (Flüssigkeit) ausschütten, °NB vereinz.: °*da Bua tuscht wieder s Wasser aus* Aich VIB.
SCHMELLER I,628, 1047.– WBÖ V,1196f.

[**ausher**]**t.** wie →*t.*3c: *außaduschn* Wäsche bleuen Frauenau REG.

[**der**]**t.** wie →[*ab*]*t.*2: °*paßts besser auf, der ganz Tisch is scho datuscht!* Ismaning M.
WBÖ V,1197.

[**ein**]**t.** **1** wie →*t.*3b: °*da Mist werd eiduscht* „auf dem Wagen festgeschlagen" Mchn.– **2** (Wäsche) vor dem Bügeln mit einem zusammengenähten od. -gerollten Stück Stoff benetzen: °*d'Wäsch eintuschn* Thanning WOR.
WBÖ V,1197.

[**einhin**]**t.** **1** wie →*t.*3b: °*einiduschn* „die Äcker zusammendrücken, vom Regen" Sachrang RO.– **2** wie →*t.*3d, nur in Phras.: °*dera han i oane einituscht* „einen Schlag, eine Ohrfeige verpaßt" Bayerbach GRI.
WBÖ V,1197.

[**ver**]**t.** **1** wie →*t.*1bβ: *die Hexn vertuschn* „mit Peitschen vertreiben, an Pfingsten" Tretting KÖZ.– **2** wie →*t.*8a, °NB mehrf., °OB, °OP vereinz.: °*geh vatusch net de ganz Suppn!* Metten DEG; „damit von dem hochgeweihten Dreikönigswasser nicht allzuviel *vertuscht* ... wird" PEINKOFER Werke I,66.– **3** wie →[*ab*]*t.*2, °OB vereinz.: °*da hast an Bodn vertuscht* Stein TS.
WBÖ V,1197.

[**hei**]**t.** wie →*t.*5: *heituschn* Streicheln, Tätscheln der Wange Viechtach.

[**nieder**]**t.** wie →*t.*3b, OB, NB vereinz.: *an Mist niedaduschn* am Wagen festklopfen Asenkfn MAL.

[**zu-sammen**]**t.** **1** wie →*t.*2b: *zamduschn* Hengersbg DEG; *duschet mit den Händten zsamen* REGLER Azwinischer Bogen 153.– **2** wie →*t.*3b, °OB, °NB, OP vereinz.: *an Mist zamduscht* „auf dem Wagen, damit er nicht verloren geht" Tittling PA; *da schware Regn hods Feld zsammtuscht* HÄRING Gäuboden 181.– Part.Prät., übertr. flach, platt: *zsamduschta Khobf* Buch a.Erlbach LA.– **3** †zusammenstoßen, zusammenprallen: *Böcke tuschen mit dem Kopfe zusammen* SCHMELLER I,629.– **4** wohl zusammenschlagen, niederprügeln: °*zamtuschn* Rottach-Egern MB.
DELLING I,143; SCHMELLER I,629.– WBÖ V,1197f.

[**zu**]**t.** wie →*t.*3b, °OB, NB vereinz.: „jedes Fuder Mist muß zum Schluß *zuatuscht* werden" Hiesenau PA.– Spruch: °*Bua, wenn ma bei dir as Mistzuaduschn amoi über drei Hausdächer umihört, na derfst heiratn* Grafing EBE, ähnlich ED. A.S.H.

tuschen[2]
Vb., in heutiger Mda. nur in Komp. **1** vertuschen: *tuschen* „Etwas verbergen, verheimli-

chen, aus dem Gerede zu bringen suchen“ WESTENRIEDER Gloss. 592; *O wie geht da bey manchen das Tuschen an!* SELHAMER Tuba Rustica I,120.
2: *Duschen* „Heimlich löschen“ ZAUPSER 86.
3 beim Kartenspiel betrügen: *tuschen* „mit der Karte betrügen“ OP SCHMELLER I,629.

Etym.: Mhd. *tuschen* 'sich still verhalten, verbergen', wohl onomat.; PFEIFER Et.Wb. 1511f. (vertuschen).

DELLING I,143; SCHMELLER I,629; WESTENRIEDER Gloss. 592; ZAUPSER 86.– WBÖ V,1198.

Abl.: *tuscheln²*, *Tuschler*, *tuschlern*, *Tuschlet*.

Komp.: [**ver**]**t.** **1** wie →*t.*1, OB mehrf., °NB, °OP, °MF, °SCH vereinz.: °*des is voduschd won* Neufraunhfn VIB; *vatuschn* „verheimlichen“ SINGER Arzbg.Wb. 252; *Wer will aber vor GOtt/ der alles siht/ sein Boßheit vertuschen?* SELHAMER Tuba Rustica I,243.– **2** †: *vertuschen* „etwas in seinem Entstehen ersticken“ WESTENRIEDER Gloss. 592.– **3** †verfälschen, durch Fälschen verändern: *Daz die vngelerten ... lerer heylige schrifft ... vertuschen vnd zuo jrem vortail ... brawchen* BERTHOLDVCH Theologey 96.

SCHMELLER I,629; WESTENRIEDER Gloss. 592.– WBÖ V, 1198f.

[**zu-sammen**]**t.**: *zamduschn* heimlich reden Viechtach. A.S.H.

†tuschen³
Vb., mit Tusche, einfarbig malen: *Tuschen der maler* „monochromatis pingere“ SCHÖNSLEDER Prompt. Kk8ʳ.

Etym.: Aus frz. *toucher* 'berühren, schwarze Farbe auftragen'; KLUGE-SEEBOLD 937.

Abl.: *Tusch²*.

Komp.: †[**ab**]**t.** mit Tusche abmalen, abzeichnen: *den ... Marmorsteinern Altar ... zu Salzburg ... abduschen ... zlassen* N'aschau RO 1754 JAHN Handwerkskunst 422. A.S.H.

Tuscher(er)
M. **1** knallendes, klatschendes Geräusch.– **1a** Knall, Krach, °NB mehrf., °OB, °OP, °OF vereinz.: °*a Blitz, a Tuscher und scho hats brennt* „Donnerschlag“ Teisendf LF; °*dös hat an gscheitn Duschara to* Winklsaß MAL; *Da hot's an Tuscha to, und von da Felswänd is a Stoa owakuglt* Lohbg KÖZ FRIEDL Geister 152; *Hast ebba gschoßn ... I' ho' an' Tuscher g'hört* KOBELL Ged. 389.– **1b** klatschendes Geräusch, °NB vereinz.: °*an gscheidn Duscherer hats då*ⁿ „es hat geplatscht“ Fürstenstein PA.
2 Schlag.– **2a** einmaliger (lauter) Schlag, einmaliges Klopfen, °OB, °NB, °OP, °MF vereinz.: °*da fehln no a paar Duscher* „zum Glätten des Mists auf der Fuhre“ Alkfn VOF; *Tuscher* „lauter Schlag“ HÄRING Gäuboden 180.– **2b** Schlag, Ohrfeige, °OB, °NB, °OP vereinz.: °*verziag di, du Saubua, sist kriagst an Tuscher!* Schönbrunn LA; °*dea hod an Duschara dawischd* Brennbg R.– **2c**: *dea håd an Duscha griag* „Stromschlag“ Senkenschlag DAH.– **2d** übertr. Denkzettel: °*der hat den Duscha amal braucht* Frsg.
3 plötzlicher Regen, Austritt von Flüssigkeit.– **3a** Platzregen, °OB, °NB vielf., °OP, °MF vereinz.: °*då håts a so an Duscha herghaut, daß glei ois pritschnaß gwen is* Reichenkchn ED; °*zerscht hods an sechan Duschara do und nach hod glei wieda d'Sunn gscheint* Kötzting; *Bei dera Hitz waar a Tuschara grad recht* MM 5./6.7.1997, J5.– Trinkspruch: *göm ma-r eam no a Duschal!* „genehmigen wir uns noch eine halbe Bier!“ Reisbach DGF.– **3b** plötzlicher Austritt, Herausspritzen von Flüssigkeit: *Auf oamoi duad's an Duschara, und i stäh volla Odl do von obn bis untn* TOCHTERMANN Oiß wos Recht is 108.
4 Tusch, Tanz.– **4a** Tusch, musikalisches Signal: °*a Duscha* „von einer Musikkapelle“ Grafenau; *duſara* nach KILGERT Gloss.Ratisbonense 167.– **4b** best. Tanz: „Die gewöhnlichen Tänze sind *der Tuscher ... Polka, Landler*“ KRISS Sitte 139.
5 Gerät zum Schlagen, Klopfen.– **5a** Brett mit Stiel zum Festklopfen der Mistfuhre, OB, °NB vereinz.: °*a Fuder Stallmist werd mit an Tuscher zsammtuscht* Schaufling DEG.– **5b** Fliegenklatsche: °*Tuscher* „kurzer Stab mit Lederfleck“ Simbach PAN.– **5c** Gerät zum Ausklopfen von Kleidungsstücken, OB, NB vereinz.: *Duscha* Hengersbg DEG.
6: °*Tuscher* „Kuhglocken aus Messing- oder Kupferblech“ Lenggries TÖL.
7 von Menschen.– **7a** jmd, der mit der Peitsche knallt, °NB vereinz.: *Tuscher* Rattenbg BOG; „War ... Feierabend gemacht, rückten die *Tuscher* aus“ SIEBZEHNRIEBL Grenzwaldheimat 209.– **7b** †: *Der Tuscher* „ungeschickter Mensch“ SCHMELLER I,629.– **7c**: *a seguada Duschá* „gutmütiger Mensch“ HEIGENHAUSER Reiterwinkerisch 10.
8 Pfln.– **8a** Glockenenzian (Gentiana acaulis): *Duscha* Ramsau BGD Bergheimat 10 (1930) 39.– **8b** Taubenkropf (Silene vulgaris): *Du-*

scher Lämmersdf WEG MILLER Lkr.WEG II, 22.

DELLING I,143; SCHMELLER I,629.– WBÖ V,1199-1201.

Komp.: [**Arsch**]**t. 1** scherzh. (zu) langer Männerrock, Gehrock: °*der hat heut sein Arschduscher wieder an* Bayerbach GRI.– **2** scherzh. lange Strickjacke: °*Arschduscher* Buch a.Erlbach LA.

[**Aus**]**t.** wie → *T.*5c, OB, NB vereinz.: *Austuscha* „zum Ausklopfen der Kleidung" Aicha PA.

[**Pfingst(el)**]**t. 1** Peitsche in einem Pfingstbrauch (s. *Pfingstel*,Bed.1): *Pfingstlduscher* Loitzendf BOG.– **2** jmd, der in einem Pfingstbrauch mit der Peitsche knallt, °NB vereinz.: °*Pfingstlduscher* Kötzting; „nach dem Abendläuten hörte man ... die *Pfingstltuscher*" Bay. Wald SCHLICHT Bayer.Ld (Straubing 1927) 520.

[**Brettlein**]**t.**: „*Der Brettlduscher wenn euch aber dawischt, na is gfeit* ... Schreckgestalt mit nägelbesetztem Brett, der in den Kornfeldern herumläuft" Moosinning ED Dt.Gaue 14 (1913) 44.

[**Tenn**]**t.**, [**Tent**]- **1** Gerät zum Festklopfen des Lehmbodens in der Tenne: *Tenntuscher* Passau; *eine Kopfdötschn so stark wie von einem Tennduscher* SCHLICHT Altheimld 37.– **2** übertr.– **2a** großer Fuß: *Tenntuscher* Passau.– **2b** Mensch mit sehr großen Füßen, NB vereinz.: *a Dennduscha* Metten DEG.

[**Dirnlein**]**t.**: °*Dirndltuscher* Bub, der lieber mit Mädchen spielt Essenbach LA.

[**Euterlein**]**t.**, [**Auter**]- **1** abwertend Kleinbauer, OB, NB vereinz.: *Eiddalduscha* Reisbach DGF; „*Auterduscher* ... weil sie nicht Pferde, sondern Kühe einspannen" STEMPLINGER Altbayern 149.– **2**: *Dees is à ǫidà Àiddàl-dusschà* „einer, der Frauen an die Brust faßt, unsittlich berührt" KAPS Welt d.Bauern 85.

[**Fliegen**]**t. 1** Fliegenklatsche, °NB vielf., °OB, °OP vereinz.: °*der hat mir mitn Floingduscher eine runterghaun* Innernzell GRA; °*Fluignduscha* Vilzing CHA; „ein selbstgemachter, lederner *Fliegentuscher*" HALLER Geschundenes Glas 86.– **2**: *vluiŋduʃɑ* „Täuberich, der mit den Flügeln beim Fliegen klatscht" nach KOLLMER II,99.

WBÖ V,1201.

[**Kot**]**t. 1** Schlaggerät zum Zerkleinern von Erdschollen: *Koutduscher* Grafenau; *Koutduscha* „Gerät zum Erdaufschlagen" FEDERHOLZNER Wb.ndb.Mda. 61.– **2** Unke: *Koutduscha* Gergweis VOF.

[**Loch**]**t.** wie →[*Arsch*]*t.*1, °OB (v.a. SO) mehrf., °NB vereinz.: °*heit bei dem Wetter leg i an Lohtuscher å, då werd i untn nöt so nåß* Limbach PA; *mit eahnene Lohduscha und mit dem herrischn Kutwer* [Cutaway] ANGERER Göll 35.

WBÖ V,1201.

[**Mist**]**t. 1** wie → *T.*5a, OB, °NB, OP vereinz.: *da Mistduscha* Asenkfn MAL; „*der Mistduscher* ... ein Holzbrett von etwa 2 m Länge und 30 cm Breite" HÖSCHL Himmel 21.– **2** übertr.: *a Misttuscher* Mensch mit übergroßen Händen Pfarrkchn.

WBÖ V,1201.

[**Nacht**]**t.** Klaps vor dem Schlafengehen: °*Nachtduscher* „geben sich Kinder auf den Buckel" Dingolfing.

[**Wadel**]**t.** wie →[*Arsch*]*t.*1, °NB mehrf., °OB, °OP, °SCH vereinz.: °*da Leahra is mitn Waltuscha daheakemma* Garching AÖ; „Der bei festlichen Anlässen getragene Gevatterrock ... *Wadlduscher*" SCHLAPPINGER Niederbayer I,7.

[**Wäsche**]**t. 1** Bleuel, NB, OP vereinz.: *da Wöschduscha* Frauenau REG.– **2** wohl zusammengenähtes od. -gerolltes Stück Stoff, mit dem die Wäsche vor dem Bügeln benetzt wird: °*Wäschetuscher* Thanning WOR.

[**Wichs**]**t.**: °*Wiksduscha* „X-Beine" Germannsdf WEG. A.S.H.

tuscherln

Vb., tätscheln, streicheln: *oan ö^n t Wång tuschaln* Herrnthann R. A.S.H.

†tuschicht

Adj.: *tuschet* „ungeschickt" SCHMELLER I,629.

SCHMELLER I,629. A.S.H.

†tuschieren

Vb.: „(prov.) ... *Er hat ihn tuschirt* ... ihm etwas Beleidigendes gesagt" WESTENRIEDER Gloss. 592.

Etym.: Aus frz. *toucher* 'berühren'; DUDEN Wb. 3934.

WESTENRIEDER Gloss. 592.– WBÖ V,1202. A.S.H.

Tuschler
M.: *a Duschler* Leisetreter Chieming TS. A.S.H.

-tuschler
M., nur im Komp.: [**Pfingst**]**t.** jmd, der in einem Pfingstbrauch mit der Peitsche knallt: „Unterdessen knallen kräftige Waldlerburschen als *Pfingsttuschler* im Takt mit langen Peitschen" St.Englmar BOG Altb.Heimatp. 15 (1963) Nr. 23,4. A.S.H.

tuschlern
Vb.: *duschlan* heimlich reden Etzenricht NEW. A.S.H.

Tuschlet
N., : °*was habts denn allwei füa a Duschlat?* „Getuschel" Ismaning M. A.S.H.

Duse →*Dose.*

Dusel, -ü-, Dussel, -düstel
M. **1** Schlummer, Halbschlaf: *Dusel* Passau.
2 Benommenheit, Schwindel, Kater, OB, °OP vereinz.: °*Dusl* „dösiger Zustand nach einem Rausch" Rottendf NAB; „Unter *Dusel* versteht man jeden Dämmerzustand" STEMPLINGER Altbayern 82.
3 †: *Der Dusel, Düsel* „üble Laune" Eichstätt SCHMELLER I,548.
4 (leichter) Rausch, °OB, °NB, °OP vereinz.: °*der hat an sauban Dusl* Lohkchn MÜ; *Es kimmt … da Dokta(r) o(n) Mit a-r-am Dus'l, weil vom Gasthaus' grad* LAUTENBACHER Ged. 60.
5 Krankheit.– **5a** (fiebrige) Infektionskrankheit des Menschen, °OB, °OP vereinz.: °*Düsl* „Art Bindehautentzündung" Brunnen SOB; „Schnupfen … *an dīsl* [Ef.]" Kissing FDB nach SBS II,35f.; *Dər Dusl* (Fieber) *hàt huir vil Leut ghétt* M'nwd GAP SCHMELLER I,548.– **5b** Viehkrankheit, °OB, °OP vereinz.: *da Dißl* „Viehohnmacht" O'audf RO.
6 wildes Herumspringen des Rinds, NB, °OP vereinz.: *Düsel* „wenn die Kühe mit erhobenem Schwanz und gekrümmtem Rücken rennen" Kelhm.
7 Nebel, Dampf.– **7a** Nebel, diesige Luft, OP vereinz.: *Dīsl* „bei klarem Wetter am Horizont" Königstein SUL.– **7b** †: *Der Dusel, Düsel* „Dampf, Qualm" OP SCHMELLER I,548.
8 (unverdientes) Glück, °OB, °NB, °OP vereinz.: °*hout der an Dusl!* Wdsassen TIR; *A so an Dusl!* BINDER Bayr. 48.
9 dummer, ungeschickter Mensch, °OP, °OF, °MF vereinz.: °*Dussl* Schönwd REH; *Du werst a so a Dussl sei, a dabbiga!* ILMBERGER Fibel 52.
Etym.: Abl. von →*dus*[1]; vgl. [2]DWB V,1818, 1820.
Ltg: Bed.1-4, 8 *dūsl*, Bed.5-7 meist *dīsl*, auch *diſtl* (SOB), Bed.9 meist *duſl*.
HÄSSLEIN Nürnbg.Id. 58; SCHMELLER I,548f.– WBÖ V, 1203-1205.

Komp.: [**Augen**]**d.** best. Augenkrankheit, °OB, °NB, °OP vereinz.: °*Augndüsl* „Gerstenkorn" Fischbachau MB; °*Augndießl* „epidemische Augenkrankheit" Vilseck AM.

[**Kopf**]**d.** Gehirnerkrankung: *da Kobfdisl* „Gehirnerweichung" Taubenbg MB.
WBÖ V,1206.

[**Maul**]**d.** Entzündung, Ausschlag in od. am Mund, °OB, °OP vereinz.: °*Maidistl* „Mundfäule" Brunnen SOB; °*der Mauldüsl* „wässrige Hautkrankheit an den Lippen" Fronau ROD.
WBÖ V,1206. A.S.H., E.F.

†dusel
Adj. **1**: *Dusel* „Von Menschen, stille, niedergeschlagen aus Schüchternheit oder aus Beschämung" DELLING I,143.
2 dampfig, diesig: *Dusel* „von der Luft, wenn sie mit Dünsten angefüllt ist" DELLING I,143.
3: *dusel* „dunkel, halb finster" WESTENRIEDER Gloss. 116.
DELLING I,143; WESTENRIEDER Gloss. 116.– WBÖ V,1204. A.S.H., E.F.

Düsel, Flugasche, Abfall, → *Üsel.*

Duselein
N., Küken, °OB, °OP vereinz.: °*Dusai* „Hühnerküken" Törwang RO; „Gänschen … *Duserla*" Neumarkt PREINL Neumarkt 47.
Etym.: Abl. von →*dus*[2]; WBÖ V,1186.
WBÖ V,1186. A.S.H., E.F.

dus(e)lig, düs-, duslich(t), duß-
Adj. **1** still, ruhig, in sich gekehrt: °*der is a scho ganz düselig* „teilnahmslos" Hohenpolding ED; *Sei duslə* „sey ruhig … zu kleinen Kindern" M'nwd GAP SCHMELLER I,548.
2 müde, schlaftrunken, benommen, °OB, °NB vereinz.: °*i bi no ganz dusli* Bayersoien SOG; *du:slad* KILGERT Gloss.Ratisbonense 65.
3: *duselig* „angeheitert, betrunken" Schrobenhsn.

4 dumm, ungeschickt, °OP, °SCH vereinz.: °*dussle* Brennbg R; *dusslig* AMAN Schimpfwb. 52.
5 dunstig, schwül.– **5a** trüb, diesig, neblig, °OP vereinz.: *disle is* Königstein SUL; *Nach dee duslinga Tag'n Voll Trübnuß und Reg'n* PANGKOFER Ged.altb.Mda. 244.– **5b** schwül, wechselhaft, °OB vereinz.: °*a dusligs Wetta homma heut* Wildenroth FFB.
6 dämmrig, düster: °*duslig* Schwandf.
SCHMELLER I,548.– WBÖ V,1211f. A.S.H., E.F.

duseln, -ü-
Vb. **1** †: *duseln* „stille seyn" SCHMELLER I,548.
2 (leicht) schlafen, schlummern, im Halbschlaf sein, °Gesamtgeb. vielf.: °*um vieri bi i wach worn, dann håwe blos mea dusld* Ebersbg; °*nouchn Mittochessn mouß i a halbe Stund dusln* Dietfurt RID; *Alle Viertelstund kummt was daher, grad wennst as Duseln o'fanga mechst* Mchn.Stadtanz. 7 (1951) Nr.27,4.– Auch †: *duseln* „im Bett dem Schweiß abwarten" OP SCHMELLER I,548.
3 geistig abwesend, zerstreut sein, °OB, °OP vereinz.: °*dusl nur so weiter!* U'haching M.
4 Alkohol vor sich hin trinken, süffeln, °OB mehrf., °NB, °OP, °SCH vereinz.: °*richte gsuffa hamma net, grad a so duslt* N'viehbach DGF.– Auch leicht betrunken sein: *dūsəln* „einen kleinen Rausch haben" EIH, ND nach WEBER Eichstätt 65f.– Part.Prät., †betrunken: *Kimm i nüachtern oder duselt hoam* SCHLICHT Altbayernld 200.
5 horchen: °*dea duslt, wos de andan sogn* Wildenroth FFB.
6 schwanken, schwindlig sein.– **6a** schwankend gehen, taumeln, °OB, NB, °OP vereinz.: °*duslt nit går a so!* Marktl AÖ.– **6b** †: *duseln* „schwindlich seyn" SCHMELLER I,548.
7 †: *duseln* „dämmern" SCHMELLER I,548.
8 muffig riechen: °*da dieslts* Friedbg.
9 (unverdientes) Glück haben: °*duseln* O'appersdf FS.
Ltg: Bed.8 *dīsln*, sonst -*ū*-.
SCHMELLER I,548.– WBÖ V,1207f.

Komp.: [**an**]**d.** refl., sich betrinken, °OB, °NB, °OP, °SCH vereinz.: °*da Miche duslt se heit wieda voi o* Weildf LF; °*oduslt* „angetrunken" Rottendf NAB; *Vom Donisel kummt Oana o'duselt raus* SAILER Lach od. Stirb 272; *is alles … a bißl oduslt gwesn … hat oana an Rausch größa ghabt wia da anda* Mchn Neue freie Volks-Ztg 3 (1875) Nr.290[,4].– Auch in Phras.: *sich einen a.* °OB, °NB vereinz.: °*da Hans håt si wieda oan ådusIt* Frauenau REG.
WBÖ V,1208.

[**aus**]**d. 1** ausschlafen, schlafen, bis die Müdigkeit überwunden ist, °OP, °SCH vereinz.: °*die hat no net ausdusslt* Friedbg; *Geh, laß mi no a weng ausduseln* ILMBERGER Fibel 52.– **2** langsam zu Ende trinken: °*ausdusln* Wiesenfdn BOG.

[**ein**]**d.** einnicken, einschlummern, °OB, °OP vielf., °NB, °MF mehrf., °OF, °SCH vereinz.: °*lang hab i net schlafa kenna, na hob i do endli eidudslt* Pörnbach PAF; °*beim Zeitunglesen bin i eiduselt* Hahnbach AM; *und auf d' Letzt is er drüber ei'duselt* FRANZ Pegasus 51; *ei˜dusln* SCHMELLER I,548.
SCHMELLER I,548.– WBÖ V,1208f.

[**ver**]**d.** Part.Prät., versoffen, trunksüchtig: *Alles ist … versoffen, verduselt, verspezelt* RUEDERER Schmied 49f.

[**da-hin**]**d. 1** wie →*d.*2, °OB, °OP mehrf., °NB, °OF, °MF vereinz.: °*gschlafa hab i nett, grad a weng dahiduslt* Pfeffenhsn ROL; *dahi:du:sln* „vor sich hin dösen, träumen" KILGERT Gloss. Ratisbonense 53.– **2** wie →*d.*3, °OB, °NB, °OP, °SCH vereinz.: °*der hat a so dahiduslt und gar net obacht gebn, wos i gsagt hab* Landshut.– **3** wie →*d.*4, °OB, °NB, °OP vereinz.: °*der hockt 10 Stund bein Wirt und duslt aso dahi* Lenggries TÖL.– Auch: °*s Kind duslt so dahi* „saugt im Halbschlaf an der Flasche" Scheyern PAF.– **4** wie →*d.*6a, °OP vereinz.: °*der duslt so dahi* „taumelt so dahin" Weiden.
WBÖ V,1209. A.S.H., E.F.

dusen, -ü-
Vb. **1** †: *dusen* „stille seyn" SCHMELLER I,548.
2 (leicht) schlafen, schlummern, im Halbschlaf sein, °OB, °NB, °OP, °MF, °SCH vereinz.: °*diesn* Neukchn a.Inn PA; °*er hout a weng dust* Trautmannshfn NM; *dūsn* Denkendf EIH nach WEBER Eichstätt 153; *Dusen* ZAUPSER 22.– Auch †: *dusen* „im Bett dem Schweiß abwarten" OP SCHMELLER I,548.
3 geistig abwesend, zerstreut sein, °OB, °NB vereinz.: °*dus net so vor di hi!* Gaimershm IN.
4 horchen, zuhören, °OB (v.a. AIC, SOB), °SCH (ND) mehrf., °OP vereinz.: °*schauts, wia*

da Hansi dust „konzentriert zuhört" Autenzell SOB; *dus'n* „herumhorchen … ein Gespräch belauschen" SCHILLING Paargauer Wb. 92; „Er hat sehr *gedust*, sehr leise gehört" HÄSSLEIN Nürnbg.Id. 58.
5 †: *dusen* „schwindlich seyn" SCHMELLER I, 548.
6 †: *dusen* „dämmern" SCHMELLER I,548.
HÄSSLEIN Nürnbg.Id. 58; SCHMELLER I,548; WESTENRIEDER Gloss. 116; ZAUPSER 22.– WBÖ V,1209.

Komp.: [**auf**]**d.** wie →*d.*4: °*dus au, laß mi ren!* Hohenwart SOB.

[**ein**]**d.** einnicken, einschlummern, °OB, °NB, °MF vereinz.: °*dös hat wieder lang dauert, bis i eidusn hon kinna* Wiesenfdn BOG.
WBÖ V,1209. A.S.H., E.F.

duserln, -ü-
Vb., schwankend, mit kleinen Schritten gehen: °„ein Greis *diserlt*, geht *Schritterl* für *Schritterl*" Deggendf.

Komp.: [**da-hin**]**d.** leicht schlafen, schlummern, im Halbschlaf sein: °*dåu dusalda no so a weil dahi* Schnaittenbach AM. A.S.H.

dusig, -icht
Adj. **1** still, ruhig, in sich gekehrt, °OB, °NB, °OP vereinz.: °*de geht allwei so dusig umanand, ob net gar was fehlt bei ihr?* Brunnen SOB; *dusig* „mild, stille" SCHMELLER I,548.
2 müde, schlaftrunken, benommen, °OP vereinz.: °*i bin dusad* Rdnburg.
3 unaufmerksam, zerstreut, ungeschickt, °OB, °NB vereinz.: °*des is a Dusada* „Tollpatsch" Gaimershm IN.
4 taub, schwerhörig, °OB, °OP vereinz.: °*bischt denn dusi, weischt nix sågscht?* Dachau.
5 hinterhältig, durchtrieben: °*der is dusat* „hinterfotzig" Gaimershm IN.
6 dunstig, schwül.– **6a** dunstig, diesig, neblig, °OB, °NB, °OP, MF, °SCH vereinz.: °*heit is da Himml dusi* Sulzkchn BEI.– **6b** schwül, wechselhaft, °OB, °NB vereinz.: °*a dusats Wedda* „weiß nicht, was es will" Taching LF.
7 dämmrig, düster, °OB, °NB, °OP, °MF vereinz.: °*drauß is scho ganz dusat* Hohenpeißenbg SOG; °*heint isn ganzn Toch so duse* Poppenrth TIR.
8 †: *dusig* „matt … nicht glänzend" SCHMELLER I,548.
9 aufgedunsen, °OB vereinz.: °*er schaugt dusat aus* Taching LF.

Etym.: Ahd. *tusîg* 'stumpfsinnig, töricht', Abl. von →*dus*[1]. Bed.9 wohl unter Einfluß von →*dossig* 'dass.'.
SCHMELLER I,548.– WBÖ V,1203, 1210. A.S.H.

Dusin →*Dutzend*.

Dusler
M., jmd, der Alkohol vor sich hin trinkt, Süffler, °OB, °OP vereinz.: °*des san oide Dusla, de für a hoibe Bier drei Stund brauchan* Marktl AÖ.
WBÖ V,1211. A.S.H.

duslern
Vb., leicht schlafen, schlummern, im Halbschlaf sein: *dūslan* O'schweinbach FFB nach SBS II,164. A.S.H.

dusmig, -ü-, dusmerig
Adj. **1** still, ruhig, sanft, kleinlaut, °OB, °NB vereinz.: °*dusma* U'föhring M; *dusmă* „still, sachte, sanft" BAUERNFEIND Nordopf. 143; *dusmig* „mild, stille" SCHMELLER I,548.
2 dunstig, schwül.– **2a** trüb, diesig, neblig, °OB, °NB vereinz.: °*heit ist dusmig* Lohkchn MÜ; °*dismö* „neblig, unklare Sicht" Neukchn a.Inn PA; *es was auch ein recht wetter darzue, dan es in zwaien wintern nie kalt, nur nebl, warm und tußmig* Rgbg 1520 Chron.dt.St. XV, 35,22f.– **2b** schwül, °OB, °NB vereinz.: °*dusme* Perach AÖ.
3 dämmrig, düster, °OB, °NB vereinz.: *dusmare* Kienbg TS; „Wenn's spät abends dunkel wird, sagt man, *es wird dusme*" Garching AÖ Oettinger Ld 19 (1999) 255.
4 †: *dusmig* „matt … nicht glänzend" SCHMELLER I,548.
SCHMELLER I,548.– WBÖ V,1213. A.S.H.

dusper
Adj., dämmrig, düster, °OF vielf., OP (v.a. KEM) mehrf.: °*öitza wirds scha duschpa* Brand WUN; *Naou war ich in Duschperrn gleng* SCHEMM Stoagaß 124.
Etym.: Nebenf. von →*duster*.

Abl.: *dusperig, duspern, Dusperung*. A.S.H.

dusperig, duspicht
Adj., dämmrig, düster, OP, °OF vereinz.: *duschbari, duschbert* Hessenrth KEM. A.S.H.

duspern
Vb., dämmern, dunkel werden: °*s duschpert scha* Thiershm WUN. A.S.H.

Dusperung
F.: *Duschperung* Dämmerung Hessenrth KEM. A.S.H.

duß, dussen → *[da]außen.*

Dussel → *Dusel.*

tusseln, tuseln
Vb. **1** †schlagen, ohrfeigen: *dă Boarfürst ko˜ di duseln* 1683 Hartmann Hist.Volksl. II,74.
2: *dūsəln* „zusammenschlagen, zusammentreffen, zusammenschieben von Schussern" Freystadt NM nach Weber Eichstätt 65f. A.S.H.

tussen
Vb. **1** stoßen, schlagen: *dussen* „Ostereier gegeneinanderstoßen" Kemnathen PAR; *dussen* Dinzling CHA BM I,240; *dussn* „stoßen, schlagen" Kollmer II,99.
2: *dussn* „knallen" Kollmer II,99.
Etym.: Wohl zu mhd. *tuzzen, -ss-* 'pressen, drücken'; Schw.Id. XIII,1850.

Abl.: *tusseln, Tusserer, Tußler.*

Komp.: [**der**]**t.** refl., sich durch schweres Arbeiten überanstrengen, zugrunde richten: °*der derdußt si no* Gaimershm IN. A.S.H.

Tusserer
M.: *Dusserer* „großer Schusser" Regenhütte REG. A.S.H.

Tußler
M.: °*der hot an Dußler* hängender Kropf Zustorf ED. A.S.H.

Dust → *Dunst.*

Duster
F., N., Dämmerung, Düsternis, OP vereinz.: *s Dusta* Naabdemenrth NEW; *Du Liachtglanz in der Dustern* Ehbauer Faust 142.
WBÖ V,1214. A.S.H.

duster, düster
Adj., dämmrig, düster, °OP (v.a. N) vielf., °OB, °NB, °OF, °MF, °SCH vereinz.: °*disda* Rechtmehring WS; °*da Hiagst kimmt, scho vui früa wirds dusta* M'rfels BOG; *beim Dustawean* „in der Dämmerung" Wdsassen TIR; *Ziemle dusta woars scho in Wold* Heinrich Stiftlanda Gschichtla 45; *Düster* Prasch 17.– Phras.: °*äitz is zwischn Dusta und Gsiahst-mi-niat* „in der Dämmerung" Wdsassen TIR.
Etym.: Mhd. *duster*, aus mnd. *duster*, westgerm. Bildung wohl idg. Herkunft; Kluge-Seebold 225.
Prasch 17; Schmeller I,551.– WBÖ V,1214f.

Abl.: *Duster, Dusterer, dusterig, dustern.*

Komp.: [**stock**]**d.** stockdunkel, ohne Licht: °*stockdusta* Rosenhm.

[**zapfen**]**d.**, [**zappen**]- wie → *[stock]d.*, °OB, °OP, °MF vereinz.: °*zapfadusta* Neumarkt. A.S.H.

Dusterer
M., heimtückischer, hinterhältiger Mensch: °*der Dusterer* Inzell TS.
WBÖ V,1215. A.S.H.

†dusterig
Adj., dämmrig, düster: *so wird es schon ganz dusterig* (dunkel) *und das Abfangen des Burschen sehr schwer* Bayerld 1 (1890) 201.
WBÖ V,1215. A.S.H.

dustern
Vb., dämmern, dunkel werden, OB, NB, OP, SCH vereinz.: *äiz dustats* Etzenricht NEW.
WBÖ V,1215. A.S.H.

tüt, tü
Interj., nur in Wiederholung, Nachahmung des Geräuschs der Bienenkönigin vor dem Schwärmen, OB, SCH vereinz.: *tüt-tüt* Derching FDB.
Etym.: Onomat.; WBÖ V,1216.
WBÖ V,1216.

Abl.: *tuten, tütern.* A.S.H.

Tüte, -u-
F., Tüte, meist aus Papier, ugs., °OB, °NB, °OP, °MF vereinz.: °*Diddn båbbm* „mußten die Zuchthäusler" Ebersbg; *a Dutn Voll Zwiefelzeltl* Eberl Kräutl 76.
Etym.: Aus mnd. *tute* 'Blashorn, Trichter, Röhre'; Kluge-Seebold 937.
Schmeller I,554.

Komp.: [**Papier**]**t.** Papiertüte, °OB, °NB vereinz.: °*Babirdidn* Neufraunhfn VIB; *båbiadīdn* K'schwarzenlohe SC nach SMF V,201.

[Schul]t. Schultüte: *A glanzerte lila Schuitütn hab i ghabt* MM 19.9.1997, 32.

[Spitz]t. Papiertüte in dreieckiger Form: °*Schbiedsdiedn* Schöllnach DEG; *šbitſdüdn* Georgenbg VOH nach K. HEYNA, Untersuchungen zur Wortgeographie Nordostbayerns, Regensburg 2020, K.50. A.S.H.

tuten, †-ü-
Vb. **1** in ein Horn u.ä. blasen: °*däi tutn in a Hoarn* Weiden.– Phras.: *von T. und Blasen keine Ahnung haben / nichts verstehen* von etwas keine Kenntnisse haben, nichts verstehen, °OB, °OF vereinz.: °*dea hout von Dudn und Blousn koa Ahnung* Selb; *nix vo Duudn und Bloosn verschdäi* MAAS Nürnbg.Wb. 46.
2: *ditn* „hupen" KOLLMER II,88.
3 einen langgezogenen Ton vor dem Schwärmen erzeugen (von der Bienenkönigin): *da Weisl tütet* Naabdemenrth NEW.
SCHMELLER I,634.– WBÖ V,1217. A.S.H.

tütern
Vb.: *dẙdɑn* „hupen" DENZ Windisch-Eschenbach 272. A.S.H.

Tütsch, Hut, → *Titsch*.

-tutsch
wohl M., nur im Komp.: **[Nacht]t.**: °*Nachtdutsch* Klaps vor dem Schlafengehen Auerbach ESB. M.S.

-tutsche
F., nur in Komp.: **[Mist]t.** Brett zum Festklopfen der Mistfuhre, OB, NB vereinz.: *Mistdutschn* Hohenpolding ED.

[Nacht]t. Klaps vor dem Schlafengehen: °*du kriegst a Nachtdutschn!* Schönbrunn LA. M.S.

Tutschel
M. **1**: °*die Dutscheln* „Zitzen" Deggendf.
2 Kinderschnuller, °OP, MF vereinz.: °*Dutschl* Tirschenrth.
Etym.: Wohl Nebenf. von → *Tutzel*. M.S.

-tutscheln
Vb., nur im Komp.: **[ver]t.**: *verdutschln* verheimlichen Maxhütte-Haidhf BUL.– Wohl Nebenf. von → *-tuscheln*[2]. M.S.

tutschen
Vb. **1** schlagen, klopfen.– **1a** schlagen, verprügeln, in Phras.: °*einem eine dutschen* „eine Ohrfeige geben" DENZ Windisch-Eschenbach 127.– **1b**: *dutschn* den Mist am Wagen festklopfen Hohenpolding ED.
2 tunken, tupfen.– **2a** tunken, auftunken.– **2aα** tunken: °*dutschn* Erbendf NEW.– **2aβ** auftunken, °OP vereinz.: °*dutschn* „Brühe aufsaugen" Sulzbach-Rosenbg; *duddschn* „mit Brot Fett- oder Soßereste aus der Bratpfanne streichen" KONRAD nördl.Opf. 7.– **2b**: *tutsch'n* „tupfen; betupfen" Sechsämterld BRAUN Gr.Wb. 694.
Etym.: Onomat.; WBÖ V,1221.
WBÖ V,1221.

Abl.: *-tutsch, -tutsche, -tutscher*.

Komp.: **[an]t.** anstoßen, einen Stoß geben: °*odutschn* „mit dem Schusser" Rgbg.
WBÖ V,1222.

[auf]t. 1 wie → *t.*2aβ, °OP mehrf.: °*d Soß asm Teller afdutschn* Maxhütte-Haidhf BUL.– **2** durch Auftunken leeren: °*n Teller auftutschn* Neukchn SUL.

[aus]t. 1 auftunken, durch Auftunken leeren.– **1a** wie → *t.*2aβ, °OP, °OF vereinz.: °*tou döi Bröih asdutschn* Schönwd REH; „mit einer Brotrinde die restliche Sauce vom Teller *aastutsch'n*" Sechsämterld BRAUN Gr.Wb. 694.– **1b** wie → *[auf]t.*2: *mitara wäng Braout sein Teller a(u)stutschn* SINGER Arzbg.Wb. 243.– **2** durch Tupfen säubern: °„eine Wunde wird mit Kamillentee *asdutscht*" Kchnthumbach ESB.

[ein]t. wie → *t.*2aα: °*eidutschn* „Brot in Flüssigkeit" Ihrlerstein KEH.

Mehrfachkomp.: **[hin-ein]t.**: °*der tutscht so lang in ihn nei, bis er narret werd* „reizt ihn" Schongau.

[zu-sammen]t. wie → *t.*2aβ, °OP vereinz.: °*mit Brot zammdutschn* Hahnbach AM; *dsǫmdutſ̌n* „zusammentunken" nach DENZ Windisch-Eschenbach 297.
WBÖ V,1221. M.S.

tütschen, stoßen, schlagen, → *titschen*.

-tutscher
M., nur im Komp.: **[Mist]t.**: *Mistdutscher* Brett, mit dem der Dünger festgeschlagen wird Vogtarth RO. M.S.

Dutt

M., Haarknoten, auch Unterlage dafür: °*da Dutt* Rosenhm; *Dutt* „Haareinlage zum [A]ufstecken“ Wb.Krün 13.

Etym.: Aus nd. *Dutt* ‘Klumpen, Haufen’, weitere Herkunft unklar; PFEIFER Et.Wb. 257. A.S.H.

Tütt

M.: °*wo hast denn dein Ditt?* Kinderschnuller Brunnen SOB. A.S.H.

Tutte, -ü-, Tutten

F., M. **1** meist Pl., Brust(warze), Zitze.– **1a** weibliche Brust, Busen, Brustwarze, °OB, °NB vielf., °OP mehrf., °OF, °MF, °SCH vereinz.: °*die håd a groußi Duddn* Ebersbg; *s Dutl göm* stillen Aicha PA; °*die Diddn* Brüste Trautmannshfn NM; *heut hat ma' der Sieglerin wieder abi'schau'n kinna bis auf die Dutt'n* HALLER Dismas 23; „*Der Dutten* ... auch *die Dutten* (b[ay].W[ald])“ SCHMELLER I,554; *Mamma bubertatis tutto ivgundi* Tegernsee MB 2.H.11.Jh. StSG. I,646,35; *Du scholt auch wizzen, daz der vnuernůftigen tier milch wåppel aigenleichen aůter haizzend, aber an den frawen haizzend si průstel oder tůtel* KONRADvM BdN 49,1f.; *Stiften in diser stat obgenante Mäzen ein grossen köstlichen dom ... der obgenanten künigin und göttin mit den vil dutten* AVENTIN IV,151,10-12 (Chron.).– **1b** Zitze, Gesäuge, v.a. der Muttersau, °Gesamtgeb. vielf.: °*unsa Sau hot zwölf Fakei, aber nur elft Tuttn am Auta* Steinhögl BGD; °*d'Zuchtsau hot Dittn* Pertolzhfn OVI; *a viertuttate Kuah ... wia sie s' melcha hat woll'n, hat s' grad auf zwoa Tutt'n a Milli geb'n* FRANZ Lustivogelbach 42; *'Gaəs dé hàt ə˜ lang's pàr Duttn ... Dà kriəgt də' Schneidə' ə˜ Milliràmsupp'm* LEOPRECHTING Lechrain 273; *Vbera l mammę ... dvttvn* Aldersbach VOF 12./13.Jh. StSG. III,72,28; *ainen alten Pehrn sambt 4 Jungen in ainer Höll ... bei dem Alten an den Dutten hangent und saugent* 1695 POSCHINGER Glashüttengut Frauenau 20.– Phras.: *ö da Dutn hintblim* „im Wachstum zurückgeblieben“ Aicha PA.

2 Schnuller, Saugflasche, Gummisauger.– **2a** Schnuller, Saugbeutel, °OB, °NB vereinz.: *der Duttn* Mchn.– **2b** Saugflasche des Kleinkinds, °OB vereinz.: °*gib eahm an Duttn, na schreit a nimma* Halfing RO; *Dutten, die ... Duttel, das* „das gläserne Trinkgeschirr für das Wasser, welches kleinen Kindern zum trinken gereicht wird“ DELLING I,143; *Dittla* Wb.Krün 12; *Dutten* ZAUPSER Nachl. 45.– **2c** Gummisauger der Saugflasche, OB, °NB vereinz.: *Ditla* Böbing SOG.

3 Knorren, kurzes Astende am Baumstamm, OB, °NB vereinz.: *dea Bam håt Dudn* „nicht ganz am Stamm abgehauene Äste“ Griesstätt WS; °*Duddn* „Verwachsung am Stamm“ Langdf REG.

4: *Duttn* „Frau, allgem. abwertend“ AMAN Schimpfwb. 52.

Etym.: Ahd. *tutta* swf., *tutto* swm., mhd. *tut(t)e* swf./m., kindersprl. Lallwort; KLUGE-SEEBOLD 225.

DELLING I,143; SCHMELLER I,554; ZAUPSER 22; ZAUPSER Nachl. 45.– WBÖ V,1224-1229.

Abl.: *Tütt, Tuttel, tutteln, tutten, Tutter, Tutter(er), Tütti, tutticht, Tuttler, -tuttlicht.*

Komp.: [**Herz**]**t.** linke weibliche Brust: °*Herzduddn* Grafenau; *die zwei Bürscherl ... jeder hat bei der Herzduttn ... trinka kinna* HALLER Dismas 12.

[**Kuh**]**t.**, [**Kühe**]- **1** Zitze am Kuheuter, °OB vereinz.: °*Kuhduttn* Reit i.W. TS.– Phras.: *Khiatutn schlaifa* „melken, im Scherz“ Prutting RO.– **2** übertr.– **2a**: *Kuaduttn* „große, schwere Brust“ Ingolstadt.– **2b** Pfln., Frucht einer Pflanze.– **2bα** (Frucht der) Herbstzeitlose (Colchicum autumnale), OB, °NB, °SCH vereinz.: *Kuaduttn* „Samenkapsel“ Traunstein.– **2bβ** Breiter Rohrkolben (Typha latifolia): °*Kuhdutte* Bayersoien SOG.

WBÖ V,1230.

[**Mai**]**t.** Maikäfer: *die Maitutn* Neumarkt.

[**Milch**]**t. 1** Brust, Zitze.– **1a** wie →*T.* 1a: °*Milleduttn* weibliche Brüste Germering FFB.– **1b** wie →*T.* 1b: °*Milchdutten* Zitzen Simbach EG.– **2** wie →*T.* 2b: °*håst an Buam scho an Muiduddn gebn?* Dachau.

WBÖ V,1230.

[**Sau**]**t.**, [**Säue**]- **1** Zitze, Gesäuge der Muttersau, °OB, °NB, °OP vereinz.: °*d'Sauduttn* Garching AÖ; °*d'Saidutn* Sulzbach-Rosenbg; *dem Jaager a Sauduttn, weil n gar aso dürst* QUERI Bauernerotik 41.– **2** übertr.– **2a**: *Sauduten* Zwetschge Hundszell IN.– **2b** best. Knopf der Tracht: °*Sauduttn* „warzenartige Knöpfe zur Miesbacher Tracht“ Mchn.– **2c** best. Strickmuster: „*Strickmusterbüchl* ... aus dem Stall ... entlehnt ... die *Saudutt'n*“ SZ 46 (1990) Nr.74, Beil., X.– **2d** †best. Muster im Verputz: „nop-

penartig aus der Putzoberfläche herausgearbeitete 'Warzen', sogenannte *Saudutten*" MÜ 1839-1868 J. PURSCHE (Hg.), Hist. Architekturoberflächen, München 2003, 18.
WBÖ V,1231.

[**Saug**]**t.** wie → *T.*1b, °OB vereinz.: °*Saugduttn* Euter des Mutterschweins Pöcking STA. A.S.H.

Tuttel, -ü-
M., F. **1** Brust(warze), Zitze.– **1a** weibliche Brust, Busen, Brustwarze, °OB, °NB, °OP, MF vereinz.: *die Duttl* Passau; *d'Mudda gibtn an Diddl* Pommelsbrunn HEB; *die Dittala* „Brüste, Busen" SINGER Arzbg.Wb. 52.– Phras.: *nå an da Dutl henga* „unerfahren, unreif sein" Aicha PA.– **1b** Zitze, Gesäuge, v.a. der Muttersau, °OB, °NB, °OP, °OF, °SCH vereinz.: °*für dö vuin Fakln hat dö Sau zweng Dutln* Passau; °*der Didl, Dudl* Mintraching R; *die Dittl* „Saugzitze(n) des Mutterschweins" SINGER Arzbg.Wb. 52.
2 Schnuller, Saugflasche, Gummisauger, Saugröhrchen.– **2a** Schnuller, Saugbeutel, °OB (v.a. W), °SCH vielf., °NB, °OP, °MF vereinz.: °*gib mir doch den Dudl!* Pöttmes AIC; °*wo hast an an Dittl hido?* Altenbuch LAN; „Der *Diddl* war ein einfaches Stoffsäckchen, gefüllt mit Schwarzbrot und Zucker, den die Kinder ... kauten und auslutschten" WÖLZMÜLLER Lechrainer 55.– **2b** Saugflasche des Kleinkinds, °OB (v.a. W) vielf., °NB, °OP, °MF, °SCH vereinz.: *den Dudl gejwa* Mundraching LL; °*lang doch fürs Kind die Duttl her!* Allersbg HIP.– **2c** Gummisauger der Saugflasche, °OB vereinz.: °*gib eahm an Dull, daß er stad is!* Mammendf FFB; „*da dutl* ... Schlauch am Glas" Neukchn a.Inn PA nach SNiB II, 252.– **2d** Saugröhrchen am kleinen Holzfaß für Getränke: „*wåfaṿaſl* mit *dūl*" O'schweinbach FFB nach SBS XIII,529.
WBÖ V,1232.

Komp.: [**Flaschen**]**t.** wie → *T.*2c, °OB vereinz.: °*Flaschenditl* Issing LL.

[**Milch**]**t.** wie → *T.*2b: °*Millidudl* Hohenpeißenbg SOG; „Kinderflasche ... *müidūl* (Ef.)" Dießen LL nach SBS X,78.

[**Öl**]**t.** Ölkännchen: *oidutaʳl* ... *oidutala* Inning STA nach SBS XIII,521.

[**Sau**]**t.** Zitze, Gesäuge der Muttersau, °NB vereinz.: *d'Saudutl* Tettenweis GRI. A.S.H.

†Tüttel
N., M. **1**: *Das Tütlein, das Tüttel* „der Punkt" SCHMELLER I,634.
2 übertr. geringe Menge, Kleinigkeit: *das nit umb ain har und tüttel fält* AVENTIN IV,590,30f. (Var.) (Chron.).
Etym.: Aus lat. *titulus* 'Spitze, Abkürzungszeichen'; KLUGE-SEEBOLD 937.
SCHMELLER I,634. A.S.H.

tutteln, -ü-
Vb. **1** saugen, säugen.– **1a** (Milch u.a.) saugen, °OB, °NB, °OP, MF vereinz.: *s Kaiwö tutln lassn* O'audf RO; *s Kind diddelt* Pommelsbrunn HEB; *duddln* „Saugen bei Ferkeln" CHRISTL Aichacher Wb. 233; *dutteln ... düttelen* „an der Brust saugen" SCHMELLER I,554.– Auch saugend an etwas ziehen: °*das Kind dudelt* „zieht am Schnuller" Hochdf FDB.– **1b** säugen: *tutln* O'audf RO; *dūdln* „säugen, besonders von Ferkeln" LECHNER Rehling 300.
2 †schmeicheln, schöntun: *wie mans dann noch titlen bei uns nent, so man mit einem liebkoset oder schmeichlet* AVENTIN I,367,30f. (Dt.Chron.).
DELLING I,143; SCHMELLER I,554.– WBÖ V,1233.

Komp.: [**aus**]**t.** (die Saugflasche) leer trinken, aussaugen, °OB, °OP, °OF vereinz.: °„der Säugling hat seine Flasche schnell *ausdudelt*" Nagel WUN.
WBÖ V,1234.

[**fotz**]**t.** scherzh. küssen: *fotzdudln* Reisbach DGF; *de zwoa dạdnd hoid åwại gean vodzdudln* nach KOLLMER II,408.– Auch †Zungenküsse austauschen u. sich dabei an intimen Stellen berühren: „Rath Her will ... gehört haben, auf Tanzplätzen ... werde ... zwischen einem Tanz und dem andern das Licht gelöscht, die Pärchen gäben sich gegenseitig die Zungen und berührten sich die geheimen Theile. Das heiße *fozdudeln*" OP SCHMELLER I,782.
SCHMELLER I,782.

†[**zu**]**t.** wie → *t.*2: *von ungelerten freiharts buben und leckern ... welche an der fürsten höfen durch zutüteln und heuchlerei kommen* AVENTIN I,331,9-11 (Dt.Chron.).
SCHMELLER I,554.– WBÖ V,1234. A.S.H.

tutten
Vb. **1** †: *dutten* „an der Brust saugen" SCHMELLER I,554.

2 Part.Prät., mit üppigem Busen versehen, vollbusig, OB, °NB vereinz.: *de is guat dut* Dachau; *guat gwadlt, ghaxt und 'dutt* Haller Dismas 81.

Schmeller I,554.– WBÖ V,1234. A.S.H.

Dutter(er) →*Dotter(er)*.

Tutter

F.: *am Aita san veja Duttern* Zitzen Illschwang SUL.

Komp.: [**Mai**]**t.** (Genus?), Maikäfer, OP (NM) mehrf.: *Mädudan* Loderbach NM. A.S.H.

Tutter(er), -ü-

M. **1** Schnuller, Saugflasche, Gummisauger.– **1a** Schnuller, Saugbeutel, °OB, °NB, °OP, °OF vereinz.: °*Dutter* großer Schnuller Breitenbg WEG; °*wo hast dein Tita?* Neusorg KEM; *dita* Gumpersdf PAN nach SNiB II,252.– **1b** Saugflasche des Kleinkinds, °OB, °NB, °OP, °MF, °SCH vereinz.: °*gib eam an Dutterer, daß er stad is!* Polling WM; °*Ditter* Salzweg PA.– **1c** Gummisauger der Saugflasche, °OB, °NB, °OP vereinz.: °*der Dutter* „wird an der Flasche angebracht" Gangkfn EG.

2 v.a. von Kindern, männlichen Personen.– **2a**: *tuttara*ʳ „Säugling" Schweizer Dießner Wb. 18 (Nachtr.).– **2b** Mann, der Frauen gerne an die Brust faßt, Busengrapscher, °OB vereinz.: °*Duttera* Kiefering AÖ.– **2c** klein gewachsener, schwächlicher Mensch, kleines Kind, °OB, °NB, °OP vereinz.: °*is des no a kloana Dutterer* „kleines Kind" Kchmatting SR; °*dees is awa a Duddara* Brennbg R; *Duttara* „kleiner Bub" nach Poelt-Peuker Wb.Pöcking 14.– **2d** unerfahrener, unreifer, meist vorlauter junger Mann, °OB, °OP, °OF vielf., °NB mehrf., °MF, °SCH vereinz.: °*was mechtn der Dutterer?* Nandlstadt FS; °*du junger Dutta* Ruhmannsdf WEG; °*du junga Dudara konnst do niat midrian* Windischeschenbach NEW; *daß sa se oam junga Duddara noch'm andan an Hois schmeißt* Tochtermann Oiß wos Recht is 151.– **2e** dummer, langsamer, nichtsnutziger Mensch, °OB, °NB, °OP, °MF vereinz.: °*des is a rechta Duttara* „Versager" Moosach EBE; *vaspöilt wennst host ... do hams ... oan ... an saubern Duttara oder an saudumma Ladierl ghoaßn* Massenhsn FS Volk u. Heimat 12 (1936) Nr.4,2.– **2f** ängstlicher, schüchterner, zögerlicher Mensch, °OB, °NB mehrf., °OP, °MF, °SCH vereinz.: °*der tuat des nia, des is a sechana Duttara* Otting LF; °*der junge Ditterer traut si ja no net* Breitenbg WEG; *Duterer, hast ja eh net Schneid, daßt auf an Lehrer sein Kopf schiaßt* Ponzauner Unter uns gsagt 46.– **2g** alberner, kindischer Mensch, °OB, °OP vereinz.: °*alter Dutterer* „kindischer Alter" Erding; *Dūdara* „läppischer ... Mann" Aman Schimpfwb. 52.– **2h** gebrechlicher, zittriger alter Mensch, °OB, °NB, °OP vereinz.: °*den alten Dutterer ko ma zu nix mehr braucha* Simbach EG.– **2i** armseliger, armer Mensch: *der arme Dutterer houts niad leicht* Nagel WUN; „armselige Person ... *Schaug eahm o ... den oidn ... Duddara, den oidn!*" Binder Saggradi 49.

3 Fohlen, Jungtier, Ochse.– **3a** Fohlen, das noch bei der Stute trinkt: °*a Dutterer* „bis zum Alter von 16 Wochen" Tittmoning LF.– **3b**: °*Dutterer* „junges Tier" Kohlgrub GAP.– **3c**: *tuttara*ʳ „saugender Ochse" Schweizer Dießner Wb. 18 (Nachtr.).

WBÖ V,1234f.

Komp.: [**Mai**]**t.** Maikäfer: *Mäduderer* Pölling NM.

†[**Zu**]**t.** Schmeichler, Handlanger: *des Jůden gůt vil größer was, das er den zudůttern haufent maß* 1519 Urk.Juden Rgbg 408,84f. A.S.H.

Tutti

M.: *Dutti, der* „wenig vertrauenswürdige Person" Zehetner Bair.Dt. 107.

Etym.: Gekürzt aus →*Leftutti* 'Spaßmacher, Diener'; Zehetner Bair.Dt. 107? A.S.H.

Tütti, -u-, Didi

M., vereinz. N. (LL), kindersprl. **1** Schnuller, Saugbeutel, °OB, °NB, °SCH mehrf., °OP, °MF vereinz.: °*gib eam an Dittee, damids wieda schdaad is* Stammham AÖ; °*jetz kimmt der Dudi* „sagt die Mutter zum Kind" Fronau ROD; *Ditti* Kilgert Gloss.Ratisbonense 59.

2 Saugflasche des Kleinkinds, °OB, °NB vereinz.: °*wo hast denn dein Ditti wieder verlorn?* Neukchn a.Inn PA.

3 Gummisauger der Saugflasche, °OB, °NB, °OP vereinz.: *Diti* Haselbach BOG. A.S.H.

-tutti

Adj., nur im Komp.: [**bettel**]**t.** ohne Geld, bankrott: „bis einer der Spieler ... *betteltutti* ... ausgeplündert ist" Schlappinger Niederbayer I,

6.– Grundw. wie österr. *tutti* 'dass.' aus ital. *tutti*, Pl. von *tutto* 'ganz, all(es)'; WBÖ V,1236.
WBÖ II,1169. A.S.H.

tutticht
Adj. **1** mit üppigem Busen, vollbusig, °OB, °NB vereinz.: *mei Mensch is ghaxt und gflaxt und duddat und britscht* „überall wohlgestaltet" Mengkfn DGF; *de waar ma zwenng duddat* Judenmann Opf.Wb. 46.– Schnaderhüpfel: *vo dö boaröschn Dåmpfnul und Såjlzburga Kas wean d'Menscha schö duttat und wåchsn eahna d'Arsch* Reisbach DGF.
2 mit vielen Zitzen, °OB vereinz.: °*a so a duttate Sau* Halfing RO.
WBÖ V,1231.

Komp.: [**drei**]**t.**, [**dri**]- mit nur drei milchgebenden Zitzen, OB vereinz.: *dreituttat* Peiting SOG; *Driduddat* „wenn nur 3 Striche der Kuh Milch geben" Helm Bgdn.Ld 58.
Schmeller I,554.– WBÖ V,1231f.

[**ein**]**t. 1** mit nur einer weiblichen Brust: *oaduddats Mensch* Schneider Schimpf-Kal. 1973 (9. Mai).– Schnaderhüpfel: *an Nåchban sai Lenz hår a oaduddats Mensch, åwa da Lenz håds nöd gwisst, daß s Mensch oaduddat is* Ruhstorf GRI.– **2** †mit nur einer milchgebenden Zitze: *ain-, zwi-, dri-duttet* „eine, zwey, drey Zitzen habend, an welchen gemolken oder gesogen werden kann" Schmeller I,554.
Schmeller I,554.– WBÖ V,1232.

[**groß**]**t.** wie →*t.*1: °*grousduttad* Wimm PAN; *Groußduddade* „Frau mit großen Brüsten" Binder Saggradi 81.

[**zwei**]**t.**, [**zwi**]- mit nur zwei milchgebenden Zitzen, OB vereinz.: *zwieduddet* Staudach (Achental) TS; *a zwoatuttate Kuah für a viertuttate hat er sei' Lebtag aa nimmer verkafft* Franz Lustivogelbach 44.
Schmeller I,554.– WBÖ V,1232. A.S.H.

Tuttler, -ü-
M. **1** Schnuller, Saugbeutel, °OB, °NB vereinz.: °*Duller* „Tuch mit eingebundenem Zeug" Pfarrkchn.
2 Saugflasche des Kleinkinds, °OB vereinz.: °*as Maral hod heit no an Dulla* Wildenroth FFB.
3 Gummisauger der Saugflasche: °*Du*[d]*la* „zum Trinken auf die Milchflasche gezogen" Dachau.

Etym.: Mhd. *tütelære* stm., Abl. von →*Tutte*; WBÖ V, 1237.
WBÖ V,1237.

Komp.: [**Hosen**]**t.**: °*Husndudla* „furchtsamer Mensch" Dollnstein EIH.

†[**Zu**]**t.** Schmeichler, Handlanger: *Am ersten … schuef er ab dem kaiserlichen hof all schalknarren … und ander dergleichen gesind … zuetutler* [Var. *zutütler*], *zuetreiber* Aventin IV, 912,15-20 (Chron.).
Schmeller I,554.– WBÖ V,1238. A.S.H.

-tuttlicht
Adj., nur im Komp.: [**ein**]**t.** mit nur einer weiblichen Brust: *da Lipö und da Lenz hamd a oandutlads Mensch, da Lipö håts nöt gwißt, daß s Mensch oandutlad gwön is* „Schnaderhüpfel" Hiesenau PA.
WBÖ V,1237. A.S.H.

Tutz, -ü-
M. **1** Schnuller, Saugbeutel, °nördl.NB vielf., °OB, °OP vereinz.: *da Duuz* „von der Mutter gekaute Brotrinde mit Zucker vermischt in Leinen gebunden" Mengkfn DGF; °*Dietz* Mintraching R; *Glei hams an Dutz ins Bier nei gsteckt* Roider Jackl 27.
2 Gummisauger der Saugflasche, °NB (v.a. N) vielf., °OB, °OP vereinz.: °*Duuz* Fahlenbach PAF; *Dietz* Eining KEH.
Etym.: Wie →*Tütze* Nebenf. von →*Tutte*. Anders WBÖ V,1238.
WBÖ V,1238.

Abl.: *Tutzel, tutzeln, Tutzer, Tutzi, Tutzler, tützlern*.

Komp.: [**Flaschen**]**t.** wie →*T.*2, °OB, °NB vereinz.: °*Flaschnduz* Weihmichl LA.

[**Gummi**]**t.** wie →*T.*2, °NB vereinz.: °*Gummidutz* Bogen.

[**Lappen**]**t.** Saugbeutel: *låpmdūds* Perasdf BOG nach SNiB II,256.

[**Ringlein**]**t.** Schnuller mit Ring: °*Ringldutz* St.Englmar BOG.

[**Semmel**]**t.** mit Semmelstücken gefüllter Saugbeutel, °NB vereinz.: °*der Semmeldutz* Geiselhöring MAL; *Da san de Kinder bei de Bauern mitn Semmedutz aufzogn wordn* Roider Jackl 219. A.S.H.

Tütze
F., Zitze, v.a. der Muttersau, °OB, °NB, °OP, °MF vereinz.: °*a Ditzn* Gunzendf ESB; „Zitzen der Kuh … *dīdsə*" Kaufering LL nach SBS XI, 66.
Etym.: Nebenf. von →*Tutte*; DWB XI,1,2,1953.
SCHMELLER I,558. A.S.H.

Tutzel, -ü-
M. **1** weibliche Brust, Busen: °*Dietzel* Reitmehring WS; *Der Dutzel, Dützel* „Mutterbrust" SCHMELLER I,559.
2 Schnuller, Saugflasche, Gummisauger.– **2a** Schnuller, Saugbeutel, °Gesamtgeb. vielf.: °*host oiwai no an Dietzl?* Kreuth MB; °*der hat an Dutzl im Mai* Passau; *Duzl* „eingeweichte Semmel mit Zucker in ein Leinwandstück gebunden" Sulzbach; *Der Dutzel, Dützel* „der Zuckerbeutel oder das Sauglãppchen für Kinder" SCHMELLER I,559; *Sei no staad, Kloana! Kriagst dein Ditzel scho!* THOMA Werke VI,235 (Andreas Vöst).– Wiegenlied: *heiha pupeia, Kindla schlof ei, i gib dar a guats Dizala, aber ruhi musch sei* Türkenfd FFB, ähnlich OB vereinz.– **2b** Saugflasche des Kleinkinds, °OB, °NB, °OP, °MF, °SCH vereinz.: *Dizl* Reichersbeuern TÖL; °*Dutzl* N'höcking LAN; *Dutzel, der* „das gläserne Trinkgefäß, worin man ihnen [Kindern] zu trinken reicht" DELLING I,144; *laß dir no' an Dützel gebn Mit Milliflaschlfuatta* EHBAUER Weltgschicht I 123.– **2c** Gummisauger der Saugflasche, °OB, °NB, °OP, °SCH vielf., °MF mehrf.: °*tua ma s Milliflaschei mitn Ditzl her* Obing TS; °*Mouta, du moußt an neia Duzl kafn, da ålte göiht ållaweil va da Lul* [Saugflasche] *unta* Sulzbach-Rosenbg; *dūdsl* „Sauggummi des Kleinkinds" nach DENZ Windisch-Eschenbach 127.– **2d** Gummisauger am Eimer zum Tränken der Kälber: °*s Kalb tut immer am Diezl lutzln* Tüßling AÖ; *dūdsl* „Sauggummi … der Jungtiere" nach DENZ Windisch-Eschenbach 127.
3 scherzh. übertr.– **3a** Zigarette: *Ditzel* Mainburg.– **3b** Penis: °*Ditzel* U'föhring M.
DELLING I,144; SCHMELLER I,559.– WBÖ V,1238.

Komp.: [**Bier**]**t.** mit in Bier getauchten Semmelstücken gefüllter Saugbeutel: °*Bierdiezl* Vilshfn.

[**Brot**]**t.** mit Brot gefüllter Saugbeutel, °OB vereinz.: °*Brotdizl* St.Leonhard LF; *brǫdīdsl* Voglarn PAN nach SNiB II,256.

[**Flaschen**]**t.**, [**Fläschlein**]- wie →*T.*2c, °OB, °NB, °OP vereinz.: °*Flaschndizl* Kchanschöring LF; °*Flaschnduzl* Spiegelau GRA.

[**Fleck(e)lein**]**t.** Saugbeutel, °OP vereinz.: °*a Fläckldutzl* Nabburg; „*vlekedūdsln* Pl." Stubenbg PAN nach SNiB II,258.

[**Gummi**]**t.** wie →*T.*2c, °OB, °NB vereinz.: *Gummitizl* „mit langem Schlauch" Erling STA; °*Gummidutzl* Mainburg.

[**Hadern**]**t.** wie →[*Fleck(e)lein*]*t.*: °*Hodandutzl* „in ein Stück Fleck eingewickelte Semmel mit Zucker" Garham PA; „Manche Waldleute geben … das Mus mit dem *Hoderndutzl* ein" Bay.Wald HuV 13 (1935) 106.

[**Hosen**]**t.** wie →*T.*3b: °*Hosnditzel* „Penis" U'föhring M.

[**Kälber**]**t.**, [**Kälblein**]- wie →*T.*2d, °OB, °OP vereinz.: °*Kaiwidiezl* Weildf LF; °*a Kelbaduzl* Illschwang SUL.

[**Milch**]**t.** wie →*T.*2c: „*der Milchdutzl.* Mittels dessen zieht das kleine Saugwesen die Milch aus einer Flasche" Bay.Wald HuV 13 (1935) 106.

[**Mohn**]**t.** mit Mohnsamen gefüllter Saugbeutel, °OB vereinz.: °„der schädliche *Mohnditzl* zum Schlafen der Kinder" Hirnsbg RO.

[**Rahm**]**t.** in Sahne getauchter Saugbeutel: *rą̄mdudsl* Winzer DEG nach SNiB II,256.

[**Ring(lein)**]**t.** Schnuller mit Ring, °OB, °NB vereinz.: °*Ringltiezl* Zell REG; *riŋlədūdsl* Ludenhsn LL nach SBS X,71.

[**Saug**]**t.** wie →[*Fleck(e)lein*]*t.*: °*Saugduzl* „aus zusammengedrehtem Stoff" Gotteszell VIT.

[**Semmel**]**t.** mit Semmelstücken gefüllter Saugbeutel, °OB, °NB vereinz.: °*Semmediezl* „mit Zuckerwasser getränkt" Degerndf RO; *Schwache Kinder ham sich mit dem Semmedutzl oft a so ogstrengt, daß a Brücherl kriagt ham* Roider Jackl 219.

[**Spritz**]**t.** Gummiblase als Spielzeug zum Verspritzen von Wasser, °OB, °NB, °OP, °SCH vereinz.: °*da Lehra håd ma mein Schbritzditzl åbgnumma* Moosach EBE; °*da Spritzdutzl* „5 cm lange Gummiblase mit einem Schusser darin als Verschluß, beim Zusammendrücken spritzt ein dünner Wasserstrahl hinaus" Wiesenfdn BOG; *heit daad i gern an Spritzdiezl* *kaaffa* MM 26./27.8.2006, 10.– Sachl. s. M. BACHER, Lausbuben gibt's!, Rosenheim 1979, 129f.

[**Wecklein**]**t.** wie →[*Semmel*]*t.*: *vo dö Wegldutzl krejggs richtiche Zäh* Beilngries. A.S.H.

tutzeln, -ü-
Vb. **1** (Milch u.a.) saugen, °OB, °NB, °OP vereinz.: *s Kind ditzlt* Wallkfn MAL; *duzeln, düzeln* SCHMELLER I,559.– Auch saugend an etwas ziehen, °OB, °NB, °OP vereinz.: °*am Schnuller dutsln* Dirnbg VIT; *dutzln* „am Schnuller saugen" ANGRÜNER Abbach 29; *duzeln, düzeln* „am Sauglappen saugen" SCHMELLER I,559.
2 (leicht) schlafen, schlummern: °*duzeln* Lauterhfn NM.
SCHMELLER I,559.– WBÖ V,1238.

Komp.: [**an**]**t.** refl., sich durch Saugen beruhigen, einschlafen: °*jetzat dutzlts se a* „schläft mit dem Schnuller im Mund ein" O'viechtach. A.S.H.

tutzen, -dutzt
Vb. **1** anstoßen, einen Stoß geben: °*dutzen* „von zwei Schussern" Wdmünchen.
2 (Ostereier) gegeneinanderstoßen, Osterbrauch, °OP vereinz.: °*duts mit mir die Eier!* O'nrd CHA.
Etym.: Wohl onomat. Im Komp. →[*ver*]*dutzt* Kontamination mit mnd. *vordutten* 'verwirren'; KLUGE-SEEBOLD 951
SCHMELLER I,558.

Komp.: [**ver**]**d.** Part.Prät., erstaunt, verblüfft, erschrocken, erstarrt, °OB, °NB, °OP, MF vereinz.: *verdutzts Gsicht* Hengersbg DEG; °*der hout vaduzt gschaut* Schwend SUL; *drum war der so verdutzt, den wo i grad in Sauerlach vom Zug hab aussi gschutzt* [hinausgeworfen] Altb. Heimatp. 14 (1962) Nr.40,9.
SCHMELLER I,558.– WBÖ V,1239. A.S.H.

Dutzend, †Dusin
N. **1** Menge von 12 Stück, °OB, °NB vereinz.: *a Duzad* Partenkchn GAP; *Liaba a hoibats Dutzad Buam wia a oanzigs Deandl* Bay.Wald HuV 13 (1935) 94; *Denn um a' Bußl … vo' dir A' Duze'd kriegst vo' mir* KOBELL Ged. 37; *zway tusin hossen, je ain tusin umb 9 gultten* 1404 Runtingerb. II,218; *sovil Wunderwerck … deren kunt man wol 2. Dutzet erzehlen* SELHAMER Tuba Rustica II,43.– Phras.: *Weà mid àn Duzàd Leffen z-glàichà essn męchd, deà vàschluggd se* „Der Habgierige schadet sich oft selbst" KAPS Welt d.Bauern 35.– Auch Menge von 10 bis 15 Stück: °*a Duhzad* Wasserburg; „*A Dutzad* kann schwanken zwischen 10 und 15" BAUER gut bayer. 135.
2 Pl., große Menge, Anzahl: *reiche Breid hom vo jedn Schdüggl meja Duzad* Beilngries; *sichd ma a boor Dutzad Häxn mit an Besnschdüi daunzn* Schainbach ND BÖCK Sagen Neuburg-Schrobenhsn 152.
Etym.: Mhd. *totzen* stn., aus afrz. *dozain(e)*, it. *dozzina* od. mlat. *dozena*; [2]DWB VI,1825.
WBÖ V,1239f. A.S.H.

Tutzer, -ü-
M. **1** Schnuller, Saugbeutel, °OB, °MF, SCH vereinz.: °*der Duza* Wettstetten IN; *dīdsa* Rapperszell EIH nach SOB VI,41.
2 Gummisauger der Saugflasche: °*Tutzer* Wunsiedel.
3 Gummisauger am Eimer zum Tränken der Kälber: °*Kiiwl mit Duudsa* Geisling R. A.S.H.

Tutzi, -ü-, Duzi, Dizi
M., kindersprl. **1** Schnuller, Saugbeutel, °OB, °NB, °OP vielf., °OF, °MF vereinz.: °*da Dieze* „mit eingeweichten Semmeln und Zucker gefülltes Stoffsäckchen" Schützing AÖ; °*bisd scho so grouß und håsd no an Diezö* O'hausbach EG; °*schau, da hast dein Dutzi wieda* Hiltersrd WÜM; *Kaum kimmst auf d'Welt … muaßt dö gwöhna, an 's Badn, Wickln, Dietzö nehma* PONZAUNER Bei uns dahoam 24.
2 Saugflasche des Kleinkinds: °*Ditzi* Passau.
3 Gummisauger der Saugflasche, °OB, °NB, °OP, °MF vereinz.: °*des is mei Flasche und i ho an Dizi dro* O'neukchn MÜ; °*der Dutzi* Schaufling DEG.

Komp.: [**Flaschen**]**t.**, [**Fläschlein**]- wie →*T.*3, °OB vereinz.: °*Flaschldieze* „Gummisauger" Tacherting TS.

[**Mimi**]**t.** wohl F., wie →*T.*2: °*i möcht a Mimidizi* Tutzing STA.– Zu *Mimi*, kindersprl. Spielform von →*Milch*. A.S.H.

Tutzler
M., Schnuller: °*Dutzla* Schnuller Kumrt WOS; *dūtſla* Ringelai WOS nach SNiB II,252. A.S.H.

tützlern
Vb., (Milch) saugen: °*diedslan* Paunzhsn FS. A.S.H.

-tuung
F., nur in Komp.– Mhd. *tuounge* 'Tun, Handlung' stf., Abl. von →*tun*; WBÖ V,1241.

Komp.: †[**Ab**]**t.** **1** Abschaffung, Aufhebung: *Von abthuung der offnen Spilplätz vnd Scholders* Landr.1616 698.– **2** Erstattung, Abgeltung: *so soll ... der angebliche Notarius nicht nur ... gestrafft, sondern auch zu Abthuung des etwan dadurch verursachten Schadens angehalten werden* CJBjud 13.– **3** Beseitigung, Abriß: *Wer ein Neu Zimmer oder gebau aufricht, und anders dan mit Ziegl deckt, Item auß einem Hauß ein Stadl macht, der ist neben abthuung dessen Zehen gulden straf Verfallen* 1594 StA Ambg Fürstentum Pfalz-Sulzbach, Geheime Registratur 2733, fol.19r.

†[**Auf**]**t.** Aufbrechen, Öffnen: *Die aufftůung des stains oder kliebung des flyns, da durch das wasser ensprang* HARTLIEB Dial. 112,15f.

†[**Dar**]**t.** Beweis, Nachweis: *dem clager vmb die stifft Darthueung in mitler weil furgesezt* 1562 Stadtarch. Rosenhm PRO 136, 14.

[**Ge-nug**]**t.** Buße, Sühne, ä.Spr.: *Gnuogthuoung ist ain erstattung des awsstannds an schulden die der mensch natürlich oder vmb versprechen schuldig bleibt dem reichen got* BERTHOLDVCH Theologey 376. A.S.H.

Tu-wie
M., jmd, der schnell u. viel arbeitet: *der is a rechta Douwöi* Donaustauf R.
Etym.: Satzwort zu →*tun*. A.S.H.

Tu-wüst
M., jmd, der schnell u. viel arbeitet: °*der Touwöist* „einer, der schnell und viel tut, nicht genug bekommt" Weiden.
Etym.: Satzwort zu →*tun*. A.S.H.

tuxerisch
Adj., aus dem Tuxertal in Tirol stammend, nach Art seiner Bewohner: „die sogenannte Tegernseer- oder Miesbacher-Tracht ... ist *duxerisch*" Bavaria I,427; „*Duxerisch geh* ... kurze Joppe ... kurze lederne Hose, nackte Kniee und Wadenstrümpfe ... kurze Röcke" J. BRUNHUBER, Chron. des oberen Leizachtales, Fischbachau u.a. 1928, 787. A.S.H.

duzen, dugetzen, †duh-
Vb., mit →*du* anreden: *dutz'n hon i mia nöt 'traut* LAUTENBACHER Ged. 13; *Mitm Dugatzn hab i's ned aso* MM 14./15./16.8.1998, J2; *so doch eur genad manigen bolgebornen man tuezt* ARNPECK Chron. 516,2f.; *das Duchetzen leidt kein Herrschafft von geringen Leuten* SELHAMER Tuba Rustica II,126.
Etym.: Mhd. *dutzen*, Abl. von →*du*; KLUGE-SEEBOLD 225.
SCHMELLER I,479; ZAUPSER 22.– WBÖ V,883f. A.R.R.

Typhus
M., Typhus, OB, NB, OP, OF vereinz.: *Diefas* Haidmühle WOS; *an Tiffuss håm ön Khoobf* Herrnthann R.
Etym.: Med.-lat. *Typhus* (*abdomali*), fachsprl. Neubildung zu gr. *typhos* 'Rauch, Qualm, Schwindel'; KLUGE-SEEBOLD 937.
WBÖ V,70.

Komp.: [**Fleck**]**t.** Fleckfieber, OB, NB vereinz.: *Flöktiefas* Haidmühle WOS.
WBÖ V,70.

[**Hirn**]**t.** **1** wie →*T.*, OB, NB vereinz.: *Hiandiffuß* Ettling LAN.– **2** übertr. Dummheit, Unverstand: *däa håd an Hirndiffas* Kochel TÖL.

[**Kopf**]**t.** wie →*T.*, OB, NB, OP vereinz.: *an Heimal* [PN] *is da Schell blåddad worn, wai dar an Khobfdiffass ghot hot* Glonn EBE; *wenns no da Khobftifus net is!* Adlersbg R.
WBÖ V,70. A.S.H.

Typus
M.: *er hat an wahrn Dipuß* „Verbrechergesicht" Reichenhall.
Etym.: Aus lat. *typus* 'Figur, Bild, Muster', gr. Herkunft; KLUGE-SEEBOLD 937. A.S.H.

Tyras, Tiraß
M. **1** †Decknetz zum Fangen von Feldhühnern: *Tyraß* „ein von starkem Zwirn ins Viereck gestricktes Garn ... zu oberst eine haltbare lange Leine" HEPPE Wohlred.Jäger 301.
2: *dös is a so a Diras* „magerer Hund" Martinshaun LA.– Meist Hundename, °OB, °NB vereinz.
Etym.: Aus frz. *tirasse*; Bad.Wb. I,485. Bed.2 wohl gekürzt aus *Tyrashund* (DWB XI,1,2,1996) u. mit volksetym. Anschluß an →*dürr*. Anders Pfälz.Wb. II,296.
WBÖ V,91. A.S.H.

E

N. **1** fünfter Buchstabe des Alphabets: *E und I haben gemainschaft miteinander, weicht ainer dem andern, als Ludwig, Ludweg* Aventin IV, 23,19f. (Chron.).

2 Stufe der Tonleiter: *Dei A muaß runter, mei E nauf Sepp, jetzt ziag oo, an Landler drauf!* R. Lexa, Boarische Versln, St.Ottilien 1999, 27.– Auch F., übertr. E-Saite eines Instruments, NB, °OP vereinz.: °*mej E is aa o* Hirschau AM; *Jetzt war die E äh ab, jetzt ist die A aa a!* Altb. Heimatp. 73 (2021) Nr.6,19.

Ltg: Zu den mdal. Entsprechungen von mhd. *ë*, *e*, *ê* vgl. Lg. § 3, 4, 10; im einzelnen sind diese Angaben ergänzungsbedürftig, vgl. Kollmer I,49-54, Rowley in: ZDL 57 (1990) 54-59.

Schmeller I,3.– WBÖ V,1243f. V.S.

e, Ausruf des Ekels, der Verneinung, →*ä*.

Eb, Mutterschaf, →*Äue*.

Ebel[1], Nebel, -pp-, Debel, Hebel, Übel

N., M., tragendes Querholz (mit Untergestell) des Schlittens od. Wagens, °OB (v.a. S), NB mehrf., °OP vereinz.: °„*a Schlitabrackl*, Auflage für das Langholz zwischen mittlerem und hinterem *Ebl*“ Kohlgrub GAP; *Nöbbl* Lindbg REG; °*Irwl* Marchaney TIR; „*ēwala* Sg., *ēwalęn* Pl.“ Schöffau WM nach SBS XIII,380.

Etym.: Wohl aus slowen. *óplen*, *-in* ‘Teil des Vordergestells von Wagen od. Schlitten’; WBÖ V,1695.

Ltg, Formen: *ēbl*, *ēwe* u.ä. OB, NB (dazu WÜM), *iawl* (TIR), mit agglutiniertem unbest. od. best. Art. (vgl. WBÖ V,1695, dort auch Genus F.) *nēbl*, *nēwe*, *-ai* (LF, RO, WS; BOG, DEG, VIB, VIT; WÜM), *nę̄bl* (DEG), *nepl* (DGF, MAL, REG), *dę̄bl*, mit Anlehnung an →*Hebel hēbl* (MÜ) sowie an →*über ībl*, *īwe* (LAN, MAL).— Dim. *ēwal(a)* (RO, WM), *-ai* (BGD).

WBÖ V,1695-1697.

Abl.: *Eblet*.

Komp.: [**Baum**]**e.** wie →*E.*, °OB vereinz.: *Bamöwe* Vagen AIB.

[**Hoch**]**e.** wie →*E.*, OB, NB vereinz.: *Houübön* „Querbalken und Schlittenbeine zusammen“ Haidlfing LAN.

[**Reib**]**e.** wie →*E.*, °OB, OP vereinz.: °*das Reibebe* „Hartholzblock am Schlitten, auf dem die Baumstämme befestigt werden“ Lenggries TÖL.

WBÖ V,1697.

[**Reit**]**e.** wie →*E.*: °*Reitewei* Querholz am Obergestell des Schlittens Ramsau BGD.

[**Schlitt(en)**]**e.** tragendes Querholz (mit Untergestell) des Schlittens, OB, °NB vereinz.: °*die Schliennöwön* Bischofsmais REG.

WBÖ V,1696. A.S.H.

Ebel[2] →*Nebel*.

eben

I Adj.– **1** flach, glatt.– **1a** gleichmäßig flach, horizontal, °OB, °NB, °OP vielf., °OF, °MF, SCH vereinz.: °*Scherhaifa öm macha* G'berghfn DAH; °*der Bauer håt lautern ehma Grund* Limbach PA; *Af de Schindldächa is meistns a Fimftl gnumma worn, de han ebna gwen, net so rejsch* [geneigt] KÖZ BJV 1952,27; *Wer auch daz ertreich eben sleht von der sunnen aufganch piz zu irem nidervalle … geng ain iegleich stern allen leuten geleich auf* KonradvM Sphaera 15,5-8; *ist ein Ebner Roth-Laimbiger grundt* 1754 MHStA GL Teisbach 3, fol.136^{v}f.– Auch: *des hand eme Baurn* „die ihre Höfe in der Ebene haben“ Erding.– **1b** glatt, keine Unebenheiten aufweisend, Gesamtgeb. vereinz.: *öm ghoblt* Neukchn KÖZ; *Na hammants lange Spa* (Späne) *gmacht … und mit Loam dra(n)gworfa und ebn gschmiert* KÖZ BJV 1952,27; *Prona epaniu* Rgbg 10.Jh. StSG. II,438,1; *ein tanne … mag man … wol gehandeln zů paw vnd zů fevr, wan ez ist eben vnd hat niht vil knorren* KonradvM BdN 343,21-24; *Dy staines wannd was eben, in maß geleich ainer maur* Füetrer Poytislier 87f.,284.– Phras.: „*Da Ebn und da Unebn habn mitanand an Loab Brot gessn!* … wenn das Brot schlecht … abgeschnitten ist“ Kiem Kreuther Tal 135, ähnlich Leoprechting Lechrain 292.– Auch eisglatt, NB vereinz.: *öm* Gergweis VOF.– **1c** ebenmäßig, gleichmäßig, geradlinig, OB, NB vereinz.: *du håst oan Staffö nachn andan, da is niks öms* schlecht geschnittenes Haar Mittich GRI; „die Saat mit der Hand *brat gschmissn* … d.h. *iabm* … gesät“ Singer Vkde Fichtelgeb. 51; *daz solt du wol dauhen und eben geleichen und di luger wol fůllen!* Rgbg vor 1361 Forschungen z. Kultur- u.Litgesch. 14 (1906) 129.

2 niedrig, von geringer Höhe, OB, NB vereinz.: *ömö Schuach* Metten DEG.

3 angenehm, gelegen, bequem, °OB, °NB, °OP, °MF vereinz.: °*des is ma grod em, daß du öitz in Stoodt göihst* Sulzbach-Rosenbg; *Dees kiint ma grood ee(b'm reecht* Braun Gr.Wb. 111; *Marius … wolt ie eins vortails, der im gar eben wär, erwarten* Aventin IV,507,23-27 (Chron.).

4 gleich, ausgeglichen, gerade.– **4a** †gleich, entsprechend: *Eque epan* Tegernsee MB 1.H. 11.Jh. StSG. II,633,8; *so mag dez niht geschehen in ebner weise* KONRADVM BdN 125, 24; *es ist eben, wen man einen juden taufft und ein wolff hainlich gewent* [zähmt] Rgbg 1522 Chron.dt.St. XV,49,23f.– **4b** ausgeglichen, quitt, °OB, °SCH vielf., °NB mehrf., °OP, °MF vereinz.: °*i gib dir no 20 Markl drauf, nachher samma ebn mir zwoa* Deggendf; °*öitza san ma üibm* Speinshart ESB; *Dann ... semmer mit der Sach wieder ganz eawa* HÖRNING-KNITTEL Heimatgesch.Mering I,48.– **4c** gerade, durch zwei teilbar, °OB, °NB vereinz.: °*ort owa* [oder] *ebn* Zwiesel REG; „Bei Spielen, in denen es darauf ankommt, gerade ... oder ungerade ... zu erraten, fragen die Kinder ... *odd oder em*" SCHLAPPINGER Niederbayer II, 65; *ort oder eben* Bay.Wald SCHMELLER I,14; *Es sol der ortt sein, di der herr gesetzet hât, und nicht eben* Frsg.Rechtsb. 224.
5 †gerecht, rechtmäßig: *Jch Heinrich von Smiehen/ tůn kunt ... daz ich ... mein erben sulen tailent gelich vñ eben/ ane alle wider rede* Weilhm 1295 Corp.Urk. III,408,20f.
6 von gutem Charakter, redlich, umgänglich: °*dös is a ebna Kerl* Winklarn OVI.
II Adv.– **1** in diesem Augenblick, gerade jetzt, soeben: *mir fallts eben ein, daß i um drei dahoamten sei muaß!* Passau; *Eeb'm iis a einagånga* BRAUN Gr.Wb. 111; *Poytislier merckte eben, do im mocht werden das, ain straich tet er im geben ... das im im leib zerspallten ward dy lunngen* FÜETRER Poytislier 92,299.
2 †genau, aufmerksam, sorgfältig: *was er euch darauff sagt oder zu antwort gibt, das merckt eben* Rgbg 1483 Rgbg u.Ostb. 81.
III Partikel.– **1** Abtönungspartikel, halt, nun einmal, NB vereinz.: *i habs eben nöt gwißt, daßd kimst* Passau; *In da Schlaoufstumm oda Kammern wars ehm kolt* SCHMIDT Säimal 31; *und wolt si lassen sehen eben, wi er ain pös weib hått* FISCHER Mären 90,44.
2 Verstärkungspartikel, gerade, genau: *eben das ist es ja!* Passau; *e(b)m dös moine* SINGER Arzbg.Wb. 57; *es geschicht mir eben recht* AVENTIN I,457,10 (Gramm.).

Etym.: Ahd. *ëban(i), ëbano*, mhd. *eben(e)*, germ. Wort unklarer Herkunft; Et.Wb.Ahd. II,930.

SCHMELLER I,14; WESTENRIEDER Gloss. 116.– WBÖ V, 1262-1267.

Abl.: *Ebene, ebnen, Ebnet(e), ebnicht.*

Komp.: [**pfenni(n)g**]**e.** sehr eben, flach: *a pfennenemö Wiesn* Valley MB; *pfeni-ēm* nach BRÜNNER Samerbg 184.

[**brettlein**]**e. I** Adj., wie →[*pfenni(n)g*]*e.*, °NB vielf., °OB, °OP mehrf., °MF, °SCH vereinz.: °*an Seppn sei Oide wead oiwe spera* [dürrer], *vorn und hint is iatz brelem* Dachau; *da Acka is brölöm* Mengkfn DGF; *Der Wejg isch doch brejddlaejwi, wia kaasch denn do a Fuawark umwarfa?* WÖLZMÜLLER Lechrainer 106.– **II** Adv., der Länge nach: *ja moanst denn du, i bi brödlöm aufn Khobf kfoin?* Kchbg PAN.

WBÖ V,1268f.

†[**topf**]**e.** wie →[*pfenni(n)g*]*e.*: *topf-eben* „genau eben, horizontal" Dachau SCHMELLER I, 614.

SCHMELLER I,614.

[**haar**]**e. I** Adj.– **1** wie →[*pfenni(n)g*]*e.*, NB vereinz.: *der Stubnbodn muß hāröbm sein* Höhenstadt PA; *Träbt d'Roß a', aa'm hāārebna Plätz dål* HALLER Bodenmaiser Sagen 83.– **2** randvoll: *haarebn is eingschenkt* Straubing.– **3** sehr genau, exakt: *haaröhm hast as darrahn* „ironisch über einen, der sich geirrt hat" Passau; *hâr:eben* „haarscharf" SCHMELLER I,14.– **II** Adv., völlig, ganz: *es ist hâreben aus* „jetzt ist es ganz und gar aus" Bay.Wald SCHMELLER I,14.

SCHMELLER I,14.– WBÖ V,1269.

[**hand**]**e.,** [**händlein**]**-** wie →[*pfenni(n)g*]*e.*: *s Bauland is handebn* O'audf RO; *dö ganzn Felder han handlebm und koa Schindn und Plagn* ANGERER Göll 53; *hándt·l-ébm* O'audf RO SCHMELLER I,1123.

SCHMELLER I,14.– WBÖ V,1269.

[**schnur**]**e. 1** sehr flach, eben u. schnurgerade, °OB, NB, OP vereinz.: *zwischn Hoflach und Puchhaim get t'Schtraßn schnuaem* Fürstenfeldbruck; *dao gaids von Fenzar schnaoar iab'm eini, sua taif san Fenza* Bärnau TIR SCHÖNWERTH Leseb. 186.– **2** äußerst ebenmäßig, gleichmäßig, geradlinig, OB, NB, OP vereinz.: *schnurebne Lippm* „gerade übereinanderliegend" Kiefersfdn RO.

SCHMELLER I,14.– WBÖ V,1269.

[**starr**]**e.** völlig gerade, starr geradeaus: *schaung tuat a ganz schdarem* Hundham MB.

[**un**]**e. 1** nicht (ganz) eben, flach, OB, NB, OP, SCH vereinz.: *a unebms Feld* Naabdemenrth

NEW; *u'emi Wis* Derching FDB; *uneem* „holperig“ BINDER Bayr. 222; *Die hausung Zimlich guet. Vnebner Paustat, alles höhlich, auf vnd ab* Neuötting AÖ 1556 MHStA Kurbayern Conservatorium Camerale 181, fol.53[r].– **2** unpassend, unbequem.– **2a** unpassend, ungelegen, °MF mehrf., °OB, °NB, °OP, °SCH vereinz.: °*dea war ned unehm ois Houzeidera* Ebersbg; °*des is mir reat une'm, daß dea öitz grad daheakumma mou!* Sulzbach-Rosenbg; *ůnem* FEDERHOLZNER Wb.ndb.Mda. 227; *es kumbt mir gar vneben* SCHÖNSLEDER Prompt. L8[v].– **2b** unbequem, unangenehm: °*des Bett is ma unebn* Brunnen SOB.– **3** unschön, unansehnlich: °*die is net uneben* hübsch Wiesenfdn BOG; *Wann dee ned so uneem waar, hätts scho längst a Mannsbuid gfundn!* BINDER Bayr. 222.– **4** unverträglich, unredlich, von schlechtem Charakter, °OB, °NB, °OP, °OF, °MF vielf., °SCH mehrf.: °*dees is a bißl a Unebner, ma ko net guat werkn mitanand* Weilhm; °*mit ihram Mann liaßat sich redn, dea is nöt unebn!* Landau; *I hätt aba an Lenz it* [nicht] *für uneb'n* THOMA Werke VI,357 (Wittiber).

WBÖ V,1269-1271. V.S.

Ebene

F., ebenes Land, ebene, glatte Fläche, °OB, °NB mehrf., °OP, °SCH vereinz.: *auf da Ebmö is a große Hasnjagd* Hengersbg DEG; *i da Iam* Floß NEW; *Sualangs bercho gäiht oder aaf der Irm, mecht der koin Finger krumm* SCHEMM Stoagaß 31; *planicies ... epini* Rgbg 10.Jh. StSG. II,446,54; *ein vrsprinch eins vliezzenden wazzers ... pricht auch oft ... auz her ... auf einer eben* KONRADvM BdN 127,24-27; *Paustat an den Leutten nit vasst guet auf der eben pesser* Neuötting AÖ 1556 MHStA Kurbayern Conservatorium Camerale 181, fol. 14[r].– Häufig als od. in Fln., ON, z.B. *Hintereben* WOS.

Etym.: Ahd. *ëbanî*, mhd. *ëbene* stf., Abl. von →*eben*; Et. Wb.Ahd. II,934.

SCHMELLER I,14.– WBÖ V,1271f.

Komp.: [**Brettlein**]**e.** äußerst ebenes Land, äußerst ebene, glatte Fläche, nur in Phras. *von der B. sein* sehr mager, flachbrüstig, °NB vereinz.: °*dö is vo da Bredlem* Preying GRA;– erweitert: °*dö is a Schrainastochta vo Bröttlöm* Metten DEG, ähnlich °NB vereinz.

[**Ein**]**e.**: *Eiirm* „eingeebnetes Wald- oder Wiesenstück“ Schönwd REH. V.S.

Eber[1], **Reber**

M. **1** männliches Hausschwein, meist Zuchteber, °Gesamtgeb. vielf.: *n Ewar schneida* Wessobrunn WM; *Ein Gejaul allweil auch gewesen, wenn der Reber über die Zuchteln so gekommen ist* W. FRITSCH, Cherubim, Frankfurt a.M. [2]1987, 204; *Aper ze latein haizt ze daůtsch eber vnd ist zwairlai: wilder vnd zamer* KONRADvM BdN 146,2; *Eber* „Verres, non castratus“ SCHÖNSLEDER Prompt. M1[r].

2 verschnittener Eber, °NB vereinz.: *Eber* Spechting WEG; *ēwə* Rennertshfn ND nach SBS XI,288; *Eber* „maialis castratus“ SCHÖNSLEDER Prompt. M1[r].

3 männliches Wildschwein, °OB, °NB, °OP, SCH vereinz.: °*a Eber* Grünwd M; *Aper eber* Scheyern PAF 1241 StSG. IV,34,37; *Der eber beschirmet sich mit dem zant* KONRADvM BdN 158,4f.; *zw yeder seyt der wanngen ragt ain zan nach ebers art* FÜETRER Persibein 106,394.

Etym.: Ahd. *ëbur*, mhd. *ëber* stm., germ. Wort unklarer Herkunft; KLUGE-SEEBOLD 226.

SCHMELLER I,15.– WBÖ V,1273f.

Abl.: *ebern*.

Komp.: [**Binnen**]**e.** Eber, dessen Hoden nach innen gewachsen sind od. der unvollständig verschnitten ist, °OB, °OP vereinz.: °*Binerewer* Rottendf NAB.

[**Spitz**]**e.** wie →*E.*2, °OP vereinz.: °*Spitzeba* Pertolzhfn OVI.

[**Zucht**]**e.** Zuchteber, °Gesamtgeb. vereinz.: *Zuchdewer* Derching FDB. V.S.

Eber[2], Erdbeere, →[*Erd*]*beere*.

-eber

F., nur im Komp.: [**Schlitten**]**e.** tragendes Querholz (mit Untergestell) des Schlittens: *d Schlidnöwan* Schlittenbogen Aspertsham MÜ.– Wohl Abl. zur selben Wz. wie →*Ebel*[1].

A.S.H.

ebern

Vb.: *d Sau ewat* „ist brünstig“ Kochel TÖL. V.S.

Eberraute →[*Eber*]*raute*.

Eberreis →[*Eber*]*reis*.

Ebich[1]

M., Efeu (Hedera helix): °*Eppig* Wimm PAN; *Nim Ebich, der an aichen beumen auf wächst*

HÖFLER Sindelsdf.Hausmittelb. 39; *Hedera ebich* Indersdf DAH 15.Jh. Clm 7818,fol.141r.

Etym.: Ahd. *ebah* stn.(?), *ebahi* stn., germ. Bildung unklarer Herkunft; Et.Wb.Ahd. II,927f.

SCHMELLER I,14. A.S.H., V.S.

Ebich², Sellerie, →*Eppich*.

Eblet, Eb(n)et, -oblet

N., tragendes Querholz (mit Untergestell) des Schlittens od. Wagens, °sw.OB vielf.: °*da Moar hot si an schwarn Bam aufglegg, daß ehm gei as Ewat odruckt hot* Hzhsn WOR; *Ejbatla* „Teil des Zugschlittens" Wb.Krün 14.

Etym.: Abl. von →*Ebel*¹; WBÖ V,1697.

Ltg, Formen: *ēblat* (GAP, SOG), *ea-* (GAP), mit Anlehnung an →*Ebnet(e)* (vgl. VALTS Kommentarbd V, 123) *ēbnat* (GAP, TÖL, WOR), *ēbat*, *ēw-* u.ä. (WM, WOR), mit Anlehnung an →*oben -ōblat* (TÖL).— Dim. *ēbatla*, *ēw-* (GAP, LL).

WBÖ V,1697.

Komp.: [**Schlitten**]**e.** tragendes Querholz (mit Untergestell) des Schlittens: *Schlinoblat* Kochel TÖL. A.S.H.

ebnen, -eben

Vb. **1** eben machen, einebnen: °*Scherhaufen ebnen* Schwandf; *(uia) Conplanata giepanotiv* Tegernsee MB 2.H.11.Jh. StSG. I,573,47; *Ebnen/ eben machen* SCHÖNSLEDER Prompt. M1r. **2** †schlichten, beilegen: *vnd shol der selb ... allez daz eben vnd verrihten vnd ablegen* Frsg 1284 Corp.Urk. II,100,32f.

Etym.: Ahd. *ëbanôn*, mhd. *ëbenen*, Abl. von →*eben*; Et. Wb.Ahd. II,936.

WBÖ V,1275f.

Komp.: [**an**]**e. 1** wie →*e.*1, °OB vereinz.: °*heut müßt ma Scherhaufa oebna* Zustorf ED.– **2** glatt streichen, glätten: *oemna* Dingolfing; *so er den Wall Ringsweiß herumb angeebmt* 1577 Stadtarch. Rosenhm GRE 19, 102.

WBÖ V,1276.

[**ein**]**e. 1** eben machen, werden.– **1a** wie →*e.*1, °Gesamtgeb. vereinz.: °*es wäad hexde Zeid, daß ma d'Scheerhaiffa eiemma* Wolfratshsn; *aa(n'gia(b)mt* BRAUN Gr.Wb. 287.– **1b** auch refl., eben werden, °OB vereinz.: °„am *Stoß* oder *Voracker* wird quer geeggt, damit es sich gut *einebnet*" Thanning WOR.– **2**: *eiebna* „die Innenseite eines Fasses hobeln" O'audf RO. V.S.

Ebnet(e), -ebnets

F., N. **1** ebene, waagrechte Fläche.– **1a** ebene, meist hochgelegene, unbewaldete Fläche, °südl.OB vielf., °NB, °OP vereinz.: °*a da Emat werd da Bách na breata* Kchseeon EBE; °*vom Woid außa sigst fei wei in d Ebnat vo Straubing* N'viehbach DGF; *Auf einer schier unwegsamen Ebnet ... stand ein Hof* HOFMILLER Helmbrecht 50; *əs get állǝweil z· Ebmǝt* (in der Ebene) *fort* SCHMELLER I,14.– Auch als ON, Fln., z.B. *Ebnath* KEM.– **1b** waagrechte, glatte Fläche, °OB vereinz.: °*schaugscht, daß d'mit dein Hoizwerk schea auf a Ebnet hikimmscht* Ried TÖL; *Ęquore epanoti* Tegernsee MB 1.H.11.Jh. StSG. II,658,13.

2: *Immat* „Raum zwischen Wohnhaus und Stall" SOJER Ruhpoldinger Mda. 23.

Etym.: Ahd. *ëbanôti* stn./f., Abl. von →*eben*; Et.Wb. Ahd. II,936.

SCHMELLER I,14.– WBÖ V,1277.

Komp.: [**Ein**]**e.** Pflugwende, Querbeet am Ende eines Felds, °OB, °NB, °OP, °OF, °SCH vereinz.: °*ziag a gscheite Eiebnat!* Peißenbg WM; °*richt des E-iebnat!* Kemnath; *die Aaiamd* „die Querbeete am Ende eines gepflügten Felds" SINGER Arzbg.Wb. 14. V.S.

ebnicht

Adj., gleichmäßig flach, horizontal, °OB, °OP vereinz.: °*außahoibn Dorf is schö ebnat* Wildenroth FFB.

WBÖ V,1271 (ebnig). V.S.

Ech, Pflugmesser, →*Sech*.

ech, euch, →*enk*.

Ech(er), Ähre, →*Ähre*.

echet, verkehrt, ungeschickt, →*äbich*.

Echo, -et

N., †M., Widerhall, Echo, OB, NB, OP, MF vereinz.: *das Echat* Kchdf FS; *Echa* Hagenhill RID; *Zumahlen aber wird in die künfftige Zeiten wohl den schönsten Echo machen, das ... Sæculum* G. HIEBER, Der Wunder u. Geheimnus-volle Baum des Lebens, München 1728, 18.

Etym.: Aus lat. *echo* 'Schall', gr. Herkunft; KLUGE-SEEBOLD 227.

Abl.: *echoen*. V.S.

echoen
Vb., widerhallen, echoen: *da echots* Schrobenhsn. V.S.

Echse →*Eidechse*.

Echsel →*Deichsel*[1].

echt
Adj. **1** unverfälscht, nicht nachgemacht, °OB, °NB, OP vereinz.: *ächti Auanring* Wildenrth NEW; *sogar an eachda Bounakafee hodds gejwa* Wölzmüller Lechrainer 99.
2 mustergültig, typisch, °OB mehrf., °NB, °OP, °SCH vereinz.: *bisd hoid a echda Baua* Beilngries; °*der is a eachts Minkna Gwachs mit seiner Sprüchmacherei* Hochdf FDB.– Phras.: *a Költ is gwen wöi ächt* [von großem Ausmaß] Kraus lusti 25.
3 blutsverwandt, ehelich, legitim: *an echta Sun, echta Bruada* Aicha PA; *Es sol chain man ... in der frawen haus mit essen noch widervm chain frauw in der mann haus nit essen ... Es sein dann zwai aechte geswisteret* 15.Jh. MHStA Kloster St.Nikola Passau Amtsbücher u. Akten 41, fol.2[v].
4 gegenüber äußeren Einflüssen unempfindlich (von Farben): *echt gfearbt* Ingolstadt.
5 adv., tatsächlich, wirklich, °OB, °NB, °OP vielf., °MF mehrf., °OF, °SCH vereinz.: °*deafst mas scho glaam, echt woa is!* Taching LF; °*derfst ma glaubn, aber echt!* Rottenburg; °*i war gestern echt krank* Tirschenrth; *Find i sauguat, echt!* Lauerer Wos gibt's Neis? 7.– Auch in Phras.: *auf e.* °OB, °NB, °OP vielf., °MF, °SCH vereinz.: °*i höif da, auf echt!* Perach WS; °*ich bin dir auf echt harb* Passau; *als der Mühlbauer Hans seine Pfingst-Rosl dann gar noch „auf echt" heiratete* Dittrich Kinder 146;– *in e.* u.ä.: °*kimmsd du z'Weihnachtn in ächt?* Stammham AÖ; *Wöi's in ächtn woar* Schwägerl Dalust 36;– „die Hebamme ... hat mir selbst gesagt, dass sie *mit Echt* ein *schiëches Weib* sei" Isartal ZVkde 21 (1911) 256.
6 als M.– **6a** Steinpilz (Boletus edulis): °*Echta* Haag WS.– **6b** Teufel: °*der Echte* Unterumbach FDB.– **6c**: °*a ganz a Echter* völliger Narr Kchseeon EBE.

Etym.: Aus mnd. *echte*, kontrahiert aus →*ehehaft* mit Wandel *-ft* zu *-cht*; Kluge-Seebold 227.

Schmeller I,29.– WBÖ V,1279-1281. V.S.

Eck, Ecke
N., vereinz. F. **1** durch zusammenlaufende Linien, Flächen, Kanten gebildete Ecke, Kante.– **1a** äußerste, meist spitze Stelle von zusammenlaufenden Linien, Flächen, Kanten, °OB, °NB, °OP vereinz.: °*vo dera Dia is a Egg ogschdessn* Simbach PAN; *Egg* „Ecke, Kante (des Tisches)" Wölzmüller Lechrainer 103; *Crepidinem gccb* [ecca] Tegernsee MB 2.H. 11.Jh. StSG. I,346,6; *an den egken mit messing beslagen* Frsg 1487 Sammelbl.HV.Frsg 11 (1918) 66; *Wir ordnen ... das ... die ... grobe Sorten* [von Münzen] ... *Schnid oder Eck nicht haben* Rgbg 1667 Lori Münzr. III,30.– Phras.: *an allen E.* (*und Enden* / *Kanten* / *Winkeln*) u.ä. überall od. in jeder Hinsicht, °Gesamtgeb. vielf.: °*do feits an olle Eckn und Endn* Fahrenzhsn DAH; °*an oi Eck und Örter kimmt di hin* St.Englmar BOG; °*an alle Eckn und Endn stenga Polizistn* Eslarn VOH; *ᾶ ål ek ent ent* nach Dietl Erg.Schmeller I,23; *der Mann ... alle Eck und End außgesuchet/ ob er nicht den Cörper seines Weibs erblicken konnte* G. Stengel, De Judiciis Divinis, Augsburg 1712, II, 473.– *Übers E.* diagonal, quer, von einer Ecke zur anderen, um die Ecke herum, °OB, NB, OP vereinz.: *übers Eck* Dietldf BUL; *„Übers Eck* war eine Bank gestellt, auf der zwei Geiger saßen" W. Bekh, Apollonius Guglweid, München [1965], 250;– überstürzt, plötzlich, eilig, planlos, °OB vereinz.: °*grad so schnoi üwers Eck hot er des gmacht* Scheyern PAF;– verfeindet, zerstritten, uneinig, °OB, °NB, °OP, °MF vereinz.: °*dia san miteinanda übers Eck* Autenzell SOB.– *Ums E. fahren* u.ä. eine Wende, Kehre fahren, OB, NB vereinz.: *ums Eck umi fahren* Chieming TS.– Abzählreim: *Eck, Schbäck, Dräck und du bist weg* Wunsiedel.– Übertr. Schwierigkeit, Problem: °*dou houts an Eck!* „da wird sich nichts machen lassen" Wdsassen TIR; *dau hauts a Eck* „da gibt es ein Hindernis" Konrad nördl.Opf. 41.– **1b** äußere Kante von Wänden, Mauern o.ä., °OB, °NB vereinz.: °*er hat si ummidruckt ums Eck* Feichten AÖ; *grad kimts uma ums Öck, schau hü* Passau; *Dea luad um d' Eggn* nach Baumgartner Wasserburger Ld 59.– **1c** Straßenecke, NB vereinz.: *von Ök heafån* Aicha PA; *As ligt a-r-a grosa Stoa an selm Ekk* Ingolstadt HuV 8 (1930) 373.– Phras.: *ums E.* (*umhin*) *sein* u.ä. kaputt: °*Bua, de Uhr is ums Eck umi, da kann ma net helfa* Rgbg;– in der Nähe: °*ums Eck umma* Wasserburg; *Die Wirtschaft is glei ums*

Eck rum SZ 8 (1952) Nr.246,8;– (gerade) gegangen, aus dem Haus, nicht anwesend, °OB, °OP vereinz.: °*der is grad ums Eck umi* Erding;– erweitert: °*grad is a umi ums Eck, hat d'Pantoffel unterm Arm ghabt* „wenn man nach jemanden fragt" Döfering WÜM;– vorbei, erledigt, °OB, °OP, °SCH vereinz.: *bist grad spat kemma, is scho ums Eck num* Ohlstadt GAP; *umi ums eck sei* gänzlich vorbei, ad acta gelegt sein Kilgert Gloss.Ratisbonense 187;– erweitert: °*grad is ummi ums Eck, håt hölzerne Glasschuah oghabt, a Beischei Rürmilli unta da Irxn und a Lackei Hei in da Fotzn* „du bist zu spät dran" Taching LF, ähnlich °AM.– *Etwas / jmd ist ums E. (umhin)* u.ä. unwillige Reaktion auf eine Frage, °OB, °NB, °OP, °SCH vereinz.: °*grod is a ums Eck umi* „wenn einer ständig zurückfragt" Lenggries TÖL; °*gråd is s umö ums Ögg* „zu jemand, der zu einer Unterhaltung dazukommt, dem man aber nichts preisgeben will" Grafenau; *Is schã umme ums Egg!* „wenn jemand nachfragt, etwas nicht auf Anhieb versteht" Kaps Welt d.Bauern 55.– *Die Uhr ist ums E. (umhin)* u.ä. die Zeit ist abgelaufen, °OB, °NB, °OP vereinz.: °*die Uhr ist grad ummi ums Eck, bist sauba zspat dran* Taching LF; °*jetzt ist Uhr schon ums Eck umi* Arnstorf EG;– eine halbe od. volle Stunde, Viertel- od. Dreiviertelstunde ist gerade vorüber, °OB, OP vereinz.: °*d'Uhr is gråd ums Eck ummi* Marktl AÖ; „*Grad ist's ums Eck umi* ... ¼ oder ¾ Uhr" Bauernfeind Nordopf. 152;– es ist nach 9, 12 od. 15 Uhr, °OB vereinz.: °*grod is d'Uah ums Eck umi gwen, hand Schandarm scho kemma* Schönbrunn LA; „*Grad ist's ums Eck umi* ... 9 Uhr vormittags oder 3 Uhr nachmittags" Bauernfeind Nordopf. 152;– es ist Mittagspause od. Feierabend, °OB vereinz.: °*die Uhr ist grad ums Eck umi* Kohlgrub GAP;– Scherzantwort auf die Frage, wieviel Uhr es ist, °OP vereinz.: °*die Uhr ist grad ums Eck umi* Wiefelsdf BUL.– *da ist dem Herzog Wilhelm das Geld ums Eck gangen* [ausgegangen] Rohrer Alt-Mchn 171.– *Ums E. / um die E. schauen (können)* u.ä. neugierig sein, alles in Erfahrung bringen, OB, °OP vereinz.: *der schaugt ums Eck* „bemerkt alles" Wasserburg; °*dea ka um d'Ecka schaua* „weiß im Dorf alles" Kchnthumbach ESB;– *der siat ums Eck* „schielt" Stadlern OVI;– °*dea ka um d'Ecka umischaua* „schaut scharf nach rechts oder links" Kchnthumbach ESB.– *Über die E. bringen* beseitigen, töten: *Der Heinz hat dann was gsagt, daß ma s' über d' Eckn bringt* Mchn SZ 46 (1990) Nr.43,14.– „einen mysteriösen sechsten Sinn ... der es ihnen ermöglicht, *um 's Eck ummi z'speibn*" Inn-Salzach-Land 2 (1950) Nr.13,[2];– erweitert: *Deà is so gschàid, dààs-à fràihende um-s Egg schbàim kã* „ist neunmalklug" Kaps Welt d.Bauern 82.– **1d** †Schneide einer Waffe: *Jeder in seinr schaid ein waffen fand – gar langk unnd prait, ser schneident zue den egken* Füetrer Trojanerkrieg 47,36.

2 Fläche innen od. außen bei einem von zusammenstoßenden Flächen o.ä. gebildeten Winkel.– **2a** Stelle, an der zwei Seiten eines Raumes aufeinanderstoßen, °OB, °NB, °OP, SCH vereinz.: *hint ön Eck* Arrach KÖZ; *Kumm, geih as dein Eckela raus, i tou der nix!* Berthold Fürther Wb. 47; *Aber daz der ains darnach volgt, daz ist offenpar in den ecken, die umbhôht und ůmbvangen sint* KonradvM Sphaera 13,1-3; *Nachdem ... das Alt Purckhstall ... verfallen, hab ich ... in jedem Egg ein aufgesezten Ärckcher ... pauen lassen* Sattelpeilnstein CHA 1571 VHO 57 (1905) 29; *wie er ... in Flandern verraist ... traf er ... am Eck deß Creutzgangs ein schönes ... geschnitzeltes Bild an der seeligisten Mutter Gottes* Selhamer Tuba Rustica II,130.– Phras.: *in allen E.* u.ä. überall, OB, °NB, OP, MF vereinz.: *dir fährt ja der Roat bei alle Eck aus* „du wirst im ganzen Gesicht rot vor Scham" Partenkchn GAP; *ön oin Ökan reißts und sticht sös vo lauta dera Gicht* Hengersbg DEG; *auf alli Eckn krachts* Irlahüll EIH.– *(Im) E. sitzen / stehen* u.ä. trotzig sein, schmollen, OB, NB, OP, MF, SCH vereinz.: *Eckerl sitzen* Haag WS; *ins Eck hocka* Adldf LAN;– *(ins) E.lein stehen* best. Strafe in der Schule: °*Eckal stäh* Langdf REG; „Unartige Kinder müssen zur Strafe *ens ekal štē̃*" nach Dietl Erg.Schmeller I,11.– *von oan Eck hetzt er mi ins anderne* [hin u. her], *und allaweil dös Schimpfen über alte Schlamperei* Thoma Werke VII,345 (Münchnerinnen).– *Den hab i ins Eck einitriebn* „zur Rede gestellt" Willing AIB.– *Er steht in der Ecke* „kommt zu kurz, wird nicht beachtet" Passau.– °*D'Eckal han rund* „Spruch, wenn es einer mit dem Putzen nicht so genau nimmt" Stammham AÖ.– **2b** Herrgottswinkel, OB, NB, OP vereinz.: *an Öck hintn* Neukchn v.W. PA.– **2c** Rand, letztes Stück einer meist spitz zulaufenden Fläche, OB, OP vereinz.: *i hab ebs an Aung drin, an Ek am* Erding; „von einem *Eck* eines Getreidackers zum andern" Leoprechting

Lechrain 20; *den steik hin biz an daz Ekke · der wůsthub ... swaz also gegen dem perg ligt daz gehôrt ... dar zv* O'mässing HIP 1281 Corp. Urk. I,400,4-7.– **2d** Mundwinkel, OB, NB, OP vereinz.: *håd dö wegö* (wehe) *Ögga!* Schwaibach PAN; *a bäiß Eck hoo(b'm* „ein Geschwür im Mundwinkel haben" Braun Gr.Wb. 112.– **2e** Augenwinkel, OB vereinz.: *ist oan öbbes ins Og neiköma, schaug nu, daß des ins Ögg neibringst* Hfhegnenbg FFB; *Nimb ... schmalz vnd streichs dem gaul in die eckh, so werden im die aug(en) lautter* Roßarznei (Deinhardt) 38.

3 kleiner abgegrenzter Raum, Bereich.– **3a** meist Dim., Schlupfwinkel, eigener Bereich für jmdn od. etwas, OB, NB, MF vereinz.: *versteckts Eckerla* Hersbruck; „nun haben alle zwei wieder ein *Eckerl* gefunden" Mchn SZ 2 (1949) Nr.42,4.– **3b** Raum unter einer Treppe: *Eck* Scheyern PAF.– **3c** Erker: *Eck* O'graßlfing MAL.

4 Pflugwende: *Eck* Ingolstadt DWA IV,40.

5 eckiges, kleines Stück Land, NB, SCH vereinz.: *s Ök* „eckiges Feld" Mittich GRI; *Eeggla* „kleiner Acker oder Wiese zwischen zwei Äckern eingeengt" Derching FDB; „die Umweltbeauftrage ... berichtete ... von ihrem Plan *ein Eckerl* der Wiese ... als Feuchtbiotop zu gestalten" Geretsrd WOR SZ Wolfratshausen 52 (1996) Nr.268,4.

6 Gegend: *Ein idyllisches Eckerl ist das hier, das sind ja bärige Radlwege* Gmund MB SZ Holzkirchen 60 (2004) Nr.170,R4; *sein sun Pyrrhus nam das land Epirus ein, so ein ort und ek in Kriechen in west und süden* Aventin IV,195,30f. (Chron.).

7 Erhebung, Ausbuchtung in der Landschaft.– **7a** Erhebung, vorspringende Stelle im Gelände, OB, NB, OP vereinz.: *Egg* „kantige, felsige Erhebung" Fürstenfeldbruck; *Das Eck* „hervorragender Theil eines Bergrückens" Bay. Wald Schmeller I,33; *Da foahrt a Blitz iebers Eck und hot si bogn und schnurgräd in d' Kirch ... äni* KÖZ, VIT BJV 1953,27; *von demselben Egkh des Bergs hinab* Steingaden SOG 1570 Lori Lechrain 391; *es kliebt si der himmel, beim bergäl am ökh* Lenglachner Gesängerb. I,134.– Auch als od. in ON, Fln., z.B. *Egg* DEG, *Waldeck* KEM.– **7b** †: *Das Eck* „schmaler, senkrechter Berghang" Loisach Schmeller I,33.– **7c** Landzunge: „*das Eck* ... meist auf Anschwemmungen dort mündender Gewässer zurückgehend" Ammersee Bayerld 37 (1926) 382.– **7d** Flußwindung: *Ögg* Prem SOG.

8 spitz zulaufendes, abgeteiltes kleines Stück, °OB vereinz.: *Egglan* Anschnitt Partenkchn GAP; *a Eckerl Käs* Kilgert Gloss.Ratisbonense 65.

9 an einer Ecke der Heufuhre liegendes Büschel, OB, SCH vereinz.: *de vir Eckcha* Kochel TÖL.

10 im Ballsport.– **10a** Torecke, seitlicher Bereich des Tores, °OB, °OP vereinz.: °*langes und kurzes Eck* Mchn; °*das obere oder untere Eck* Winklarn OVI.– **10b** Eckball, °OB, °NB vereinz.: °*die Eckn håd a guat brocht* Bindering VOF.– **10c** Spielform im Fußball, bei der sich die Spieler den Ball im Kreis zuspielen: „Schüler machen nachmittags ein *Eckerl* auf" Emmering FFB SZ Fürstenfeldbruck 60 (2004) Nr.234,R2.

11: „auf der Kegelbahn ... heißt ... der vorderste Kegel ... *Eck*" Altb.Heimatp. 59 (2007) Nr. 26,14.

Etym.: Ahd. *egga* stf., mhd. *ecke, egge* st/swf., stn., germ. Bildung idg. Herkunft; Et.Wb.Ahd. II,955f.

Schmeller I,33.– WBÖ V,1281-1289.

Abl.: *eckeln*[1], *ecken, Ecker*[1], *eckicht, -ecks.*

Komp.: [**Aloisi**(**us**)]**e.** (Stirn mit) Geheimratsecken, °NB vereinz.: *Aloysiusecken* „einspringende Ecken unter den Schläfen" Landshut; „Weil St. Aloisius mit hoher Stirne abgebildet ist, nennt man die sog. Hofratsstirne *Alisi-Eck*" Stemplinger Altbayern 66.

[**Augen**]**e.** wie →*E.*2e, OB, NB vereinz.: *ön Angöck* Augenwinkel Hengersbg DEG.

WBÖ V,1285.

[**Bild**]**e.** wie →*E.*2b: *s Bildeck* Herrgottswinkel in der Stube Naabdemenrth NEW.

[**Tisch**]**e. 1** Tischecke, OB, °NB, SCH vereinz.: °*s Tischeck is im Weg* Hunderdf BOG; *Wann ... õäne iwà-s Diisch-egg sizzd, griàgd-s kõần Mã* „Scherzhafte Bemerkung an ein Mädchen, das bei Tisch am Eck sitzen muß" Kaps Welt d. Bauern 2; *Mit ein 4 jährigen Mädl ... hatt sich begewen, dass sy ... an das Tischögg mit der wang angestoßen* Kunterweg BGD 1775 Kriss-Rettenbeck Votivbild 62.– Phras.: *das Maul an / um das T. hinhauen* (*können*) u.ä. nichts zu essen haben, Hunger leiden, °OB, NB, °OP vereinz.: °*sei gånz Geaschdl håd a vabudzd, jez koha sis Mei umas Dischegg ummahaun!* Ebersbg; °*du kannst da dei Maal ans Tischeck haua* „zu einem heiklen Esser" Windisch-

eschenbach NEW; *Wenn er d Suppen versäumt, kann er aufs Tischeck schmecker* MAYER Raindinger Hs. 176; *Hejd gibbs nix, hau der doch an Schniagl ans Dieschegg na* WÖLZMÜLLER Lechrainer 142.– *Ih kunt mas Hirn ums Tischöck renna* [wohl mich ärgern] Hengersbg DEG;– *„D'Fotzn werd i ma halt ans Tischeck haun* ... in allgemeiner Niedergeschlagenheit [dasitzen]" MM 3.4.2020, 25.– *An Dischöck sizn* „7 Jahre nicht heiraten können" Mengkfn DGF.– **2** Ecke eines Raums, in der sich ein Tisch befindet: *Sie ladt' an Gselln ins Tischeck num* Altb.Heimatp. 8 (1956) Nr.17,4.– **3** wie →*E.*2b, OB, NB vereinz.: *s Dischöck* Herrgottswinkel in der Stube St.Oswald GRA.
WBÖ V,1289.

[**Drei**]**e.**, [**Dri**]- **1** Dreieck, von drei Linien begrenzte Fläche, in Phras.: °*der springt im Dreieck* [ärgert sich sehr] Kchmatting SR.– **2** Acker in dreieckiger Form, °OB, °NB vereinz.: °*Driöck* Schaufling DEG.– **3** Bereich im Winkel zw. Torlatte u. Pfosten: °*der Beu is genau ins Dreieck ganga* Wettstetten IN.
WBÖ V,1289.

[**Fenster**]**e.** Fensterecke: *Daou loihnt newa ihn in Fenzaeck a Schirm* SCHWÄGERL Dalust 178.

[**Herr-gott(s)**]**e.**, [**-gotten**]- wie →*E.*2b, NB mehrf., °OB, OP, MF vereinz.: *Herrgottöggle* Hfhegnenbg FFB; *s Heagodnöck* Mengkfn DGF; *da thuat 's an Rumpler in der Stuab'n un aus der Herrgottsecken über'm Tisch fallt 's Kruzifix ... abi* Wildenroth FFB ZVVkde 10 (1900) 285.
WBÖ V,1283.

[**Haus**]**e.** Hausecke: *s Hausök get bis ö t Stråss fiarö* Aicha PA; *hausek* SCHWEIZER Dießner Wb. 25.– Phras.: *kein H. wegreißen / kosten* u.ä. nicht teuer sein, keine üblen Folgen nach sich ziehen, °OB vereinz.: °*des wird net glei a Hauseck wegreißen* „wird nicht teuer sein" Mchn; *Dees ràissd kõà Haus-egg wegg* „ist nicht weiter schlimm" KAPS Welt d.Bauern 53.– °*Do feids um a ganz Hausögg* „um sehr viel" Grafenau.
WBÖ V,1290.

[**Heiligen**]**e.** Stück Brot, um das Kinder an Allerseelen bitten: *gelobt sei Jesus Christus um a Hålågnegkerl!* „sagen Kinder in Furth, wenn sie von Haus zu Haus gehen" Cham.

[**Rats-herren**]**e.** wie →[*Aloisi*(*us*)]*e.*: *Ratsherrnecken* „infolge stark zurückweichender Schläfenhaare" Weiden.

[**Katzen**]**e. 1** abgelegener Teil des Raums, °OP vereinz.: °*wennst net glei staad bist, kimst ins Katzeneck hinte!* „mußt dort Eckenstehen" Bruckbach R.– **2** wie →*E.*2b: *Katzneck* Herrgottswinkel in der Stube Haag OVI.

[**Kreuz**]**e. 1** wie →*E.*2b: *Kreuzeck* Herrgottswinkel in der Stube M'nwd GAP.– **2** wie →[*Drei*]*e.*3, °OB, °NB, °SCH vereinz.: °*er håt ins Kreuzeck troffn* Marktl AÖ.
WBÖ V,1290.

[**Matthias**]**e.**, [**Hiasl**]- Rückzugsort: *geh füara da vo dein Hiasleck, wosst åöwei Kalenda måchst* [nachdenkst]*!* Pfarrkchn.

[**Maul**]**e. 1** wie →*E.*2d, OB, NB, OP, °SCH vereinz.: *s Maleck* Gleiritsch OVI.– **2** Mundfäule, Bläschen an den Lippen, °OB, °NB vereinz.: °*d'Maueeckn* Laufen.
WBÖ V,1290.

[**Milch**]**e.** Löwenzahn (Taraxacum officinale): *Milcheckeln* Neustadt KEH.

[**Mund**]**e.** wie →*E.*2d: *Mundeckn* Ingolstadt.
WBÖ V,1290f.

[**Musikanten**]**e.** Platz, an dem die Musikanten sitzen, °NB, °OP vereinz.: °*Musikanteneck* N'höcking LAN.

[**Nuß**]**e.** Nußecke: °*Nußecken* Hohenkemnath AM; *Nusseck, das* KILGERT Gloss.Ratisbonense 65.

[**Ofen**]**e.**: *Ofeneck* Raum zwischen Ofen und Mauer Ingolstadt.– Phras.: *der traut sich auf Nacht net amal vom Ofneck viara* „ist sehr feige" Siegsdf TS.
WBÖ V,1291.

[**Ge-heim-rats**]**e.** wie →[*Aloisi*(*us*)]*e.*, °OB vereinz.: *Geheimråtseckn* „kahl werdende Stelle an der Stirne" Ingolstadt.

[**Hof-rats**]**e.** wie →[*Aloisi*(*us*)]*e.*, OB, °OP vereinz.: *Hofratseckn* „hohe Stirn" Mchn.
WBÖ V,1291.

[**Ratsch**]**e.** Ballspiel, in dem Vornamen erraten werden: *„Ratscheck* ... Der Spieler wirft ... einen Ball ... und verlangt ... einen Mädchennamen ... Errät das angeworfene Kind ... den Namen, darf es den Zuspieler machen" Altenthann R Oberpfalz 63 (1975) 255.

[**Schlupf**]**e.** wie →*E.*3a: *Schlupföckerl* Schlupfwinkel Dfbach PA.

[Spatzen]e. entzündeter od. unsauberer Mundwinkel, °OB, NB, OP, °MF, °SCH vereinz.: *wesch dr deini Spazzaeggr aus* „Mundwinkel mit weißen Schleimhäuten wie die gelblichen Schnabelränder der Spatzen“ Mering FDB; „*špåtsnek* ... Ausschlag in den Mundwinkeln“ Pettenhfn IN nach DIETL Erg.Schmeller II,9.

WBÖ V,1285.

[Spieß]e. 1 †schiefer, spitzer Winkel: *Ein Spießeck ist/ da die ain Lini gegen der andern einwerts hangt* Ein begründter vnd verständiger Bericht/ Von dem Feldmessen, München 1616, 5.– **2** unförmige, verbogene Stelle, OB, NB, OP vereinz.: *Spießek* „von einem verbogener Reifen“ Wielenbach WM.

SCHMELLER II,689.– WBÖ V,1291.

[Stiegen]e. wie →*E.*3b, OB, OP vereinz.: *Stiangeck* Raum unter einer Treppe Bayrischzell MB. V.S.

†Eckel

M. **1** Stahl: *Acîra ... echol* Tegernsee MB um 1000 StSG. II,185,52; *Acuale ... echil* Scheyern PAF 1241 StSG. IV,111,43-45; *Chalibs est genus ferri fortissimi/ echkel* Benediktbeuern TÖL 15.Jh. Clm 5008,fol.153^{v}.

2 Spieß, Schwert: *Di sullen fur den herren gên ân ekchel und ân eysen* Frsg.Rechtsb. 224.

Etym.: Ahd. *eckol* stm./(n.?), mhd. *eckel* stm., aus lat. *aciale* ‘dass.’; Et.Wb.Ahd. II,944.

SCHMELLER I,33f.; WESTENRIEDER Gloss. 117.– WBÖ V, 1296.

Abl.: *eckeln*[2]. V.S.

eckeln[1]

Vb., in heutiger Mda. nur in Komp.: *égkln, ögkeln ... mit Einem* „ihm beleidigende, herausfordernde Worte sagen“ SCHMELLER I,33.

SCHMELLER I,33.– WBÖ V,1296f.

Komp.: **[an]e.** anstoßen, anprallen: °*anegln* „mit dem Ellenbogen“ Pittenhart TS.

[aus]e. überlegen, erwägen, °OB vereinz.: °*dös hot er wieder ausgeckelt bis ins Kloanste* Hohenpeißenbg SOG; *auseckeln* „eine Sache von allen Seiten überlegen“ DELLING I,41; *wie mancher fürwitziger Kopf ... will ... alle geheime Rathschläg ausforschen/ alle Kriegs-Consilia ausecklen* ERTL Tolle lege (Festival-Theil), Nürnberg 1715, 1077.

DELLING I,41; SCHMELLER I,33.– WBÖ V,1297. V.S.

†eckeln[2]

Vb., stählen, schmieden: *Zum dritten, soll gedachten Münßmaister die schwarzen Pfenning ... mit den vier Schlegen geöckelt machen* Landshut 1508 LORI Münzr. I,135.

Etym.: Mhd. *eckeln*, Abl. von →*Eckel*; WBÖ V,1297.

SCHMELLER I,34.– WBÖ V,1297. V.S.

ecken

Vb., ä.Spr., in heutiger Mda. nur im Komp., eckig machen: *du maht versuchen an ainem wehseinem vazz, daz von ersten sinbel ist, ob du ez darnach ekest* KONRADvM Sphaera 12,17f.

Etym.: Mhd. *ecken*, Abl. von →*Eck*; WBÖ V,1297.

Komp.: **[an]e. 1**: °*anecken* an jmd anstoßen Rgbg.– **2** unangenehm auffallen, Unwillen erregen, °OB, °NB, °OP, °OF, °SCH vereinz.: °*oeka* Parsbg MB.– **3** beleidigen, provozieren: °*wie sich die Leut anecken, so grantig san de!* Rgbg.

WBÖ V,1297.

†[aus]e.: *ausecken* „auch das Geringste sorgfältig überdenken“ SCHMELLER I,33.

SCHMELLER I,33. V.S.

Ecker[1]

M., einer der äußeren Kegel im Kegelspiel, °OB, °NB vereinz.: °*an Ecka rausschiaßn* Hohenpeißenbg SOG; °*linker und rechter Ecker* Landau.

WBÖ V,1297.

Komp.: **[Rauh]e.** ungestümer, wilder Mensch: °*a Rauhecker* Ruhmannsdf WEG. V.S.

Ecker[2]**, Äcker, Acker**

F., M. **1** meist Pl., Buchecker, °OB, °NB, °MF vereinz.: °*heir gejts vui Ackan* Eschenlohe GAP; °*Echala sammeln* Allersbg HIP.

2 Kartenfarbe Eichel, Spielkarte davon.– **2a** Kartenfarbe Eichel, °OF vereinz.: °*Äcker* Brand WUN.– **2b** Karte der Farbe Eichel, °OF vereinz.: °*wejvül houst denn du nou Äcka?* Thiershm WUN.

3 †Eichel-, Bucheckernernte: *dhein gerechtikeit zu dem äcker oder aicheln* Todtenweis AIC 1489 MB XXII,594.

Etym.: Aus ahd. *ekarn*, mhd. *ecker(e)n* stm./n., Nebenf. von →*Ackeram* mit Wegfall der als Pl. gedeuteten Nasalendung; KLUGE-SEEBOLD 227.

SCHMELLER I,32.– WBÖ V,1298.

Abl.: *-ecker, Eckerich, eckerln.*

Komp.: [**Buch**]**e.** meist Pl., wie →*E.*1, °OB, °NB, °OP, °MF, °SCH vielf.: °*mia deana jez Buacheckal zsammrecha* Wildenroth FFB; °*doama Buchogan glaum!* Ruhstorf GRI; *Boucheckerln* Bruck ROD; *Riecht's Ihr, wie schon die Lindenblüten duften ... Und die Bucheckerl auch* Mchn SZ 45 (1989) Nr.143, 11.

SCHMELLER I,32.– WBÖ V,1299.

[**Nuß**]**e.** wie →*E.*1: °*Nusseckerl* Bucheckern Kochel TÖL. V.S.

†-ecker

N., nur in: †[**Ge**]**e. 1** Eichen- u. Buchenwald zur Schweinemast: *ob ein gäcker käm von aicheln, so sollen si ... getreulich darein treiben* Thierhaupten ND 1475-1568 GRIMM Weisth. VI, 201.– **2** Schweinemast mit Eicheln u. Bucheckern, Recht dazu: *Wo es auf unsern Wälden Eichenbäum in solcher Anzahl hat, daß ... des Geäckers darvon zu geniessen; sollen unsere Beamte und Forstleut ... darüber Bescheids gewarten* OP 1694 LORI Bergr. 566.

SCHMELLER I,32.

Komp.: †[**Be-stände-ge**]**e.** wie →[*Ge*]*e.*2: *Das die Außlender so im Land bständgäcker oder Dechel haben/ den halben thail Wayduichs im Land lassen vnd verkauffen sollen* Landesord. 1553 fol.62^r^. V.S.

†Eckerich

M., Schweinemast mit Eicheln u. Bucheckern im Wald: *mithin kann keine junge Eiche aufkommen, welches ... sowohl in Ansehung des Bauholzes als auch wegen Abgang des Äckerigs ... zur Mastung der s. v. Schweine sehr nachteilig ist* Schmidmühlen BUL 1769 Oberpfalz 10 (1916) 95.

SCHMELLER I,32. V.S.

eckerln

Vb.: °*echalan* Bucheckern sammeln Allersbg HIP. V.S.

eckicht, -ig

Adj. **1** eckig, kantig, OB, °NB, °OF, °MF vereinz.: °*eckat* Selb; *Auto ... werd a wengl runder ... is nimmer so eckat* Altb.Heimatp. 63 (2011) Nr.18,4; *égget* SCHMELLER I,33; *Auch vind man chlain sinbel stain an grozzen ekkoten steten in der erden vnd ekkot stain an sinbeln steten* KONRADVM BdN 463,23f.; *In einem schwarzen Ecketen fueteral, ein guldnis clainat* Mchn 1581 MJbBK 16 (1965) 128 (Inv.).– Phras.: °*niat eggad werdn* „nicht fertig werden" Weiden.
2 unförmig, ungestalt, verbogen, OB, NB vereinz.: *a eggads Hian* Seeon TS; *a eckata Roaf* Pfeffenhsn ROL.
3 ungeschickt, unbeholfen, grobschlächtig, °NB vereinz.: °*a egada Daife* Simbach PAN.

Etym.: Mhd. *eckeht*, Abl. von →*Eck*; [2]DWB VII,50f.

SCHMELLER I,33.– WBÖ V,1292-1294,1299.

Komp.: [**acht**]**e. 1** achteckig: *Dieser prächtige Thurm ist ... achtekigt* MEIDINGER Landshut 61.– **2** wie →*e.*2, OB vereinz.: *a achteckata Roaf* Fdkchn AIB.– **3** ein Schimpfw. verstärkend: *Rindviehch, achteckerts!* GRAF Dekameron 25.

[**drei**]**e.**, [**dri**]- dreieckig, °OB vereinz.: °*a dreieckats Wiesei* Rosenhm; *drii-eckat* BRAUN Gr. Wb. 112; *driegket* „dreyeckig" SCHMELLER I, 563; *An dem stain man vind ... ain iunchfrawen, di ir hend hat in crevtzs weis vnd ain driekkot chron auf dem haubt* KONRADVM BdN 504,13-25; *kauft ain driegkate schal mit dreien hanthaben umb VIII gulden* 1496 PIENDL St. Emmeram 107; *daß Fürstl. Sigill ... im Obern und undern Thail zween Löwen, und in anndeeren beeden Feldern dreyekhete weggl* Steinach SR 1633 JberHVS 7 (1904) 45.– Auch: °*a dreieggata Kaarn* „ein dreirädriges Motorrad" Fürstenfeldbruck.

SCHMELLER I,563.– WBÖ V,1294, 1299.

[**vier**]**e. 1** viereckig, °OB, °NB vereinz.: *dös Fuada is gfoßt wira Schnur, schö vüarekat* Valley MB; *Bögldöckn vieröckat zamlögn* Hengersbg DEG; *Do is a grouß viereckats Ofalo(ch) gwen ... do hammants (d') Hefa änigschobm* Wettzell VIT BJV 1952,30; *hæschrechen ... habent viereckot můnd* KONRADVM BdN 332,19-333,7; *ain zwigädige viereggete Behausung* Sattelpeilnstein CHA 1571 VHO 57 (1905) 29; *Das Gebäude des Thurms, der ... ist ... viereckigt erbaut* MEIDINGER Landshut 154.– Phras.: °*niat väiaeggad werdn* „nicht fertig werden" Wdsassen TIR.– *in d vöiareckatn Welt ümagäih* „müßig herumgehen und lange ausbleiben" SINGER Arzbg.Wb. 253.– Auch †: „vom *viereckigen* Klee ... vierblättrig; Glücksklee" Tirschenrth SCHÖNWERTH Opf. Sagen 58.– **2** wie →*e.*2, OB, NB, OP, MF vereinz.: *schaugts den o mit san viereckatn Quadratschedl* häßlicher, unebenmäßiger Kopf Cham.– **3** groß, dick.– **3a**: *viereckiger Mensch*

„groß und stark" Berchtesgaden.– **3b**: *vöiarekata Baua* „korpulent" Altfalter NAB.– **4** wie →*e*.3, NB, OP vereinz.: *viereckter Holzstock!* grober Mensch O'miethnach R.– **5** stur, uneinsichtig, °NB vereinz.: °*des is a Viereggada* „schwieriger Mensch" Neufraunhfn VIB.– **6** wie →[*acht*]*e*.3, OB, OP vereinz.: *du Mailaff, du viareckada!* Adlersbg R; *dep, fiarekata* nach DIETL Erg.Schmeller I,11.
SCHMELLER I,33.– WBÖ V,1294, 1299.

[**ge**]**e. 1** wie →*e*.1: *a geggade Schaufe* Achbg TS.– **2** wie →*e*.2, °OB vereinz.: °*dear isch gegget* Brotlaib, der nicht rund ist Eresing LL.
WBÖ V,1295.

[**rauh**]**e. 1** scharfkantig, rauh, °NB vereinz.: °*dö rauheckatn Eckn hoböst iazt nu sauba zua!* Limbach PA.– **2** schlampig, ungepflegt, °OB, °OP vereinz.: °*laf do net so rauekat in d'Kiach* Halfing RO.– **3** wie →*e*.3: °*dös is a rauheckata Lackl* Limbach PA.

[**schief**]**e.** wie →*e*.2: *I woaß dir a Hochzeiterin … sie is a bißl schiafecket g'wachsen* THOMA Werke III,72.

[**sechs**]**e. 1** sechseckig: *Wiad da Urgroßvadda nau a Bua gwen is, homs a segseggads Schdiahla gmachd* Schainbach ND BÖCK Sagen Neuburg-Schrobenhsn 152; *Wenn der berill sechs ekkot ist, so pringt er an der sunnen schein all di varb, di an dem regen pogen sint* KONRADvM BdN 471,14f.; *1 grössers sechsöggets gläsl* Mchn 1585 Bayerld 19 (1908) 357.– **2** wie →*e*.2, OB, NB, OP vereinz.: *a sechseckata Khobf* Herrnthann R.– **3** wie →[*acht*]*e*.3: *du sechsegads Rindvieh!* Sengkfn R.
WBÖ V,1295.

[**sieben**]**e. 1** wie →*e*.2, °OB, NB vereinz.: °*des is a siebeneckats Trumm!* Holz, das sich beim Austrocknen verzogen hat Marktl AÖ; *a siebeneckata Roaf* Fürstenstein PA.– **2** wie →*e*.3: °*a siebeneckiger Kund* ungeschlacht Kchbg PAN; *simékăt* „tölpelhaft" FEDERHOLZNER Wb.ndb. Mda. 184.– **3** wie →[*vier*]*e*.5: *Ein* [*siebeneckert*]*es Mannsbild* „querköpfig" ZEHETNER Bair.Dt. 324.– **4** wie →[*acht*]*e*.3, °OB, NB vereinz.: °*du Biffi, du simeggada!* Ebersbg; *Du Rindviech, du siemeckats, du hast ja dee Handgranatn zu uns reig'schmissn!* PESTENHOFER Drahtverhau 16.
WBÖ V,1295.

[**spelz**]**e.** wie →*e*.2, NB, °OP vereinz.: *schbelseggata Khobf* „schiefer Kopf" O'ndf KEH; *spelseckate Schindeln* „lassen sich nicht gerade klieben" Rieding CHA; „*spölseggəd* vom Holz, das sich beim Austrocknen schiefgezogen … hat" Dinzling CHA BM II,257.

[(**ge-**)**spieß**]**e. 1** spitzwinklig, nicht im rechten Winkel, °OB, °NB mehrf., °OP vereinz.: °*dea Fensdarahma isda wieda gans schbiaseggad worn, den kohsd glei weggaschmeissn!* Ebersbg; °*gspiaseckat* „verzogen, aus dem Winkel" Breitenbg WEG; „Die meisten Felder waren *spiaßeggad* und erforderten das Anbringen von *Gehra*, Furchen, die an der Längsseite ausliefen" WÖLZMÜLLER Lechrainer 76; *spiəséckəd* SCHMELLER II,689.– **2** wie →*e*.2, °OB, °NB, °OP vereinz.: *spiaßeckiger Kopf* verschobener Kopf Partenkchn GAP; *der is spöißöggad* verbogener Reifen Klinglbach BOG; *Hànd recht späiseggad woan, deine Gnedl* OP ZEHETNER Bair.Dt. 329.– **3** wie →*e*.3: °*spejseckat* unbeholfen, ungehobelt Gotteszell VIT.– **4** †mangelhaft, minderwertig: *spiəséckəd* „figürlich: schlecht" SCHMELLER II,689.
SCHMELLER I,33, II,689.– WBÖ V,1295f., 1299.

[**spitz**]**e.** wie →*e*.2, °OB, °OP vereinz.: *spitzeckat* verbogener Reifen Kchnbuch BUL.
WBÖ V,1296.

[**stieß**]**e.** wie →*e*.2: *stiesöggad* verbogener Reifen Adldf LAN. V.S.

-ecks, †-eck(leins)
Adv., nur im Komp.: [**über**]**e. 1** diagonal, kreuzweise, schräg gegenüber.– **1a** diagonal, quer, von einer Ecke zur anderen, °OB, °NB, °OP, MF, SCH vielf., OF vereinz.: *iwaegs eng* Haimhsn DAH; °*gehst überecks hie, da hoast nöt so weit und kimmst pfeigroad hie* „einen verkürzten Weg über fremden Grund" Limbach PA; °*dea is üwarecks gfoahn* „hat die Ecken abgeschnitten" Kchnthumbach ESB; *Von Kiarawinkl grod ibi und ibas Kreitz, übareckles, mid'n Uaf'n staid da Disch in Eck* Bärnau TIR SCHÖNWERTH Leseb. 71; *Ja des glaab i scho, wenn's es glei übarecks obakemmts* TREMMEL Bruckschlitten 81.– Phras.: *is da was übereks kema* [etwas Unangenehmes passiert], *weis'd garaso dreinschaugst?* Passau.– *Dea schaud üwaöks* „schielt" Haidmühle WOS.– Schnaderhüpfel: *allaweil über oan Stiegl steign, allaweil bei oan Madl bleibn, allaweil überrex, überrex, allaweil fünf, sechs* Partenkchn GAP.– **1b** kreuzweise, gekreuzt, OB,

°OF vereinz.: °*döi Breela mouß iwerex zamleng* Selb.– **1c** schräg gegenüber: °*der sitzt überecks* Garmisch-Partenkchn.– **2** abgewandt, abgelegen.– **2a** voneinander abgewandt, weggedreht: °*de hammant se net kenna loussn ... de han ieberecks gstanna* KÖZ, VIT BJV 1954,198.– **2b** abgelegen, entfernt liegend: °*de han a so ibarecks, daß ma fast nia eppa bei dene vobeikimmt* Stammham AÖ.– **3** überstürzt, unordentlich.– **3a** überstürzt, plötzlich, eilig, planlos, °OB, °NB, °OP, °MF, °SCH vereinz.: °*dö Kuh host überrecks gmoicha!* Endlhsn WOR; °*a Arbeit üwaröchs bagga* Ruhstorf GRI; °*es rankelt si was z'samm, und überecks hamm mir a Hozet!* THOMA Werke VI,321 (Wittiber).– **3b**: °*seine Heufuhr is überecks geladen* ungenau, ohne Ordnung Ingolstadt.– **4** verfeindet, überheblich.– **4a** verfeindet, zerstritten, uneinig, °OB, °NB, °OP, °OF, °MF vielf., °SCH mehrf.: °*dö zwej hand iwarecks* Bodenmais REG; °*mit meim Freind bin i überex kumme* Lauf; *Döi zwäi sänn amal üwerecks kumma* SINGER Arzbg.Wb. 246.– **4b** in überheblicher, herablassender Weise: *überöichs* einen von oben herunter behandeln Kareth R.– **5** †enthemmt, zügellos: *In da Foßnad gaid alles übarecks!* Bärnau TIR SCHÖNWERTH Leseb. 113.

SCHMELLER I,20.– WBÖ V,1291f. V.S.

Ecksberg

ON, Anstalt für Menschen mit geistiger Behinderung, in Phras.: °*den habns in Ecksberg auslassn* „der ist verrückt" Mühldf.

Abl.: *Ecksberger, Ecksbergerei, ecksbergerisch.* V.S.

Ecksberger

M., Geistesgestörter, Verrückter, °OB vereinz.: °*du bist a richtiga Ecksberger!* Garching AÖ. V.S.

Ecksbergerei

F.: °*Ecksbergerei* „Blödsinn" Schliersee MB. V.S.

ecksbergerisch

Adj., verrückt, närrisch, °OB, °NB, °OP, °MF vereinz.: °*da gehts ganz ecksbergerisch zua!* Erharting MÜ. V.S.

edel

Adj. **1** von edler, reinrassiger Abstammung.– **1a** adlig, von edler Herkunft, hohem gesellschaftlichen Stand, OB, NB vereinz.: *edles Blut* „hat ein Edelmann und seine Nachkommen" Mchn; *ede* „vornehm" nach KOLLMER II, 101; *Swer einen edeln man feintlich heim sůchet ... der sol in der æht sin* Rgbg 1281 Corp.Urk. I,410,14-17 A; *so ist unser ... befehl, daß ... unsere underthanen ... sich ihrem stand gemaeß ... bekleyden sollen, damit der edle von dem unedlen, der burger vor dem bawrn, der herr vor dem knecht ... underschiden, und erkant werden moegen* OP 1658 WÜST Policey 706.– Auch: *ede* „(abfällig) vornehm tuend" nach KOLLMER II,101.– †Als höfliche Anrede: „Einfachere Tituln, besonders in Schriften, oder unter Bekannten, sind ... *Hochedler ... Edler*" WESTENRIEDER Mchn 310f.– **1b** reinrassig, hochgezüchtet (von Tieren), OB, OP vereinz.: *an edls Bluat* „von Pferden, Hunden" Ingolstadt.
2 hochwertig, ehrwürdig.– **2a** vorzüglich, kostbar, außergewöhnlich: *edles Blut* „köstlicher Rotwein" Mchn; *waz ist der lîp dan ein mist, sô in diu sêle gelât? swaz er edels an im hât, daz komt den wurmen ze nutze* LAMPRECHTvR 410,2334-2337; *das gepain so edel smakt als wer es balsam vol* HAVICH St.Stephan 53,3685.– **2b** geistig, moralisch hochstehend, von vornehmer Gesinnung (zeugend): *edel* „sittlich, menschenfreundlich" Passau; *Freihofbauer, du bist an edla Mensch!* THOMA Werke V,221; *mit einer tugent, diu heizet kiusche, und ist ouch der edelsten tugende einiu* BERTHOLDvR I,105, 32f.; *Růprecht bischof zů Wurms, von konigklichem stamen geborn, aber vil edler im gelaůben* EBRAN Chron. 43,7f.– **2c** †altehrwürdig, erhaben: *die drei edeln sprachen, lateinisch kriechisch hebreisch* AVENTIN IV,328,19 (Chron.).
3 †von zarter, feiner Beschaffenheit: *Tawe ... So nv der naht chelten sumer zeiten chǒmt, so entsliuzt sich der gar edel dunst in so zartes wazzer* KONRADvM BdN 110,18-22.

Etym.: Ahd. *edili*, mhd. *edel(e)*, westgerm. Abl. von →*Adel*[2]; KLUGE-SEEBOLD 227.

SCHMELLER I,37f.– WBÖ V,1300-1302.

Abl.: *edeln, edlig.*

Komp.: †[**un**]**e.** **1** nicht adlig, von niederer Herkunft, niederem gesellschaftlichen Stand: „*unedel* wird in unsrer Zeit seltner in der frühern eigentlichen Bedeutung gebraucht" SCHMELLER I,37; *sie sîn arm oder rîch, edel oder unedel* BERTHOLDvR II,171,37; *Wir ... embieten, allen vnd jeden ... gaistlichen vnd weltlichen, edeln vnd vnedeln ... jn was stants oder wesens dy sein ... vnnsern grues* OP 1534 WÜST

Policey 601f.– **2** minderwertig.– **2a** minderwertig, schlecht: *Die chůtenpaum ... daz man si niht dicke vmb grebt, so dorrent sie oder ir frůht werdent gar vnedel, clain vnd rauch* KONRADvM BdN 349,19f.– **2b** gebrechlich: *gesaeet wirt ain vnedler [leib], vnd wirt ersteen in der glori* BERTHOLDvCH Theologey 405.– **2c** geistig niedrigstehend: *drey sel ... Die erst ... ist in pawmen ... Die ander ... die zü dem vnedlerm sinn gehőrt vnd nicht zü vernůft, die ist in den tyren ... Die dritt ist ... des menschen sel* KONRADvM Sel 89,512-519.

SCHMELLER I,37.– WBÖ V,1302. A.S.H.

edeln

Vb., in heutiger Mda. nur in Komp. **1** aufwerten, verbessern: *edeln* „edel machen" SCHMELLER I,38; *Der suden wint ... edelt den wein in den weinreben dar vmb, daz er warm ist* KONRADvM BdN 381,19f.

2 erheben, als höherrangig einordnen: *Sô hât er den menschen geedelet unde gewirdiget über alle krêatûre* BERTHOLDvR I,296,7f.

3: *edeln* „edel werden" SCHMELLER I,38.

Etym.: Ahd. *-edilên*, mhd. *edel(e)n*, Abl. von →*edel*; [2]DWB VII,76.

SCHMELLER I,38.– WBÖ V,1302f.

Komp.: [**ab**]**e.** veredeln, durch Pfropfen verbessern: *oedln* Reinhardsrieth VOH.

[**ver**]**e. 1** wie →[*ab*]*e.*, °OB, °NB, °OP, OF, °MF vereinz.: °*den wuidn Birnbaam müaß ma voedln lassn* Ismaning M; *vâ:edln* „Reiser auf Obstbäume aufpfropfen" CHRISTL Aichacher Wb. 238.– **2** zu einem höherwertigen Produkt verarbeiten: *vâ:edln* „den Wert durch Bearbeitung steigern" CHRISTL Aichacher Wb. 238.

WBÖ V,1303.

[**um**]**e.** wie →[*ab*]*e.*: *umedeln* einen Obstbaum veredeln Kumrt WOS.

†[**un**]**e. 1** den adligen, hohen gesellschaftlichen Stand verlieren: *all verchert ordenung, als wenn die torn die weisen leren wellent ... wa daz adel vnedelt* KONRADvM BdN 264,16-18.– **2** beschädigen, minderwertig machen: *Warumb hast du mir die* (Schuhe) *alzo geunedelt* um Selb um 1490 SINGER Schacht 153. A.S.H.

eden →*jäten*.

edlig, †ed(e)lich

Adj. **1**: *des is a gåndz an edege* „eine ganz vornehme (Frau), d. h. sie tut vornehm" nach KOLLMER II,101.

2 †hochwertig.– **2a** vorzüglich, kostbar, außergewöhnlich: *dez wolfs hertz ... Wer daz hertz trůchent vnd ez behelt, so wirt ez gar edelleichen smechend* KONRADvM BdN 173,25-28.– **2b** geistig, moralisch hochstehend, von vornehmer Gesinnung zeugend: *Diser fürst, der hat vast edlich und wol an mir getan* FÜETRER Chron. 38,15f.

Etym.: Mhd. *edellich*, Abl. von →*edel*; [2]DWB VII,87. A.S.H.

Efasirl, neugieriger Mensch, →[*Eva*]*siedel*.

efern, anfechten, wiederholen, →*äfern*.

Efeu, †[Eb]heu

M. **1** Efeu (Hedera helix), °Gesamtgeb. vielf.: °*der Efä* Fischbachau MB; °*dö hom an Ifei affs Gro pflanzt* Illschwang SUL; *efâi* nach SCHIESSL Eichendf I,27; *Edera ebhov* Aldersbach VOF 12./13.Jh. StSG. III,235,6; *Wan ein roß vast hustet ... nimb ephew, dörr den, stos ihn zu puluer unnd giebs dem roß zu essen im futter* Roßarznei (BRUNNBAUER) 120.

2 F., Wermut (Artemisia Absinthium), nur in Phras.: *wilde Efeu, Adam und Eva* Walkertshfn DAH.

Etym.: Ahd. *eb(i)hewi, -houwi, ebewi*, mhd. *ephöu, ebehou* stn., volksetym. Umdeutung von →*Ebich*[1] mit Anschluß an →*Heu*; Et.Wb.Ahd. II,939f. In Bed.2 F. wohl nach dem weiblichen Vorn. →*Eva*.

SCHMELLER I,119.– WBÖ V,1312f.

Komp.: [**Erd**]**e.** Gundermann (Glechoma hederacea), °OB, °NB vereinz.: °*Erdefeu* Winklsaß MAL.

WBÖ V,1313.

[**Feld**]**e.** Ackerwinde (Convolvolus arvensis): *Feldefeu* Regen. A.S.H.

Effet

M., N., Effet, Drall, °Gesamtgeb. vereinz.: °*den Saunogl* [best. Kegelbild] *hab i mit Effe gnomma* Winklsaß MAL.

Etym.: Aus frz. *effet* 'Effekt, Wirkung'; KLUGE-SEEBOLD 228. A.S.H.

Eg, Mutterschaf, →*Äue*.

egal

Adj., Adv. **1** gleich lang: °„ein Acker, der keine *egalen* Breitseiten hat" Ebersbg.

2 einerlei, gleichgültig, °OB, NB, °OP vereinz.: °*des is mia egal* Rgbg; *Dees koa(n' ma gånz echåål saa(n'!* BRAUN Gr.Wb. 111.

3 fortwährend, immer wieder, NB, °OF vereinz.: *°du mousd niad eechaal da Maal afraißn!* Selb; *Däa Bou dort leßt me éechal niat gäih* Singer Arzbg.Wb. 57.

Etym.: Aus frz. *égal* 'gleich, gleichartig'; [2]Fremdwb. V, 26.

WBÖ V,1314f.

Komp.: [**scheiß**]**e.** völlig einerlei, gleichgültig: *scheiss:egoi* „Vulgär für 'interessiert nicht'" Christl Aichacher Wb. 256.

WBÖ V,1315. A.S.H.

egalisieren

Vb. **1**: „Die zur Lithographie bestimmten Steine werden ... mit der Maschine *egalisiert*, d. h. auf beiden Seiten vollkommen plan geschliffen" M. Müller-Burger, Die Solnhofer Plattenkalk-Industrie in Vergangenheit u. Gegenwart, Leipzig u.a. 1926, 110.

2 auf gleiche Länge bringen, in der Länge ausgleichen, OB, NB vereinz.: *Schnurrbåat ägålisian* „sagt der gebildete Friseur" Ingolstadt; *d Hosn egalisian* Mittich GRI.

Etym.: Aus frz. *égaliser*; [2]Fremdwb. V,26.

WBÖ V,1315. A.S.H.

Egart, Egerte, -en, Eger(n), †[**Öd**]**garten**

F., vereinz. M., N. **1** landwirtschaftlicher Grund, Garten.– **1a** Egart, Grasland, das in der Wechselwirtschaft als Acker genutzt wird, auch brachliegendes Feld, °OB vielf., °MF mehrf., °NB, °OP, OF, SCH vereinz.: *dö Egascht wer i iatz umreißn* „umackern" Miesbach; *Egan* „Stück Feld, das zu einer Weide einige Jahre liegen bleibt, dann umgebrochen und wieder bebaut wird" Arrach KÖZ; *Ächetn* „mit Gras überwachsenes, nicht mehr benutztes Land" Roßtal FÜ; „die Milchkühe ... bekamen ein besonders gutes Heu ... vom *ēgαšt*" Brünner Samerbg 116; „*Die ... Égərt, Égə't*; b[ay.]W[ald] *Ehhət, Ehhə'n ... Égərt·n, Égə't·n, Égə'n* ... ehmals gepflügte, Acker gewesene Feldfläche, die später zu Graswuchs, in der Folge wol gar zu Holz oder ganz öde geblieben ist" Schmeller I,941; *das sy Ire schaff ze hemhartten* [Hemerten ND] *treyben mogen vff vnnser Egartten, vnd gehaid vnd vff vnnser ackher, die In Brach ligendt* N'schönenfd ND 1369 MB XVI,437; *daß ein jeder seine Wißflecken oder Edgarten, so er in seinem Aigenthumb, in den Feldern, oder innerhalb der Aecker ligend hat, zu seinem Nutz und Gefallen fenngen und gromaden mag* Schongau 1553 Lori Lechrain 329; *1788 ist auf die Eggehrt gras dumet gestirrt* [locker verteilt] *worden* Jachenau TÖL Bayer.Heimatschutz 23 (1927) 114.– Phras.: *°a nuia Öggart* „Stück Grasland in den ersten paar Jahren, nachdem es zuvor als Acker genutzt wurde" Peiting SOG.– Sachl. s. Landw. Bay. 444-450.– Häufig als Fln., ON, z.B. *Egern* MB.– **1b** Grasfläche in Hof- od. Dorfnähe, °OB, °OP vereinz.: *°treib die Gäns aufs Egartl naus* Weiden.– **1c** Gemüse- od. Kräutergarten, °OB, °NB, °OP, °MF vereinz.: *s Egartl* Reit i.W. TS.– **1d** Stück Land, dessen Übergabe od. Nutzung vertraglich geregelt ist (als Altenteil, Heiratsgut od. zusätzliche Leistung zum Dienstbotenlohn), °OB, °OP vereinz.: *°a Egat mitkriega* „als Heiratsgut" Schongau; °„zusätzlich zum Lohn erhielten Dienstboten *ein Egartl* zum Anbau von Kartoffeln" Sulzkchn BEI.– **1e** Feldrain: *Ögerscht* Schloßbg RO.– **1f** magere Wiese: *Egerdn* „schlechte Viehweide" Hohenstein HEB; *Egarten, Eggerten* „magere, manchmal mit Buschwerk bewachsene, Wiesen" Westenrieder Gloss. 120f.

2 Zustand od. Zeitraum der abwechselnden Nutzung als Grasland od. Acker, OB, OP vereinz.: *a Schdickl in Egert lieng lon* Deisenhfn M.

3 im Ausruf des Erstaunens, →[*Herr*]*gott*.

Etym.: Mhd. *egerde* swf., teilw. mit volksetym. Anschluß an →*öd* u. →*Garten*, weitere Herkunft unklar; WBÖ V,1333.

Ltg, Formen: *ēgα(r)t, e-, ę-* u.ä. OB (dazu PA, ROL; BEI, ESB; HEB; FDB), *ęα-* (FFB; ND), *ēgα(r)št, e-, ę-* sw.OB, *ęgα(r)š* (RO), *ęgšt* (RO), *ēgαxt, ę-* (BGD, LF), *ēgα(r)dn, e-, ę-* OB, OP (dazu DGF, KÖZ, LA; HEB, LAU, N, SC), *ei-* (WUN), *ēxα(r)dn, ęχ-* (SUL, TIR; EIH, FÜ, HEB; ND), *ēgα(r)šdn, ę-* (RO), *ēgα, e-, ę-* OB, *ęα-* (ND), *ēgara* (DAH, M), *ēgα(r)n, ę-* (BOG, KÖZ, PA, REG, VIT; SEL), *engα(r)t* u.ä. (TS, WM), *engα(r)n* (R), in Anlehnung an →*Garten ēgoαdn* (BEI, CHA).— Dim. *ēgα(r)tl(α)* (EBE, MB; BEI, WEN; FDB), *eigαtl* (BEI).— Neben F. auch M. wohl in Anlehnung an →*Garten* (RO, WS), ferner N. (RO; NEW).

Delling I,144f.; Hässlein Nürnbg.Id. 58; Schmeller I, 5, 129, 941f.; Westenrieder Gloss. 120f.– WBÖ V,1333-1340.

Abl.: *Egartach, egarteln, egarten, Egerling.*

Komp.: [**Alt**]**e.** Grasland, das seit längerem nicht mehr als Acker genutzt wird, °OB, OP vereinz.: *auf da Oitegascht waxt a Mias, drum müaß mas umbau* Hundham MB; „die *Altegart*, eine seit vielen Jahren ungepflügte Flur, z. B. ... weil sie von Ueberschwemmung ... heimgesucht mit Gries und Geröll eingeschüttet wurde" Peetz Volkswiss.Stud. 263.

Schmeller I,942.– WBÖ V,1340.

[**Brach**]**e.** als Wiese genutztes, brachliegendes Feld, °OB vereinz.: *Brachegga* Endlhsn WOR.

[**Aus-bruch**]**e.** abgetrennte, durch Teilung herausgenommene Egart: °*Ausbruchegart* „infolge von Erbteilung" Bayersoien SOG.

[**Haus**]**e.** Egart in Hofnähe: °*Hausegern* Lam KÖZ.

[**March**]**e.** Wiese, die an der Grenze zum Flurstück des Nachbarn liegt: °*Marcheggart* Bayersoien SOG.

[**Neu**]**e.** Grasland, das regelmäßig als Acker genutzt wird od. seit kurzem brachliegt, °OB vereinz.: *Nuiögascht* Elbach MB; „die *Neuegart*, ein natürlicher Grasboden, der alle drei oder längstens sechs Jahre zum Anbau ohne Düngung umgerissen wurde" Peetz Volkswiss. Stud. 263.

Schmeller I,942.– WBÖ V,1340f.

[**Zwerch**]**e.** quer liegende Egart, °OB vereinz.: *Zwerchegerscht* Bayrischzell MB. A.S.H.

Egartach, Egertach, †Egerach

N., aus Egarten bestehende Flur: *Egertach* Wdsassen TIR; *Égə'rə'* „Complex von Egerten, z. B. *'s Perchtinger Égə'rə'*" Schmeller I,942.

Schmeller I,942. A.S.H.

egarteln

Vb. **1** Egartwirtschaft betreiben, ein Stück Land pflügen u./od. brachlegen.– **1a** Egartwirtschaft betreiben, eine Fläche abwechselnd als Gras- u. Ackerland nutzen, °OB vereinz.: °*mit dem Fleck tuat a oiwei scho egartln* Taching LF.– **1b** ein brachliegendes Feld pflügen u. anschließend bebauen, bestellen, °OB vereinz.: °*der tuat egartln* Teisendf LF.– **1c** brachlegen, als Grasland nutzen, °OB, °NB, °OP vereinz.: °*egarteln* Heilbrunn BOG.

2: °*egarteln* „Heu machen" M'nwd GAP.

3 im Garten (beim Haus) arbeiten, garteln, °OB, °OP vereinz.: °*hiatz mua i nu a wenkei egaschtln* Maria Gern BGD. A.S.H.

egarten, egerten

Vb. **1** ein brachliegendes Feld pflügen, °OB, OF vereinz.: °*egersten* „im Herbst und im Frühjahr" Endf RO; *äigartn* „umgraben" Arzbg WUN.

2 †: *egerten* „das Frühheu einbringen" M'nwd GAP Schmeller I,942.

Schmeller I,942.– WBÖ V,1341. A.S.H.

†Ege

F. **1** Angst, Schrecken: *si sâhen ... die grôzen himelblike, die unmâzen donreslege. der chunich lait sô grôz ege, daz er dannen muose entrinnen* Kaiserchr. 359,15342-15346.

2 strenge, harte Zucht: *disciplina egi* Frsg 9.Jh. PBB 52 (1928) 158.

Etym.: Ahd. *egî* stf., mhd. *ege* stf./m., germ. Bildung idg. Herkunft; Et.Wb.Ahd. II,963f.

Schmeller I,51.

Abl.: *égerisch*². A.S.H.

Egede → *Egge*.

Egedechse → *Eidechse*.

Egel¹**, -igel**

M., †F. **1** Egel, bes. Gemeiner Blutegel, OB, NB, OP, SCH vereinz.: *d Egln håm eam s Bluad außagsuzlt* Mittich GRI; *bohl* [wenn] *ma s Odaloßn und s Schräpfa net toa mog, nocha laßt ma se Egln setzn* Cham; *ēgl* nach Funk Irgertshm 29; *Herugo ... ecala* wohl Rgbg 1.H.9.Jh. StSG. I,168,25; *Die egel hat ainen dreyeckoten munt, darvmb macht si ein dreieckot wunden* KonradvM BdN 336,13f.; *Etlich visch nement geren die egel, die in den laken geend* 15./16.Jh. ZDA 14 (1869) 171 (Tegernseer Angel- u. Fischb.).

2 Großer Leberegel: *Egln wåuchsnt in da Löwa von sauan Fuada* Mittich GRI; *Wan die Schafe Egel haben* Ernst Heilzauber u. Aberglaube Opf. 29.

3 Drehwurm: *des hat Egln* ein Schaf, das die Drehkrankheit hat Zell RID; *Den schaffen fur die egell* Roßarznei (Brunnbauer) 181.

4: *Egl* Kaulquappe Gerolfing IN.

Etym.: Ahd. *ëgala*, mhd. *ëgel(e)* swf., westgerm. Bildung wohl idg. Herkunft; Et.Wb.Ahd. II,953f.

Ltg: *ēgl*, ferner *egl* (PAN), *ęgl* (ESB), entspr. der Entwicklung des Primäruml. *īgl* MF (dazu KEM; WUN), *iagl* (KEM, TIR; WUN) od. mit Anschluß an → *Igel* *īgl* OB (dazu FDB).

Schmeller I,52.– WBÖ V,1324-1326.

Komp.: [**Blut(s)**]**e. 1** Gemeiner Blutegel, °Gesamtgeb. vielf.: *anschtatt Ådrlosse oder schräpfe wäre nach Umschtänd o Bluatögl gsötzt* Hfhegnenbg FFB; *Blouteegl hom d Boda in Glasln, döi wean af a kranke Stell gsetzt, beißn, saugn s Blout assa* Wdsassen TIR; *Ihrane kugelrunden Stampferln* [Beine] ... *schmeißts so flink umananda, wia da Bada ... de ang'soffanen*

Bluategl en d'Rasirschüssel nei Neues Münchener Tagbl. 1 (1877) Nr.48[,4]; *Blout-Igl* SINGER Arzbg.Wb. 38; *Kömmt aber das Zahn-Wehe von einem hitzigen Fluß her, so mußt du den Zufluß des Geblüts ableiten … durch Schrepfen, oder Ansetzung der Blut-Igel hinter die Ohren* SCHREGER Haus-Apotheke 68.– Phras.: (*sich*) *ansaugen wie ein B.* u.ä. viel trinken, saufen, NB, OP vereinz.: *dea saugt sö o wiara Bluategl* Mengkfn DGF.– *Oan aussaung wiara Bluadegl* „ausbeuten, ausnehmen" Aicha PA.– *Drahengn wia a Blåutegl* „nicht mehr auslassen" Etzenricht NEW.– **2** Blutsauger, Ausbeuter, Wucherer, OB, NB, OP vereinz.: *Bluatsegel* Tegernsee MB; *da Bluaregl* Mittich GRI; *Bluadegl* BINDER Saggradi 28.

WBÖ V,1326f.

[**Leber**]**e.** wie →*E.*2, °OB vereinz.: °*Löwaögl* Viehparasit Fischbachau MB.

[**Roß**]**e.** Pferdeegel, OB, OP, SCH vereinz.: *Roußeegl* Derching FDB; „*Roßegel* … wilder Blutegel, dessen Biß ausschwärt" WINKLER Heimatspr. 88; *die egel, die in den laken geend, sind gestalt als die rossegl* 15./16.Jh. ZDA 14 (1869) 171 (Tegernseer Angel- u. Fischb.).

WBÖ V,1327. A.S.H.

Egel[2] →*Igel*.

egel, jenseits, →[*en*]*halb*.

egeln, schlafen, taumeln, →*igeln*.

Eger(n) →*Egart*.

Egerer

Adj. **1** aus der Stadt Eger stammend, Eger zugehörig, nur in Phras.: *E.* →*Heller* best. Münze.

2 nach egerländer Art, im Egerland od. der Stadt Eger üblich, nur in Phras.: *E.* →*Flasche* Sauerbrunnenflasche. A.S.H.

egerisch[1]

Adj. **1** aus der Stadt Eger stammend, Eger zugehörig: °*egerisch* „ist einer, der aus der Stadt Eger kommt" Erbendf NEW.– Phras.: *e.* →*Groschen* best. Münze.

2 als M., Rückentragkorb: °*der Egerische* „mit feinem Geflecht, konisch, getragen von Hausierern und Brotfrauen" Brand WUN.– Auch in Phras.: *e.* →*Korb*. A.S.H.

égerisch[2]**, egérisch**

Adj. **1** gefährlich, furchterregend: °*iaz werds eggarisch* „sagen die Isarflößer, wenn sie auf eine gefährliche Stelle zufahren" Lenggries TÖL.

2 eigensinnig, geziert, °OB, °OP vereinz.: °*egérisch* Senkenschlag DAH; °*egarisch* Lauterhfn NM; *égerisch, égkerisch* „affectiert" Obere Isar SCHMELLER I,51.

3: °*ekerisch* „unbeholfen" Kohlgrub GAP.

4: °*der packts owa egerisch o* „energisch" O'viechtach.

Etym.: Abl. von →*Ege*; SCHMELLER I,51. Teilw. unter Einfluß von schriftsprl. *energisch*.

SCHMELLER I,51. A.S.H.

Egerling, Egartling, Egärtling, †[**Ehe**]**gärtlein**

M. **1** Feldegerling (Psalliota campestris), OB, °NB, °OP, °MF vereinz.: *Egartling* Mchn; °*auf die Herbstwiesn wachsn vüi Egerling* Dietfurt RID; *Der Egertling, Egerling* „Heideschwamm … Champignon" SCHMELLER I,942; „*Aegärtling* in Bayern … Viele Bayrische Bauren sagen *Aegerling*" J.S.V. POPOWITSCH, Versuch einer Vereinigung der Mda. von Teutschland, Wien 1780, 303.

2 Schafegerling (Psalliota arvensis), in heutiger Mda. nur im Komp., ä.Spr. in Phras.: *wildes Ehegärtel* J.CH. SCHAEFFER, Fvngorum qvi in Bavaria et Palatinatv circa Ratisbonam …, Bd I, Regensburg 1762, Tafel 96.

Etym.: Abl. von →*Egart*; DUDEN Wb. 919.

SCHMELLER I,942.– WBÖ V,1341.

Komp.: [**Schaf**]**e.** wie →*E.*2, °OP, MF vereinz.: °„*der Schafegerling* ist dicker als der *Wiesenegerling*" Mintraching R.

[**Wiesen**]**e.** wie →*E.*1: °*Wiesenegerling* „Wiesenchampignon" Mintraching R; *der Wiesnegerling, der kloane, da waar a Verwechslung möglich mit'n Knollnblätter* K. ROBEL, Dahoam is dahoam, Rosenheim [2]2013, 29. A.S.H.

Egerte →*Egart*.

†**Egese, Eise**

M., F. **1** Angst, Schrecken: *Ais, Aitz* WESTENRIEDER Gloss. 8; *Horror … agiso* wohl Rgbg 1.H.9.Jh. StSG. I,170,34; *Horror … eiso* Windbg BOG 12.Jh. StSG. I,699,48f.

2 Angst u. Schrecken Erregendes, Schreckliches: *Flagoris a*[*gi*]*sin* wohl Rgbg 1.H.9.Jh.

StSG. I,142,26; *Monstra egiso* Tegernsee MB 1.H.11.Jh. StSG. II,652,45.

Etym.: Ahd. *egiso* swm., *egisa* stf., kontrahiert *eiso* swm., mhd. *eise* stf., germ. Weiterbildung zur Wz. von →*Ege*; Et.Wb.Ahd. II,962-964.

Westenrieder Gloss. 8.

Abl.: *egeslich*. A.S.H.

†egeslich, eislich

Adj., schrecklich, furchterregend: *Schaut oasla aus – Dös îst a Graus* U'wössen TS OA 34 (1874/1875) 70; *Horribili akislih* wohl Rgbg 1.H.9.Jh. StSG. I,172,5; *Nu habet ir vernomen, wie egeslich urtêile uber ivch getan ist* Spec.Eccl. 41,17f.; *da vor was ain vast aisliche proczen ser stinckent* Füetrer Lanzelot 43.

Etym.: Ahd. *egislîh*, mhd. *egeslich*, kontrahiert *eislich*, Abl. von →*Egese*; Et.Wb.Ahd. II,962.

Schmeller I,51, 157, 167 (aischlich), 168 (aist(ig)lich).– WBÖ V,1606f. A.S.H.

Egge, Eide, -g-, Atte, A(r)n(d), D-, N-, †Egede

F., Egge, Ackergerät, °Gesamtgeb. vielf.: *muaßt d'An eispanna, heut is zon engga* Altötting; *d Öngn nimmt ma öns Fejd und wo's hoit zon aufreißn is* Hengersbg DEG; *Den ganzn Tag is er hinter der Eitn herganga* Haller Dismas 41; *Irpisa egida* 1.H.9.Jh. StSG. III,657, 31; *III åten mit zugscheittern mit all* Piendl Hab und Gut 207; *1 alte eigen* Wunsiedel 1533 Singer Vkde Fichtelgeb. 55.– Phras.: *Brabanter E.* best. Egge mit schräggestellten Zinken: „Um 1850 kam … die *Brabanter Egge* in Gebrauch" Singer Vkde Fichtelgeb. 55.– °*Heilbrunner Egge* „schwere Egge mit gebogenen Zähnen" Barbing R.– *A bollische Eggn* „übers Kreuz eingespannte Egge" Endlhsn WOR.– *Doppelte E.* Egge aus zwei nebeneinandergehängten Teilen zum Bearbeiten von Ackerbeeten u. Furchen: °*a dopede Aan* Wurmsham VIB; „Die *doppelte Eiten* … mit 48 Kr. taxiert" Rauschensteig WUN 1717 Singer Vkde Fichtelgeb. 55.– *Låß ma Kua roasn mit da Att* „sagt man, wenn sich eine verhängnisvolle Entwicklung nicht aufhalten läßt" Bolzwang WOR.– Schnaderhüpfel: °*mit a Eng hon i gakat, mitm Pfluag hob i geggt, mitm Stieföziaga hon i Kraut eigschi'n, dös hot an Leutn gschmeckt* Lalling DEG.– Vkde: °„Zu Faschingsbeginn wird lärmend auf der Straße *mit der Eign durchgfohrn und gsaat*" Mühlbg NEW, ähnlich VIB.— Zur Abwehr böser Mächte stellt man eine *E.* mit nach oben gerichteten Zähnen auf, °*daß da Schaua s Troad nöd niedaschlogt* Wimm PAN, ähnlich Schemm Stoagaß 104, s.a. [*Zwi*]*e*.— Sachl. s. Mestemacher Arbeitsgerät Obb. 24-36, Gebhard-Sperber Geräte 30-35, Mörtel Bauernarbeit 52-54.

Etym.: Ahd. *egida*, mhd. *egede*, kontrahiert *eide* st/swf., westgerm. Bildung idg. Herkunft; Et.Wb.Ahd. II,958f. Jüngeres *Egge* aus →*eggen* neu gebildet.

Ltg, Formen: (1) *Eide*, mit Fortsetzungen von ahd. *egi-*, vgl. Lg. § 20o: *ạt*, *ạ̄d* OB, *ạtn*, *ạ̄dn* OB, NB (dazu CHA, NAB, WÜM), *ạ̄n*, *ạn* OB, NB (dazu CHA, R, RID, ROD, WÜM), dazu *ạ̄nd*, *ạ-* NB (dazu ROD), mit falscher Restitution *ạ* > *ạr*, *ạ̄* > *ạ̄r ạrtn* (FS, TÖL; VIT), *ạ̄rn* OB, NB (dazu CHA, ROD, WÜM), *ạ̄rnd*, *ạ-* (EBE; DEG, GRI, PAN, VOF), *ạ̄rndn* (DEG);— *aidn* NB (dazu BUL, PAR, R, TIR), *aidɑn* (KEH; R), *ain* (ESB, ROD, TIR, WÜM; REH, WUN);— *ęn*, *ęɑn* (OVI, WÜM);— *oɑdn* (Ilm Schmeller I,51, heute †).— (2) *Eige* (Kontamination aus *Eide* u. *Egge*): *ạk* (MB, TÖL), *ạ̄ŋ*, *ạ̄gŋ*, *ạkŋ* OB (dazu DEG, KÖZ, MAI, REG; CHA, ROD);— *aiŋ*, *aigŋ* u.ä. OP, OF (dazu HEB, HIP, LAU, N), *aix* (NM, PAR; WUG), *ęiŋ* (NM, WÜM), mit *d-* des best. Art. *daigŋ* (KEH).— (3) *Egge*: *ēg*, *eg* u.ä. westl.OB (dazu EIH; DON, ND), *ēŋ* u.ä. OB, NB, OP (dazu EIH, N; FDB, ND), *ēŋɑn* (R), *ekŋ*, *ēgŋ* u.ä. OB, NB, OP (dazu FÜ, N; FDB, ND), *ekɑ*, *ę-* u.ä. westl.OB (dazu GRA, PA; A, FDB), *ēx*, *ę̄x*, *eχ* u.ä. (AÖ, IN; KEH; BEI, NM, PAR, R, RID; EIH, HIP, SC, WUG; DON), *ēxŋ* (SC), *īŋ*, *igŋ* (AM, ESB, NEW, NM, SUL; FÜ), *iɑŋ* (ESB, KEM, NEW, TIR; BT, WUN), *iɑgɑ* (ESB), *īx* MF (dazu NM), mit agglutiniertem unbest. Art. *nēŋ* (GRA).

Schmeller I,51, 145, 171.– WBÖ V,1315-1321.

Abl.: *eggen*, *Egger*(*er*).

Komp.: [**Acker**]**e.** Egge zur Bearbeitung des Ackerbodens, °OB, °OP, °MF vereinz.: *Aggaeng* Haimhsn DAH; „Man unterscheidet eine *Wiesen-Ahrn* von einer *Acker-Ahrn*" Helm Bgdn.Ld 10.

WBÖ V,1321.

[**Erd-äpfel**]**e.** (zweiteilige) Egge für Kartoffelbeete, °NB, °OF vereinz.: °*Eadepfeeitn* Martinshaun LA; „das Abeggen der Erdäpfelbeete … geschah mit der *Erdäpfeling*, die meist aus Holz war und eiserne Zinken besaß" Regler Opf.Dorf 17.

WBÖ V,1321.

[**Arl**]**e.** Holzegge mit gebogenen Zinken u./od. zwei Griffen, die einem einfachen Holzpflug (→*Arl*) ähnelt, °OB, °NB, °OP vereinz.: *Oalögn* „mit nach vorn gebogenen Zähnen, gegen *Schoßwiaz* (Quecken)" Gottsdf WEG.

WBÖ V,1321.

[**Bau**]**e.** leichte Egge mit kurzen, geraden Zinken, bes. zum Lockern des Ackerbodens vor der Aussaat u./od. zum Eineggen des Saatguts:

Bauöng Mittich GRI; „*bau'at* … Egge zum Anbauen“ Brünner Samerbg 135.

[**Bett**(**er**)]**e.**, [**Bettlein**]-, [**Beet**(**e**)]-, [**Beetlein**]- **1** Egge aus zwei nebeneinandergehängten Teilen zum Bearbeiten von Ackerbeeten u. Furchen, °OB, °NB, °OP, °MF, SCH vereinz.: °*Bettaeech* Wettstetten IN; °*Beddladn* Neurandsbg BOG; *die Beetl-ain* „hölzerne Egge zum *Abschlichten* der Beete, wobei zwei leiterförmige Einzelteile durch eine Kette miteinander verbunden sind“ Singer Arzbg.Wb. 33.– S. Abb. 16, 17.– **2** schmale od. nach vorne spitzwinklig zulaufende Egge zum Bearbeiten von Ackerbeeten u. Furchen, OB, °NB vereinz.: °*Betlaan* Schalkham VIB; *betre^{i}kə* Mering FDB nach SBS XII,79.– **3** breite, flache Egge, OB, NB vereinz.: *a Bötlaitn* „breiter und flacher als eine *Biföngaitn*“ Mengkfn DGF.

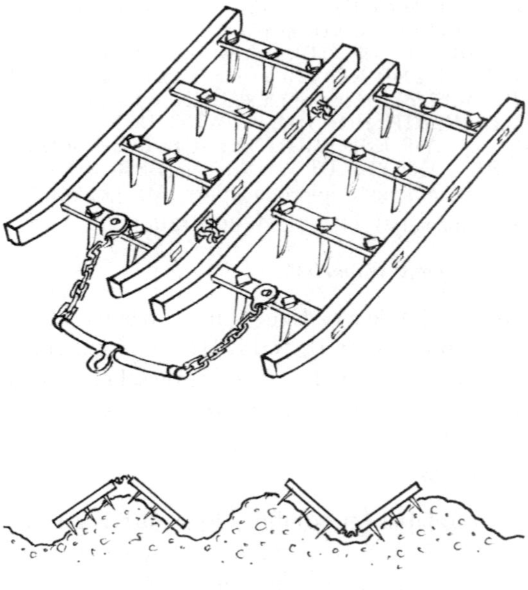

Abb. 16, 17: *Beetleinegge* (Dingolfing).

[**Bockel**]**e.** Egge mit Transportkufen an der Oberseite: *boklekə* Dettenhfn LL nach SBS XII,79.

[**Bogen**]**e. 1** Egge mit gebogenen Zinken, OB, °NB, °OP vereinz.: °*Bognaidn* Egge mit nach vorne gebogenen Zähnen Geiselhöring MAL; „die *Bongagn* … mit *oicherne Zöhn*“ Siebzehnriebl Grenzwaldheimat 118; „die übliche Egge ist die oberbayerische *Bogenegge* mit rückwärtsstehenden eisernen Zähnen“ Wollomoos AIC Untersuchung der wirthschaftlichen Verhältnisse in 24 Gemeinden des Königreiches Bayern, München 1895, 4.– **2** wie →[*Bockel*]*e.*: °*Bongan* „mit nach oben stehenden Kufen zum Transport“ O'zeitldorn SR; *bōŋekŋ* Pähl WM nach SBS XII,79.– S. Abb. 18.

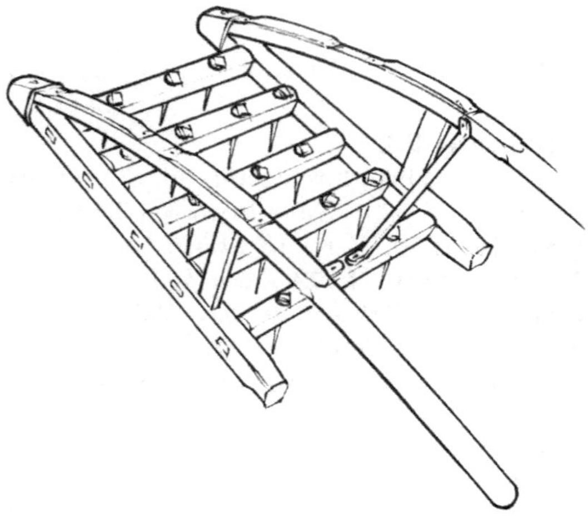

Abb. 18: *Bogenegge* (O'zeitldorn SR).

[**Breit**]**e.** wie →[*Bett*(*er*)]*e.*3: °*Brååtiagn* Erbendf NEW; „Bei *Breiten Beeten* schritt die Säerin … in der Längsrichtung der mit der *Breitegge* geschlichteten Schollen“ Mörtel Bauernarbeit 54.– S. Abb. 19.

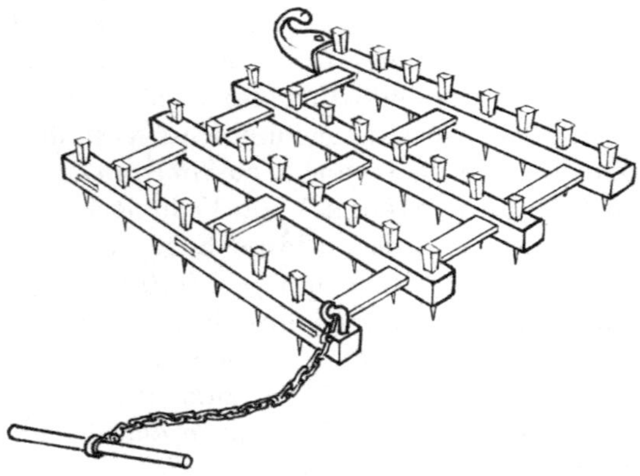

Abb. 19: *Breitegge* (nach Mörtel Bauernarbeit 53).

[**Teller**]**e.** Scheibenegge, °OB, °NB, °OP vereinz.: °*die Daillaaign* „ebnet das geackerte Feld ein“ Muckenbach ROD.

[**Doppel**]**e. 1** wie →[*Bett*(*er*)]*e.*1: °*Doweaand* Sandbach PA; „*Die* … *Doppelåttn* … besteht aus zwo mit einander verbundenen Eggen“ Schmeller I,51.– **2**: °*Doweaan* „von zwei Ochsen gezogene Egge“ Petting LF.

Schmeller I,51.– WBÖ V,1321.

[**Dorn(en)**]**e.**, [**Dörn**]- Egge aus mit einem Balken u.ä. beschwertem od. in das Eggengestell eingeflochtenem Strauchwerk, °OB, NB, °MF vereinz.: °*die Dounat* „zum Wieseneggen" Parsbg MB; „mit der *Dernaittn* wurde im Frühjahr der Strohmist aus dem Schweinestall, der im Herbst und Winter ausgefahren und ausgebreitet wurde, *aufgeriegelt*" HÄRING Gäuboden 134.
WBÖ V,1321.

[**Eggen**]**e.** wie →[*Bau*]*e.*: °*die Egning* Neustadt ESB; *die Iang-Ai(d)n* „eine rautenförmige Egge, aus Eschenholz ... mit eingepflockten hölzernen Zähnen, womit das Getreide nach dem Säen eingeeggt wurde" SINGER Arzbg. Wb. 111.

[**Einlich**]**e.**: °*Oalåchaan* „von einem einzelnen Ochsen gezogene Egge" Petting LF.– Zu →*einlich* 'einfach'.

[**Bi-fang**]**e.**, [**-fänge**]-, [**Bif(l)ing**]- **1** wie →[*Bett(er)*]*e.*1, °OB, °NB, °OP, SCH vereinz.: °*Bifönadn* Neurandsbg BOG; *Bifangegge* G'weil WM MESTEMACHER Arbeitsgerät Obb. 26.– **2** Egge mit gebogenen, zinkentragenden Querleisten zum Bearbeiten von Ackerbeeten, °NB, °OP vereinz.: °*Bifänäan* Döfering WÜM.– S. Abb. 20.– **3** wie →[*Bett(er)*]*e.*2: °*Bifangegge* „schmale Egge für Bifänge, zwei davon konnte man zur *Zwiemandlegge* verbinden" Tandern AIC; *Bifangegge* Pfarrkchn GEBHARD-SPERBER Geräte 35.– Zu →[*Bi*]*fang* 'Ackerbeet'.
WBÖ V,1321f.

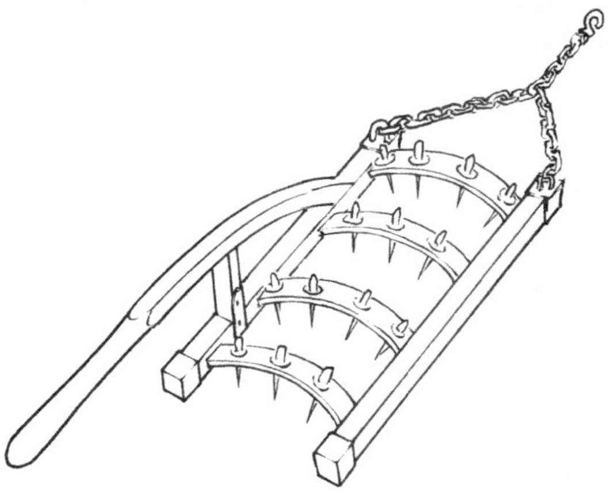

Abb. 20: *Bifangegge* (Döfering WÜM).

[**Fein**]**e.** wie →[*Bau*]*e.*: °*a Faieng* Bischofsmais REG; *vę̄įękə* „nach der Saat" Prittriching LL nach SBS XII,78.

[**Feld(er)**]**e.** wie →[*Acker*]*e.*, °NB, OP vereinz.: *Fejdaröng* Aicha PA; *Mit da Felldeggn und zwoa Ochsn ... hat ma den Kartoffeschmarrn umgrissn* BILLER Garchinger Gsch. 21.
WBÖ V,1322.

[**Flach**]**e.** wie →[*Bau*]*e.*: °*Flåcheng* Angkfn PAF; *vlaxekə* Schöffelding LL nach SBS XII, 79.

[**Flügel**]**e. 1** wie →[*Bett(er)*]*e.*1, °NB, °OP vereinz.: *Flügleitn* Hainsbach MAL.– **2** drei- od. vierteilige Egge, deren Elemente neben- u. hintereinandergehängt werden, °NB, °OP vereinz.: °*Fliglaitn* Weltenburg KEH.
WBÖ V,1322.

[**Fotsch**]**e.** wie →[*Bockel*]*e.*: *vō̆ᵘdšekə* Türkenfd FFB nach SBS XII,78.– Zu →*fotschen* 'schwerfällig gehen, kriechen'.

[**Fürchlein**]**e.** wie →[*Bett(er)*]*e.*2: °*Fiagleng* „dreieckig, mit spitzem Ende in Zugrichtung" Rathsmannsdf VOF.

[**Rühr-geigen**]**e.**: °*Riageingekng* „Egge mit Handbetrieb" Machtlfing STA.

[**Glieder**]**e. 1** Egge aus miteinander verbundenen, beweglichen Gliedern, OB vereinz.: *Gliedaatt* O'audf RO; „Die *Gliederegge* bestand aus einer Reihe von Kanthölzern, die hintereinandergehängt wurden, und mit ihren Zähnen aus Rundstahl die Wiesen oberflächlich aufrissen" MESTEMACHER Arbeitsgerät Obb. 30.– **2** wie →[*Bett(er)*]*e.*1: „eine dem Beetprofil angepaßte zweiteilige Egge (die *Gliederegge*)" MÖRTEL Bauernarbeit 52.
WBÖ V,1322.

[**Hanichel**]**e.** Egge mit am Eggengestell befestigten jungen Nadelbäumen (→*Hanichel*), deren Äste auf eine best. Länge gekürzt sind: °*die Hanachäat* „zum Wieseneggen" Parsbg MB.

†[**Hebe**]**e.** wohl Egge mit einem od. zwei Griffen: *1 ... Hebeiten* Stemmasgrün WUN 1723 SINGER Vkde Fichtelgeb. 55.

[**Heu**]**e.** etwas, um das man jmdn am 1. April schickt: *wos da Owrülnoa holn mous? – A Heieing* Altfalter NAB.

[**Hopfen**]**e.** schmale Egge mit einem od. zwei Griffen zum Bearbeiten der Beete im Hopfengarten, °NB vereinz.: *Hopfaattn* „67-85 cm breit" N'süßbach MAI; *Hopfenegge* „besondere Egge, die sich nur für die Arbeit im Hopfengarten eignet" HORN Hersbr.Hopfenbauern 21.

[**Hunds**]**e.** **1** wie →[*Bett(er)*]*e.*1, °OB, °NB vereinz.: *Hundsekln* Tutzing STA; *Hundsegge* „zum Bearbeiten der Kartoffelbifänge" Pfeffenhsn ROL; „*Die Hundsáttn* ... besteht aus zwo mit einander verbundenen Eggen" SCHMELLER I,51.– **2** quadratische Egge, die an einer Ecke gezogen wird: °*Hundsegge* „wird an einem Eck angespannt" Endlhsn WOR.– **3** Egge mit zwei Griffen: °*die Hundseggen* „zum Hochheben" Arnstorf EG.

SCHMELLER I,51, 1128.

[**Leg**]**e.** wie →[*Bett(er)*]*e.*3: °*Liachain* „flache Egge, fast ganz aus Holz" Neualbenrth TIR.– Zu egerl. *Lege* 'breites, ebenes Ackerbeet' (BRAUN Gr.Wb. 365).

[**Löffel**]**e.** Egge mit löffelartigen Zinken: °*Lefflaidn* Moosham R; „Die Lücke zwischen Pflug und Zinkenegge schloß bereits damals die *Löffelegge*" 19.Jh. A. SCHLÖGL, Bayer. Agrargesch., München 1954, 81.

[**Lotter**]**e.** wie →[*Bockel*]*e.*: °*Lottregga* Bernbeuren SOG; „*Lotteregge* ... mit einem kufenartigen Griff ... mit dem sie, während sie über den Acker gezogen wird, gerüttelt werden kann" Schongau GEBHARD-SPERBER Geräte 36.– Zu →*lotter* 'locker'.

[**Zwie-männlein**]**e.** **1** wie →[*Bett(er)*]*e.*1, °OB, °NB, °OP vereinz.: *Zwiemandlögn* „zwei zusammengehängte Eggen" Hiesenau PA.– **2** wie →[*Hunds*]*e.*3, °OB, °NB, °OP vereinz.: °*Zwiemandlegge* „Egge mit zwei hörnerartigen Griffen" Innernzell GRA.

[**Mies**]**e.** Egge zum Beseitigen von Moos (→*Mies*) auf der Wiese: *mita Miasekn fårn* Kochel TÖL.

WBÖ V,1323.

[**Mist**]**e.** Egge zum Verteilen von Mist auf der Wiese, °OB, NB vereinz.: °*heng d Mistadd o!* G'holzhsn RO; „*mistat* ... Egge, die beim Düngen verwendet wird" BRÜNNER Samerbg 135.

WBÖ V,1321.

[**Rainlein**]**e.** wie →[*Bett(er)*]*e.*1, °OB, °NB vereinz.: °*Roidlan* „für Kartoffelbifänge" Wiesenfdn BOG.– Zu *Rainlein* (→*Rain*) 'Ackerbeet'.

[**Reiser**]**e.** wie →[*Dorn(en)*]*e.*: „Maulwurfshaufen auseinandergerecht ... Manche Landwirte benutzten zu dieser Arbeit die *Strauch*- oder *Reiseregge*, die aus abgehauenen Sträuchern zusammengebunden und manchmal mit einem Balken oder Feldsteinen beschwert ist" St.Englmar BOG VHN 94 (1968) 121.

[**Reiß**]**e.** schwere Egge mit großen, z.T. nach vorne gebogenen Zinken zum Aufreißen des Bodens u. Zerkleinern der Erdschollen, °OB, °NB, °OP, °SCH vereinz.: °*dein Brachacka muaß scho mit da Reißeggn daarwan, sunsch gibs koa rogligs Land* Tandern AIC; °*Reißaggn* O'empfenbach MAI; „Die beim Ackern entstandenen Schollen zerkleinerte man mit der groben *Reißegga*" WÖLZMÜLLER Lechrainer 78.– S. Abb. 21.

WBÖ V,1323.

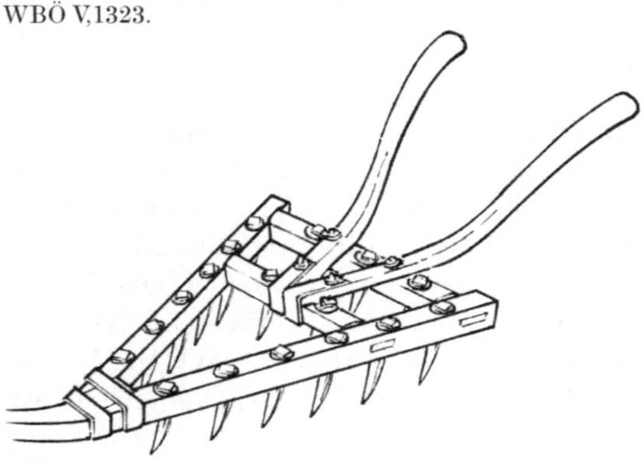

Abb. 21: *Reißegge*
(Pfarrkchn nach GEBHARD-SPERBER Geräte 35).

[**Riesen**]**e.** wie →[*Hunds*]*e.*3: °*Rejsnaidn* Deuerling PAR.– Wohl zu →*Ries* 'Griff an Pflug od. Egge'.

[**Riester**]**e.** wie →[*Hunds*]*e.*3, °OB, °NB vereinz.: °*Riastaand* Sandbach PA.– Zu →*Riester* 'Griff an Pflug od. Egge'.

[**Riß**]**e.** **1** wie →[*Reiß*]*e.*: °*Rißeggn* „mit sehr langen Zähnen" Weiherhammer NEW.– **2** wie →[*Bockel*]*e.*: „*Rißeign* ... mit einem kufenartigen Griff ... mit dem sie, während sie über den Acker gezogen wird, gerüttelt werden kann" OP GEBHARD-SPERBER Geräte 36.

[**Rühr**]**e.** wie →[*Bockel*]*e.*: °*Riaan* N'münchsdf VOF; *rīərekə* O'schondf LL nach SBS XII,79.

[**Rüttel**]**e.** wie →[*Bockel*]*e.*: °*Ritlegga* „hatten Ochsenbauern" Landsbg; „*Rüttelegge* mit Kufen" Amerang WS MESTEMACHER Arbeitsgerät Obb. 24f.

[Saat]e. wie →*[Bau]e.*, °OB, °NB, °OP, °MF, SCH vereinz.: *Såuteigng* „mit bis zu 5 Eggenteilen" Naabdemenrth NEW; *Soodeegla* Derching FDB; *sōteiŋ* „leichte Egge zum Eineggen des Saatgutes" nach LECHNER Rehling **268**.
WBÖ V,1323.

[Schar]e. Egge mit scharartigen Zinken: °*Schåreng* Hütting GRI.

[Schaufel]e., [Schäufelein]- Egge mit schaufelartigen Zinken: *Schäuflarn* Rgbg; „gewöhnliche Pflüge, *Schaufelegge* sind im Gebrauch" Salmannskirchen ED Handb. des größeren Grundbesitzes in Bayern, München **1907**, **116**.
WBÖ V,1323.

[Schlei(p)f]e. wie →*[Bockel]e.*: °*Schloipfaign* „reißt das Unkraut auf" Muckenbach ROD; *šlǫəvekŋ* Peißenbg WM nach SBS XII,79.

[Schlicht]e. wie →*[Acker]e.*: *Schlicht-ei(d)n* SINGER Arzbg.Wb. 58; *2 Egen und 1 Schlicht Egen, jedes mit seiner Zugehör* Selb **1672** SINGER Vkde Fichtelgeb. 55.– Zu →*schlichten* 'eggen'.

[Schlitten]e. wie →*[Bockel]e.*: *šlītəekə* Peiting SOG nach SBS XII,78.

[Schneid]e. wie →*[Reiß]e.*, °OB, °NB vereinz.: *Schneidan* „mit breiten Zähnen, zum Aufreißen vor der Saat, mit zwei Griffen" Simbach PAN; „Das ... Gerät nennt der Volksmund *Schneidegge*, obzwar dies streng genommen ein Kultivator ist" NB BJV 1966/1967,150.

[Stern]e. Egge mit sternartig angeordneten Zinken, OB vereinz.: *Schtearnekn* Kochel TÖL; *d'Sternagn* SIEBZEHNRIEBL Grenzwaldheimat 117.

[Stollen]e. wie →*[Reiß]e.*: *die Stolln-Ai(d)n* „hölzerne Egge mit eisernen Zähnen, die zum groben *Schlichten* [Eggen] verwendet wurde" SINGER Arzbg.Wb. 228.

[Stoß]e. wie →*[Reiß]e.*: °*Stoußarn* Perach AÖ.

[Strangen]e. wie →*[Bett(er)]e.*2: *štraŋəe̜kə* „schmal, für Kartoffel" Prittriching LL nach SBS XII,78.– Zu →*Strang* 'schmales Ackerbeet'.

[Streich]e. wie →*[Bau]e.*: °*Schdraicheka* Entraching LL; „Anschließend fuhr er ... mit der leichten *Schdreichegga* über den Acker und nahm den Biefängen die Spitze" WÖLZMÜLLER Lechrainer 85f.

[Streif]e. wie →*[Bau]e.*, OB, NB, SCH vereinz.: *nochm Sän weard dr Sauma mita Stroaföge eigöggt* Hfhegnenbg FFB; *šdrǫəve*[i]*kə* Kissing FDB nach SBS XII,79.
WBÖ V,1324.

[Wagen]e. wie →*[Bockel]e.*: °*Wongeng* Gerolsbach SOB.

[Wies(en)]e. Egge zum Beseitigen von Moos, Verteilen von Mist u. Einebnen von Maulwurfshügeln auf der Wiese, °OB, °NB, °OP, SCH vereinz.: °*Wiesnadn* Fraunbg ED; *d'Wiesöng* Mittich GRI; „Der ... Mist wurde mit einer von Zugtieren gezogenen *Wiesening* ... zerkleinert" REGLER Opf.Dorf 7.
WBÖ V,1324.

[Zwerch(st)]e. wie →*[Hunds]e.*2: °*Zweagsteng* „wird am Eck angespannt" Eppenschlag GRA; *dswe̜rχē*[i]*ŋ* Eurasburg FDB nach SBS XII,79.

[Zwie]e. wie →*[Bett(er)]e.*1: „die böse Trud im Stall ... die Weberin ... nahm ... eine *Zwiarn* und legte diese der verhexten Kuh so auf den Rücken, daß die Zähne aufwärts standen" Wichtleithen PAN WALTINGER Ndb.Sagen 67.
A.S.H.

eggen, eiden, -g-, -nen, atten, a(r)nen
Vb. **1** eggen, mit der Egge arbeiten, bearbeiten, °Gesamtgeb. vielf.: °*i fåhr aufs Fejd aussi zum Addn* Ebersbg; *hät wead g'eegt* Kötzting; *d'Wiesn iagnga* Naabdemenrth NEW; *égng, égngə˜* SCHMELLER I,51; *tear ekt haint* SCHWEIZER Dießner Wb. 25; *Adequauerit giegith* Tegernsee MB 2.H.11.Jh. StSG. I,606,17; *Am Montag daein mir akhern! am erchtag daein mir öng* LENGLACHNER Gesängerb. II,84.– Phras.: *dea åckat und iagnt mit oin* „tut mit einem, was er mag" Naabdemenrth NEW.
2 mit der Egge in den Boden einarbeiten, einbringen, OB, NB, OP vereinz.: *Miist önga* Haidmühle WOS; *Claudere eckan* wohl Frsg 9.Jh. StSG. II,353,6.

Etym.: Ahd. *eggen*, mhd. *egen*, Rückbildung zur Wz. von →*Egge*; Et.Wb.Ahd. II,956. Die Formen *eid(n)en* u. *eigen* sind jüngere Abl. von *Eide* u. *Eige* (Nebenf. von →*Egge*); WBÖ V,1328.

Ltg, Formen: (1) *egg(n)en*: *ēŋ*, *ȩ̄ŋ* u.ä. OB, NB, südl.OP, SCH (dazu EIH, HEB, HIP, N, WUG), *ēŋa*, *ȩ̄ŋa*, *e-* OB, NB, OP (dazu EIH), *ēŋna* (GRA, GRI; NEN), *ēŋan* (IN; DEG, KEH; AM, BUL, PAR, R, ROD), *ekŋ*, *ēgŋ* u.ä. OB, SCH (dazu KEH; PAR, SUL, WEN; REH; SC), *ekŋa* (GAP), *eka*, *ēga* u.ä. (FFB, LL, SOG, WM; A, DON, FDB), *ekan* (R), *ēx* (NM), *īŋ* MF, *īŋa*, *i-* OP, MF (dazu FO, PEG, WUN), *īgŋa* (FÜ), *īxŋ* (GUN, SC), *īxa* (FÜ), *iaŋ* (ESB, NEW, VOH), *iaŋa*

(ESB, KEM, NEW, TIR, VOH; BT, SEL, WUN);— Part.Prät. *gēgd*, *gekt* u.ä. OB, NB, OP (dazu MAK, REH; EIH, HIP, N, SC, WUG; A, DON, ND), *geχd*, *gẹ-* (WUG), *gēg*, *gek* u.ä. OB, SCH, *gekαt* u.ä. (LL, SOG), *gēŋd* OP (dazu IN, PAF, TS; DEG, PA, VOF, WOS; ND), *gēŋαd*, *ge-* (IN; DEG; BUL, R, ROD), *gegŋd* (NEW), *gīxd* MF, *gīgd*, *gi-* (ER, LAU; FO), *gīŋd*, *gi-* (AM, ESB, NM, SUL, VOH; HEB, N; FO, PEG), *giαŋd* (ESB, KEM, NEW, TIR, VOH; BT, WUN), *gigŋd* (PEG).— (2) *eid(n)en*: *ạtn* OB (dazu LA), *ạ̄n*, auch *ạ̄rn* (AIB, BGD, LF, RO, WS; KÖZ; ROD), *ạtnα*, *ạ̄dnα* (M; KÖZ), *ạ̄ndn* (ROL), *ạ̄nα* (MÜ; GRI, LA, PA, ROL; CHA, ROD), *aidn* (KEH, VIT), *aidnα* (MAL; R), *ain* (TIR);— Part.Prät. *gạt*, *gạ̄d* (AIB, MB, RO, TÖL, WS), *gạdnd* (TÖL), *gạ̄nd* (BGD).— (3) *eigen*: *ạ̄ŋα* (BGD; KÖZ, VIT; CHA, ROD), *ạkŋ* (TÖL), *aiŋ* OP (dazu REH; HEB, LAU, N), *aiŋα* (BUL, NEW, PAR; MAK);— Part.Prät. *gạ̄ŋd* (RO; KÖZ, VIT; CHA), *gạk(t)* (TÖL), *gaigd* (BUL, NAB, NEW, PAR; MAK), *gaiŋd* (OVI).

Schmeller I,51.– WBÖ V,1328-1330.

Komp.: [**ab**]**e. 1** wie →*e.*1, OB, NB, °OP vereinz.: *åönga* „um das Unkraut zu lockern und verdorren zu lassen“ Hiesenau PA.– Phras.: „begann bei günstiger Witterung das *Erdäpfel-o-inga* (das Abeggen der Erdäpfelbeete)“ Regler Opf.Dorf 17.– **2** durch Eggen einebnen, flacher machen, °NB, °OP, °OF, °MF vereinz.: °„ein zu hoch gebautes Ackerbeet wird mit der Egge *ogeggt*“ Eslarn VOH.– **3**: „häufeln im Kartoffelacker … *āē*^{i}*gə*“ Merching FDB nach SBS VIII,306.

WBÖ V,1330f.

[**anhin**]**e. 1** vor der Aussaat eggen, NB, OP vereinz.: *oiöng* Mengkfn DGF.– **2** im Voraus eggen: *heint af d Nåcht moa a ma schnöll no a weng onöegn, daß ö moagn eha featö wia* Herrnthann R.– **3** jmdm vorauseggen: *onöegn* „wenn zwei oder mehr Personen zugleich auf einem Feld eggen“ Herrnthann R.

[**auf**]**e. 1** durch Eggen entfernen, OB, NB vereinz.: *an Miast* (Moos) *aföng* Mengkfn DGF.– **2** über die aufgegangene Saat eggen, um sie von Unkraut zu befreien, OB, NB vereinz.: „die aufgelaufene Hafer- und Gerstensaat zur Hederichsvertilgung *auföggn*“ Mettenhm MÜ.

WBÖ V,1331.

[**aus**]**e. 1** auseggen, aus dem Boden herausholen, entfernen, OB, NB, OP vereinz.: *Eadepfl ausegn* Kochel TÖL; „Unkraut, Wurzeln *asianga*“ Floß NEW.– **2** durch Eggen von Unkraut befreien: „dieses verwilderte Feld muß gut *ausgengt* werden“ Tittling PA.– **3** zu Ende, fertig eggen: *as Ausegn* Kchasch ED.– **4** (eine Furche) an den Innenseiten eggen: °„die Furchen mit zwei schmalen, aneinandergehängten Eggen *auseggen*“ Hexenagger RID.

WBÖ V,1331.

[**ausher**]**e.** wie →[*aus*]*e.*1, OB, NB vereinz.: *iaz fahrts auße zon Eadepfeaußaeng und Nochaklaum!* Erding.

[**brach**]**e.** ein gepflügtes Brachfeld eggen, OB, NB, OP, OF vereinz.: *brochöge duat ma vorm Falge* Hfhegnenbg FFB; *bråuchianga* Wunsiedel; *brǫxekə* Ludenhsn LL nach SBS XII,64.

WBÖ V,1331.

[**drittel**]**e.** ein Brachfeld zum dritten Mal pflügen: °*drittlana* Essenbach LA.

[**ein**]**e. 1** wie →*e.*2, °Gesamtgeb. vereinz.: *Mist eieng* Erding; *däan Howan homa näa eigiangt* „nach dem Säen“ Wildenrth NEW; *ei:eeng* „Samen mit der Egge in den Boden einarbeiten“ Christl Aichacher Wb. 226.– **2** wie →[*ab*]*e.*2, °OB, °MF vereinz.: °*de Biffin wern eigagnt* Hirnsbg RO.

WBÖ V,1331f.

[**vor**]**e.**, [**für**]**- 1** wie →[*anhin*]*e.*1, °Gesamtgeb. vereinz.: *voaeng* „um die Bifänge vor dem Säen zu glätten“ Tittling PA; „der *Howan* wird oft ohne *Voareggna* gesät, *daß a täifta einikummt*“ Etzenricht NEW.– **2** wie →[*anhin*]*e.*3: „wenn mehrere im Feld eggen, muß der erste *vorengg*, die andern *nachöengg*“ Altötting.– **3** das Ende des Ackers eggen, wo der Pflug gewendet hat: *vireng* Erding.

WBÖ V,1332.

[**her**]**e. 1** mit der Egge bearbeiten, °OB vereinz.: *den Acker muaßi nomal richti hearöge* Hfhegnenbg FFB.– **2** übertr. die Meinung sagen, zurechtweisen: *den hams heagöggt* Hiesenau PA.

WBÖ V,1330.

[**nach**]**e. 1** ein zweites od. wiederholtes Mal eggen, mit der Egge bearbeiten, °OB, °MF vereinz.: „*nochögga mit Doaraschtauda*, damit das Feld *schö eiöbnat* (eben wird)“ Peiting SOG.– **2** nach der Ernte eggen, auseggen.– **2a** (ein Kartoffelfeld) nach der Ernte eggen, um die übrigen Kartoffeln an die Oberfläche zu bringen, herauszuholen, °OB, °NB, °OP, °MF, °SCH vereinz.: °„das Feld wird *nachgiecht*“ Regelsbach SC.– **2b** (die übrigen Kartoffeln) nach der Ernte durch Eggen an die Oberfläche bringen, herausholen, OB,

SCH vereinz.: „Kartoffeln *nocheng*“ Haimhsn DAH.– **3** nach der Aussaat eggen, einarbeiten.– **3a** nach der Aussaat eggen, um den Samen in den Boden einzuarbeiten, einzubringen, °OB, OP, °MF vereinz.: °*noenga* „nach dem Säen von Hafer“ Schützing AÖ.– **3b** ein zweites Mal nach der Aussaat mit der Egge in den Boden einarbeiten, einbringen: *i muaß mein Sauma of dem Acker nomol nochöge* Hfhegnenbg FFB.– **4** eggen, nachdem die Saat aufgegangen ist: *nocheegn* „bei Sommergetreide“ Derching FDB.

WBÖ V,1332.

[nachhin]e. 1 wie →*[nach]e.*1, OB, NB, OP vereinz.: *nachööng* „einen schweren Boden wiederholt eggen“ Mittich GRI.– **2** jmdm od. etwas hinterhereggen, OB, NB, OP vereinz.: *nach da Maschi nachiegnan* „hinter der Sämaschine“ Adlersbg R.– **3** nach dem Pflügen eggen, OB, NB vereinz.: „pflügen, *nachööng*, säen, *änöng*“ Zandt KÖZ.– **4** wie →*[nach]e.*2a, °NB, °OP vereinz.: °*nache-eng* „um die beim Klauben übersehenen Kartoffeln herauszueggen“ Pfarrkchn.– **5** wie →*[nach]e.*3a, °NB vereinz.: *nachööng* „nach dem Säen“ Mengkfn DGF.

[nieder]e. wie →*[ab]e.*2, °OB, NB vereinz.: °*d'Agga niedaeng* „Schollen einebnen“ Rechtmehring WS.– Phras.: *d'Eadöpfö niedareng* „Kartoffelbifänge eggen“ Mengkfn DGF.– *Dea hot da dei Leitn sche nidagegt* „dein Gesicht mit den Fingernägeln zerkratzt“ Erding.

[reiß]e. mit der schweren Egge (→*[Reiß]egge*) bearbeiten, den Boden aufreißen u. die Erdschollen zerkleinern, °OB, °NB, °OP, °SCH vereinz.: °*er tuat reißeggn* Taching LF; °*den Acker reißeggn* „mit einer Egge, die senkrechte Zähne hat“ Ried FDB.

[ritz]e. 1 wie →*[reiß]e.*, °OB, °NB vereinz.: *rizzehgn* „*Rizzagga* (umgebrochene Halmacker) eggen“ Maximilian MÜ.– **2** wie →*[anhin]e.*1, °OB, °OP vereinz.: °*ritzeggen* „mit der leichten Saategge“ Barbing R.

[über]e. 1 (eine Fläche) mit der Egge bearbeiten, OB, °OP vereinz.: °*da Båa håt de ganz Brätn mit da And iwagegt* O'nrd CHA.– **2** wie →*[auf]e.*2: „die Saat *iwarögna*, um den Hederich herauszureißen“ Stadlern OVI.

WBÖ V,1332.

[zwer(ch)]e. quer zur Längsrichtung eines Feldes eggen, °OB vereinz.: °*zweregn* Taching LF; *zwere enga, zweran* „quer eggen“ Spr.Rupertiwinkel 102. A.S.H.

Egger(er), †Egeder

M. **1** †zum Eggen, Pflügen gebrauchtes Ackerpferd: *Erpicariv egedari* 9.Jh. StSG. III,448, 16; *Arpagarius egidare* Aldersbach VOF 12./13.Jh. StSG. III,79,24; *Egdär* 15.Jh. StSG. III, 79,26.

2 Arbeiter, der eggt, °NB vereinz.: °*Eggara* Passau.

Etym.: Ahd. *egidâri, -eri*, mhd. *egedære* stm., Abl. von →*Egge*; vgl. Et.Wb.Ahd. II,959. Bed.2 wohl jüngere Abl. von →*eggen*; WBÖ V,1333.

WBÖ V,1332f.

Komp.: **[Vor]e.** Arbeiter, der vor der Aussaat eggt: *da Vuaröga* „besorgt das erste Eggen nach dem Pflügen“ Zandt KÖZ. A.S.H.

Egidi →*Ägidius.*

Eglfing

ON, Heil- u. Pflegeanstalt, in Phras.: „*Sie g'hör'n nach Eglfing* ... Zweifel an der Zurechnungsfähigkeit des andern“ KRAUT-WÜRSTL Frauentürme 50.– Scherzv.: °*Eglfing, reiß s Türle auf, der XY kimmt im Dauerlauf!* Frsg. A.S.H.

eh, ehe

I Adv.– **1** früher, vormals, einst, OB, NB, OP vereinz.: *sua haut ma öih gsågt* Naabdemenrth NEW; *e* „vordem“ nach DENZ Windisch-Eschenbach 127; *sîd tu nu bezzerra bist, danne du e uuarest* Wessobrunn WM 1.H.11.Jh. SKD 156,8f. (Predigtslg A); *swaz Verlehendes gůtes dar Vnder ist/ daz man ê Von den slehedorfern gehabt hat* Passau 1290 Corp.Urk. II,492,1f.

2 vorher, zuvor, ä.Spr., in heutiger Mda. nur im Komp.: *vn[d] sůln si leisten als ê geschriben ist* Rgbg 1293 Corp.Urk. III,117,25f. A.

3 †zeitiger, zu einem früheren Zeitpunkt: *Ist, daz dich der wolf ê sicht wann du in* KONRADVM BdN 173,4; *Es sol auch der selb chapplan sein messe auf dem vor genantem alter nicht e an heben ze singen* 1337 Landshuter Urkb. 230.– Auch frühzeitig: *swer die selben tugent gelernet unde sie beheltet wol, der gelernet die andern alle samt deste ê und deste sanfter* BERTHOLDVR I,444,33-35.

4 †lieber, wahrscheinlicher, leichter: *Sô nimest dû ê ûf an dîner sünde danne abe* BERTHOLDVR I,555,13; *si ... möcht dem zorn irs herren und*

vatters … dest ê entrinnen Aventin V,70,7-9 (Chron.).
5 ohnehin, sowieso, °OB mehrf., °NB, OP vereinz.: *woaßt as eh* Passau; *Dee hom eh nix zlacha* Ilmberger Fibel 54; *Er wiß ÿe nichts* 1599 Stadtarch. Rosenhm PRO 140, 186.
II Konj., auch in der Fügung *e. daß*, in ä.Spr. auch *e. und*.– **1** temporal, bevor, vor dem Zeitpunkt, da, °OB, °NB, °OP, °OF vereinz.: °*s Markl muaßt heit zwoamoi umdrah, ehstas ausgibst* Grafenau; *e dåsen kseŋ hån* nach Kollmer II,100; *e dás ə' kemə˜-r-is* Schmeller I,4; *unte si* [die Gerechten] *doh dara* [in das Himmelreich] *nieth nichomen, e der filius dei her in uuerlt chom unte in iz intlouh mit sinera martyre* 11.Jh. SKD 170,71f. (Predigtslg B); *wizze, ê ez ergê, daz der mennessce getőt* Spec.Eccl. 110, 5; *Aber ê und si auß der stat Babylon kamen, war zum andern mal ein grosse aufruer* Aventin IV,374,20f. (Chron.).
2 temporal mit konditionalem Nebensinn, einen verneinten Gliedsatz einl. bei gleichfalls verneintem Hauptsatz, solange, NB vereinz.: *et daß ös nöt seg* [, glaube ich es nicht] Hengersbg DEG.
3 die Aussage des Gliedsatzes ausschließend, meist in den Fügungen *e. (daß / vor) … eher / ender / lieber*, bevor, anstatt, statt daß, NB, °OP vereinz.: °*äi i s Geld vasaff, kaff ama löiba an Schnaps!* Weiden; *e vor I das thät, ließ I mi' umbringə˜* Schmeller I,4.
4 eine proportionale Beziehung zw. zwei Kompar. herstellend, in den Fügungen *e. … e. / mehr …* je … desto …, °NB, OP vereinz.: *„äi bätata, mea taiflischa,* auch *äi efta daß man Dreek afriat, äi mea schtinkt a“* Bruck ROD.
III Präp. mit Gen., Dat., †temporal, vor: *De nocte … e tages* Windbg BOG 12.Jh. StSG. I, 378,23f.; *Darvmb … můzz der mensch oder daz tyer ê der zeit sterben* KonradvM BdN 164, 22f.; *ich sag euch, das ir morgen die purgk gewinnet ee vesper* Füetrer Lanzelot 29.

Etym.: Ahd., mhd. *ê*, Rückbildung zum Kompar. →*eher*; Pfeifer Et.Wb. 261f.

Delling I,145; Schmeller I,4.– WBÖ V,1247-1256.

Komp.: †[**am**]**e.** wie →*e.*I,2: *əmèa* „davor, vorher“ Obere Isar Schmeller I,4.

Schmeller I,4.– WBÖ V,1257f.

[**an**]**e. 1** wie →*e.*I,1: *anéh* „einst, früher“ Passau.– **2** †wie →*e.*I,2: *'ənèi* „vorher, zuvor“ OP Schmeller I,4.

Schmeller I,4.– WBÖ V,1258f.

[**dem**]**e.**, [**den**]- **1** wohl wie →*e.*I,2: *deanöih* Naabdemenrth NEW.– **2** †wie →*e.*I,5: „ohnehin, *dés waes I demèə*“ Schmeller I,4.

Schmeller I,4.– WBÖ V,1259.

[**von**]**e. I** Adv.– **1** seit jeher, langem, °OB, °NB, °OP vereinz.: *des hiat i vonea wissn soin* „immer schon“ Kochel TÖL; °*bei uns is dös scho voneh der Brauch* Fürstenstein PA; *aso is fanē gwēn* nach Dietl Erg.Schmeller II,6.– **2** vor kurzem, gerade erst, vorhin, °OB vereinz.: °*hast du den Hans gseng? – Ja, voneh is er vorbeiganga* Hohenwart SOB; *Grod vonea is er do g'wen* Schilling Paargauer Wb. 105.– **3** wie →*e.*I,1, °OB, NB, °OP, °SCH vereinz.: °*es is, seit d Mutter gstorbn is, nimma wia voneh* Frsg; *Hernach wia voneh'* Feller G'fühl 115.– **4** zuerst, vorher, °OB, °NB, °OP, °OF vereinz.: *voneh kimm i* Wasserburg; °*dös is a schwoara Oacker, den muaßt schoa vaneh guat herrichtn, noacha kannst erst dreiöbauh* Limbach PA; *Mir hom … drei Garm ghult und aaf ihn draafgschmissn, ower vonäi nu zon Christian gsagt: „Halt ja daa Maal!“* Schemm Stoagaß 50; *vənèi* OP Schmeller I,4; *richte vonehe die Suppen an/ und lege die gespickte Sachen erst hernach darauf* Hagger Kochb. I,1,37.– **5** wie →*e.*I,5, °OB mehrf., °NB, °OP vereinz.: °*dös woaß i voneh* (sowieso), *wosd do gsagt host* Ismaning M; *dös höist vanöih wissn kinn!* Naabdemenrth NEW; *Aber i glaub' ja enka* [euer] *G'wasch voneh net* Meier Werke I,107.– **II** Konj., wie →*e.*II,1, °OB vereinz.: °*voneh i ofang, tuar i no was anders* Dürnbach MB; *Bin aa' richti', voneh' no' d' Sunn' aufganga is, mit mein' Zwilling unter der Lindn g'seßn* Kobell Schnadahüpfln 83.

Schmeller I,4.– WBÖ V,1259f.

[**vor(n)**]**e. I** Adv.– **1** wie →*e.*I,1, °OB, °NB, °OP vereinz.: °*voreh hama 3 Ehalten ghabt* Aich VIB; °*voreh woars halt a so* O'viechtach.– **2** wie →[*von*]*e.*I,1, °OB, °NB, °OP vereinz.: °*des is voreh an oida Bra* Grafenrd VIT.– **3** wie →[*von*]*e.*I,4, °OB, °OP vereinz.: *voreh host aso gsagt und jetzt sogst wieda anderst* Schrobenhsn; °*i muß no vorneh das tun* Falkenbg TIR; *Der hot's voreh scho gsehng, daß's schiaf geht mit den Kriag* Graf Flechting 127.– **4** zu früh, frühzeitig: *Bloß koan Tropfa voreh verschlucka* O.M. Graf, Minutengesch., Berlin 2017, 113.– **5** wie →*e.*I,5: °*des hätt der ja vornej net tan* Döfering WÜM; *I trau mir's halt nöd z' sag'n, aber du woaßt es ja voreh* Oberpfalz

1 (1907) 92.– **II** Konj., wie →*e.*II,1: *sagte die Fanny noch, voreh sie ins Bett stiegen* GRAF Dekameron 47.

[**zu**]**e.** **1** wie →*e.*I,1, °MF vereinz.: °*zäi* früher Suffershm WUG; *dsẹi* U'mässing HIP nach SMF VIII,185.– **2** wie →[*von*]*e.*I,4, OP, MF vereinz.: *zej moust zohln, nācha khoust göi* Stadlern OVI; *zèi* „vorher, zuerst" OP SCHMELLER I,4.

SCHMELLER I,4.– WBÖ V,1260f. F.M.E.

eha, Zuruf an Zugtiere, →*öha.*

Ehe

F. **1** Gesetz, Brauch.– **1a** †Gesetz, Gebot Gottes: *decalogū ... cehan uuo[r]t aeuua* wohl Rgbg 1.H.9.Jh. StSG. I,102,34f.; *bi der e, diu got gab herm Moisy uf dem perge Sinay* 1300-1312 Stadtr.Mchn (DIRR) 285,22f.; *das er nach christenlicher ee nach tod si liess pestaten zu der erden* FÜETRER Persibein 62,231.– Phras.: *alte / neue E.* altes / neues Testament, Teil der Bibel: *nu zeigt uns mein træchtein mit sinen heiligen worten aver baz wie unser recht in der niwen e ůber ... treffen schůl ir recht die in der alten e waren* O'altaicher Pred. 134,23-25; *Der verdulmäzt die ganz bibl, die alten ê auß dem brun und grund der warhait der jüdischen sprach* AVENTIN IV,1125,18f. (Chron.).– **1b** †Gesetz, Recht allg.: *lex ... aeuua* wohl Rgbg 1.H.9.Jh. StSG. I,84,20; *si behielten auch der gebůrtlichen e nicht: daz du dir nicht wellest tůn, daz entů auch niement* O'altaicher Pred. 165,27-29.– **1c** alter Brauch, Altbekanntes, nur in Phras. *alte E.*: „*dēs is œn aide ē* ... längst bekannte Tatsache" nach DIETL Erg.Schmeller II,6; *des is ən alde ê* „das ist ein alter Brauch, war von jeher so, versteht sich von selbst" Passau Sb Mchn 1887,2.Tl 408.

2 †Religion, Glaube: *Ez gêt niht weges zem himelrîche ûz der heidenschaft noch ûz der jüden ê* BERTHOLDvR I,357,6f.– Auch sakramentale Handlung: *ir pfarrer, ir sult sie alle ze bîhte trîben und swer niht alliu jâr bîhte, dem sult ir kein gotes ê niht tuon* BERTHOLDvR II,224,5-7.

3 †Stand, rechtliche Stellung.– **3a** Stand, Gesellschaftsschicht: *Wan got drey ê gesetzet hât ... deu êrst daz sint wiertleut ... di ander ê daz sint di phaffen ... di dritt daz sint di ritter* Frsg. Rechtsb. 68.– **3b** rechtliche, gesellschaftliche Stellung: *arplihhero ... êho* Tegernsee MB 2.H. 11.Jh. StSG. II,130,39f.; *joch heizest dû dar umb ein êhalte, daz dû dîne ê behalten solt mit triuwen* BERTHOLDvR I,85,25f.

4 †Beschaffenheit, Wesen, Art: *Des paumes zåher* [Harz] *... zerpricht sein e, wenn man andern zaher dar zů mischet* KONRADvM BdN 389,2-6.

5 Ehe, Ehebund, °OB, NB, OP, OF, SCH vereinz.: *ebbes mit ind Eh bringa* Ingolstadt; „*d Ej* sagen alte Leute, *d Eh* neuere Aussprache" Höhenstadt PA; *die Äih* SINGER Arzbg.Wb. 18; *Swenne man wil ainen brvder ... enphahen in daz spital, so sol der maister in dem capitel ... in vragen, ob er sie an der ee* Eichstätt um 1250 Sammelbl.HV.Eichstätt 64 (1971) 5 (Spitalregel); *Der bischof sagt, es wär kain ee, möcht auch kaine sein, dan die ee wär von der kinder wegen* AVENTIN V,491,15-17f. (Chron.).– Phras.: *alte E.* (→*Altee*) Eibisch.– *Wilde E.* Lebensgemeinschaft, die nicht gesetzlich od. kirchlich anerkannt ist, °OB, NB vereinz.: °*des is a wejde Ehe* Halfing RO; *a wuide ēe* Weilhm nach SBS II,508.– (*Ein Kind*) *aus / außer der E.* außereheliches, uneheliches Kind, OB, NB, OF vereinz.: *den Buam håds áus da r Eh ghåbd* Höhenstadt PA.– *z· èi gébm* „trauen" OP SCHMELLER I,4.– *Aus der E. gehen* Ehebruch begehen, °OB, °NB vereinz.: *as da r E gön* St.Englmar BOG;– *die E. biegen* u.ä. °OB, °NB, °OP, °OF, °MF vereinz.: °*die Nachbarin biagt d Eh!* Hacklbg PA;– mit anderen außer dem Ehepartner kokettieren, °OB, °NB, °OP, °MF vereinz.: °*d Eh brecha, na des tua i nöt, owa a weng biang* Straubing;– °*Ehe biegen ist besser als Beine brechen* Fischbach ROD.– Reim: *E. – wehe!* u.ä. OB, OP vereinz.: *Ej – owej!* Stadlern OVI.

Etym.: Ahd. *êwa, êwî*, mhd. *ê, êwe* stf., westgerm. Wort wohl idg. Herkunft; Et.Wb.Ahd. II,1173-1175.

SCHMELLER I,4-6; WESTENRIEDER Gloss. 119, 141.– WBÖ V,1244-1246.

Abl.: *Ehehaft, ehehaft, Ehehäfter, ehehaftig, ehehaftlich, ehelich, ehelichen.*

Komp.: [**Jung-frau**]**e.** Josefsehe: *Jungfrauej* Beilngries.

†[**Gottes**]**e.** wie →*E.*1a: *wolten dyselben des wider seyn, so soll man sy darzu nötten mit der Gotzre* [*Gotze*], *und sullen darzu aus der Bruderschafft gestossen sein* Vornbach PA 1255 MB IV,170; *di bestätigkayt, di sy darüber haben oder mögen geberben von dem babst mit dem pan oder mit der gocẑe* ARNPECK Chron. 564,6f.

SCHMELLER I,5, 959; WESTENRIEDER Gloss. 119.– WBÖ V, 1246.

†[**Haus**]**e.** Hausfrieden: *ob ein burger einen trunkenen Mann aus seinem Haus stosse oder treibe ... umb einer Haus-Ehe willen ... daß er ... des unentgolten sein* Landshut 1344 VHN 22 (1882) 168.

[**Josefs**]**e.** **1** wie →[*Jung-frau*]*e.*, OB, NB, OP vereinz.: *wenn ma in Onfang a Josäfsei machd, soid ma vü Gligg hom* Beilngries.– **2** kinderlose Ehe, OB vereinz.: *Josefsä* „nicht mit Kindern gesegnet" Kchasch ED.

WBÖ V,1246f.

[**Ver-nunft**]**e.** Vernunftehe, OB, NB, OP vereinz.: *Vonunfteh* Tittling PA.

[**Schand**]**e.** Lebenspartnerschaft, die nicht gesetzlich od. kirchlich anerkannt ist: *Schandej, wenn öi nöd vaheiirad san* Beilngries.

†[**Un**]**e.** wie →[*Schand*]*e.*: *dû solt niemannes lîp ze unkiusche begern, daz ist ze unê* BERTHOLDvR II,199,28f.; *es sind drei sünd: ubel schwern ... und eeprecherei und offenlich an der unee sitzen* EBRAN Chron. 4,22-25.

WESTENRIEDER Gloss. 119.– WBÖ V,1247.

†[**Winkel**]**e.** heimlich vollzogene Ehe: „Wegen der *Winkel-Ehen* wurde ... beschlossen, daß ... die hiesigen ... mit ... Arrest und Zahlung ... zu belegen sind" Arzbg WUN 1820 SINGER Armut im Sechsämterld 132; *ir frouwen ... hüetet iuch vor der winkelê* BERTHOLDvR I,318,3f.; *daß solche Winckel Ehe/ wider die Gebott Gottes/ Bürgerliche Zucht/ vnd geschriebene Rechten* Churfürstlicher Pfaltz vernewerte Ehe- vnd Ehegerichts Ordnung, Amberg, 1606, 12.

WBÖ V,1247.

[**Zivil**]**e.** Zivilehe, standesamtlich geschlossene Ehe ohne kirchliche Trauung, OB, NB, OP vereinz.: *a Zifileh is nia nix gscheids it* [nicht] Kochel TÖL.

WBÖ V,1247. F.M.E.

†**Ehehaft**

F., N. **1** Religion, Glaube: *pro relegione fora aehafti* wohl Rgbg 1.H.9.Jh. StSG. I,96,29.

2 Recht, Vorrecht, Satzung.– **2a** Recht, Pflicht, Dienstbarkeit: *Sölicher gnad danckperlich ... wil er seinen gn. herrn ... alltzeit dienstper ... v. in aller Schararbaytt, Ehaft v. gewonhaiten ... gehorsam ... seyn* Indersdf DAH 1450 OA 24 (1863) 318.– **2b** Gerechtsame, Vorrecht, Privileg, bes. für best. Gewerbe: *Sy mügen ... alle ehaft, als tafern, schmidt v. das padhaus zu Randolczried ... verleihen v. hinlassen, wem sy wellen* Indersdf DAH 1447 OA 24 (1863) 304; *die sogenannte vier Ehehaften, nemlich Schmidt-Mühl- Bad- und Tafern-Gerechtigkeit* Landr. 1756 155.– **2c** Satzung, Sammlung aller Rechte u. Pflichten einer Gemeinde u. ihrer Mitglieder: *Schmidt, Pader unnd Hietter sollen, wie vor Alter herkhommen, der Ehafft gemäß arbaiten, paden unnd hietten* Schönach R 1599 HARTINGER Ordnungen III,112.

3 ordnungsgemäße Leistung, Abgabe: „So ... besteht die jährliche *Ehaft*, welche der *Ehaft-Schmid* von jedem Hofe der Gemeinde bezieht, in einem Quantum Getreides, wogegen er verpflichtet ist, die Pflugscharen umsonst zu dengeln" SCHMELLER I,7; *daß sye den gewesten Schmidt Maister Franzen angeredt, solle khommen unnd bey ihnen das Ehehafft abhollen* Bodenstein ROD 1675 HARTINGER Ordnungen III,290.

4 mit best. Rechten ausgestattetes Grundstück: *die Tafern v. holtzmark ... mit allen ehafteu v. purckstalen, alles gelegen daselbs zw Weyren* Indersdf DAH 1435 OA 24 (1863) 250.

5 Gemeinde, an best. Rechte u. Pflichten gebundene Gemeinschaft: „Die ehmalige Kloster-Hofmark Dietramszell heißt bei den Anwohnern ... die *Ehaft*" SCHMELLER I,7; *dasselb gelt sůllen sie an irs dorfs eehafft vnd gemayn legen* 1459 Urk.Heiliggeistsp.Mchn 488.

6 ordnungsgemäße Gerichtsverhandlung: *so ist auch ain jeder schuldig, der im Gericht Razmanstorff wondt ... zu disen dreyen gemelten Ehehafften zu geen* Windf VOF um 1550 HARTINGER Ordnungen III,158.

7 rechtlich begründbare Zwangslage, triftiger Hinderungsgrund: *wer die Versamblung Im Capitel ohne Eehaft versaimbt, der soll Jedesmal zween Kraizer in die gemain Pixen geben* Schwabing M 1582 OA 85 (1962) 14.

Etym.: Ahd. *êohaftî* stf., mhd. *êhafte* stswf., Abl. von →*Ehe*; [2]DWB V,127.

DELLING I,145f.; SCHMELLER I,6f.; WESTENRIEDER Gloss. 121.– WBÖ V,1343. A.S.H.

†**ehehaft**

Adj. **1** rechtmäßig, rechtsgültig, ordnungsgemäß: *Swo ein lantstrazz oder ein ehafter wagenweck durch ein velt oder neben einem veld get* Obb.Landr.1346 100; *ihrer Kinder ehehaften gebührenden Theil* Landshut 1512 BLH XVIII,384.

2 berechtigt, privilegiert, mit best. Rechten u. Pflichten ausgestattet: *ein ehehaftes Handwerk, ein ehehaftes Bad, eine ehehafte Tafern* DELLING I,146; *ein mül ... zu pawen ... als ein Ehaffte mül Dar Inn zu malen* Schamhaupten RID 1497 MB XVII,425.

3 rechtlich begründbar, entschuldbar, triftig: *ehafter Schaden* „der ... gesetzlichen Anspruch auf Erlassung von Abgaben begründet, z. B. Brand, Hagelschlag" SCHMELLER I,7; *Ob der hantfridbræch man/ ehaft not bewæret* Rgbg 1281 Corp.Urk. I,413,23f. A; *ez sûllen di pekchen an der heiligen samptztagenacht nicht pachen, ez sei dann von rechter ehaffter not* Mühldf 2.H.14.Jh. Chron.dt.St. XV,396,5f.; *Wan ein wachter seine wacht aus ehehaffter vrsach nit verrichten khan* Berchtesgaden 1691 WÜST Policey 350.

Etym.: Ahd. *êohaft*, mhd. *êhaft*, Abl. von →*Ehe*; ²DWB V,126.

DELLING I,145f.; SCHMELLER I,6f.– WBÖ V,1343. A.S.H.

†Ehehäfter

M. **1** Mitglied einer Gemeinde, an best. Rechte u. Pflichten gebundenen Gemeinschaft: *der Ehäfter* „Einwohner dieser Hofmark" Dietramszell WOR SCHMELLER I,7.

2 Beamter in einer solchen Gemeinde: „In den Landgemeinden ... heißen die jährlich gewählten Beamten ... *Ehäfter*" EIH SCHMELLER I,7.

SCHMELLER I,7. A.S.H.

†ehehaftig, -häftig

Adj. **1** rechtmäßig, rechtsgültig, ordnungsgemäß: *daz die Rihter drev ehaftigev/ taidinch/ svllen haben/ in dem jar* Rgbg 1299 Corp.Urk. IV, 454,2; *so habent ferzirt* [verwendet] *dy forsprechen vmb ehäfftig täding xliiij dn* Rgbg 1408 Stadtarch. Rgbg Cam.7, fol.26ʳ.

2 rechtlich begründbar, entschuldbar, triftig: *wær aber daz der vîrr ainer/ angeværde/ bei der schiedvnge/ niht gesein mæhte/ vor ehaftiger not* Neuburg 1296 Corp.Urk. III,499,7f.; *Ez wär dann so vil ob schauer, Pisez* [Mißwachs] *... oder ehaftiger schad auf den ... hof v. lehen chamen* Indersdf DAH 1380 OA 24 (1863) 120.

Etym.: Mhd. *êhaftec*, Abl. von →*Ehe*; ²DWB V,129.
A.S.H.

†ehehaftlich

Adj., rechtmäßig, rechtsgültig, ordnungsgemäß: *Ehafftliche Recht und Gerechtigkhait ... bey der Schmidt zu Saalach* Sallach MAL 1628 HARTINGER Ordnungen III,462.

Etym.: Ahd. *êohaftlîh*, mhd. *êhaftlîche*, Abl. von →*Ehe*; ²DWB V,129.

SCHMELLER I,8. A.S.H.

ehelich

Adj. **1** †gesetzlich, gesetzmäßig, rechtsgültig: *Legalis eliherman* Passau Mitte 9.Jh. StSG. IV,244,5; *Die bemelten von Ainling sollen ... elich Recht haben* Aindling AIC 1479 LORI Lechrain 208.

2 ehelich.– **2a** aus einer Ehe stammend, OB, NB, OP, OF, SCH vereinz.: *eelögö Kinda* Mettenhm MÜ; *a äihles Kiid* Lauterbach REH; *Der Lehrjung muß ehlich und ehrlich geboren sein* Frsg 1588 ZILS Handwerk 93.– Auch †aus rechtmäßiger Ehe verwandt: *daz er vater und muoter niht êlîche wolte hân?* Kaiserchr. 257, 9546.– **2b** die Ehe betreffend, OB, NB, OP vereinz.: *in ehelichn Friedn lebn* Wasserburg; *wir sv̊len och niemen hie ze Mv̊nichen ... ze elichem hyrat dwingen* Mchn 1294 Corp.Urk. III,229 44-46 A; *und gab's ein seim sun Heleno, den er bei künig Agathocles tochter êlich erworben het* AVENTIN IV,401,7f. (Chron.).– Auch †die Hochzeit betreffend: *Wir feiern heute wiederum ein freudenvolles, eh'liches Fest* STA 1861 OA 121 (1997) 110.– **2c** †angetraut, durch die Ehe verbunden: *ich Hanns der Graner ... das ich versprochen han, junkchfrawn Chlaren ... ze nemen zů einer elichen wirttynn* 1390 Runtingerb. II,18; *ein Weibsperson/ die einen Ehelichen Mann hat* Landr.1616 129.– **2d** für die Ehe bestimmt, ihr vorbehalten: *wenn oi ned vaheiad san und doch ejlinga Vakher hom midananda* Beilngries; *das Ehelich bett* „coniugalis torus" SCHÖNSLEDER Prompt. M2ʳ.

Etym.: Ahd. *êolîch, êuuîlîh*, mhd. *êlich*, Abl. von →*Ehe*; ²DWB VII,132

SCHMELLER I,8; WESTENRIEDER Gloss. 125.– WBÖ V, 1636.

Komp.: [**außer**]**e.** **1** außerehelich, außerhalb einer bestehenden Ehe, OB, NB, OP, OF vereinz.: *dö sant außaelich* während der Ehe von anderer Mutter Mittich GRI.– **2** aus der Zeit vor der Eheschließung stammend: *aßaäilia Kinna* „vor der Ehe geborene" Leupoldsdf WUN.

WBÖ V,1637.

[**vor**]**e.** wie →[*außer*]*e.*2, NB, OP vereinz.: *voreheliche Kinder* „vom ersten Mann oder der ersten Frau" Triftern PAN.

†[**leib**]**e.** wohl leiblich, blutsverwandt: *kaiser Philippen ... ward den Römern so feind, das*

er seim aigen leibêlichen sun Demetrion ... mit gift vergeben ließ AVENTIN IV,469,24-28 (Chron.).

[**un**]**e. 1** †unrechtmäßig: *ainer, der vneelich säs oder des Jars seine pfärrliche recht nicht täte* Rgbg 1514 VHO 16 (1855) 204.– **2** außerhalb einer Ehe geboren, nicht ehelich, OB, NB, OP, OF, SCH vereinz.: *sie is halt a unehlichs Kind* Haag WS; *des Kind hots unehlö ghot* Tittling PA; *vnehelichen Kinder ... Etliche sein auß zwayen ledigen Personen* Landr.1616 364.– **3** unverheiratet, nicht in einer Ehe seiend: *unehle* „eine ledige Person" Erding.

WBÖ V,1637. F.M.E.

ehelichen

Vb., in heutiger Mda. nur im Komp., ein Kind durch Heirat legitimieren, rechtlich anerkennen: „ließ ich ... immer mehr den Gedanken reifen, mein Kind ... zu *ehlichen*, nemlich die Mutter – zu heirathen" 1829 SCHMELLER Tageb. II, 84; *sullen die vodern* [vorehelichen] *chint daz erbtail nemen mit den lesten* [in der Ehe geborenen]*? ... Jâ, wan deu ê sôgetân chraft hât, dâ si geêligt sint mit der ê* Frsg.Rechtsb. 178.

Etym.: Mhd. *êlichen*, Abl. von →*Ehe*; [2]DWB VII,134.

Komp.: [**ver**]**e.** verheiraten: *verehlinga* Arzbg WUN; *vergangen Fasnacht sey es 20 Jahr gewest, do er sich zu seinem Weib verehelicht* SINGER Hochzeit 23; *verEhlichen* „matrimonio coniungere" SCHÖNSLEDER Prompt. M2[r].

WBÖ V,1637. F.M.E.

ehend, jenseits, →[*en*]*halben*.

eh(e)nder, eher, früher, →*ender*.

Eher →*Ähre*.

eher, eh(e)rer

I Adv.– **1** in komparativer Bedeutung.– **1a** zeitiger, zu einem früheren Zeitpunkt, °OB, °NB, °OP vereinz.: *du moust eja khuma* Stadlern OVI; *Heint is Freita! Daou häjert der Michl doch äihara aaf in der Fawrik!* SCHEMM Neie Deas-Gsch. 94.– Phras.: *Die Uhr gäiht fünf Minu(t)n äijara* „geht vor" SINGER Arzbg.Wb. 18.– **1b** lieber, wahrscheinlicher, leichter: *eh i dem nuamal a guats Wort gib, eher verhungert i* Passau; *Unkraud várdirbt niad, schéyßt àir zwoamál af* Ambg nach SCHÖNWERTH Sprichw. 63.– Phras.: *äijara wöi niat* „(eher als nicht), sicherlich, am Ende doch" SINGER Arzbg.Wb. 18.

2 früher, vormals, einst: °*dös is bei uns ega anders gwön!* Wildenranna WEG; *der tiuual ... hapet in ruouu rahono ueliha* [zählt jede Sache], *daz der man er enti sid* [später] *upiles kifrumita* [anrichtete] 9.Jh. SKD 70,68-70 (Muspilli).

3 †vorher, zuvor: *Si ante cerneret ubieriz er kisahi* Frsg 9.Jh. StSG. II,166,58.

4 †schon längst: *Iam dudum ... iu er* Rgbg 1.H. 9.Jh. StSG. I,197,3f.

5 annähernd, fast: *Mil(ch) hot dessej ... ejer mehra gebm* Bonrd KÖZ BJV 1954,202.

II Konj., †temporal, bevor, vor dem Zeitpunkt, da: *Ante ignem êrsiindazuiurlegitvuerde* Tegernsee MB um 1000 StSG. II,297,38.

III Präp. mit Gen., Dat., Instrumental, †temporal, vor: *Ante se erdiusih* Tegernsee MB 8./9.Jh. StSG. II,220,39; *De nocte ertage* Tegernsee MB 2.H.11.Jh. StSG. I,378,23.

Etym.: Ahd., mhd. *êr*, adv. Kompar., germ. Wort wohl idg. Herkunft; vgl. Et.Wb.Ahd. II,1107-1109.

SCHMELLER I,4.– WBÖ V,1247-1256.

Abl.: *eh, ehers, -ehs.* F.M.E.

ehern

Adj. **1** aus Erz, Metall, bes. Eisen bestehend: *ean* Mchn; *(Luterem) lapel . erinen* Frsg 9.Jh. StSG. II,164,35; *ereinew hefen* PIENDL Hab und Gut 202; *alle freie künst ... seind in erenen, merbelsteinen und von leim gebrante seulen gehauet und gegraben worden* AVENTIN I,325,37-326,3 (Dt.Chron.).

2 †irdisch, der irdischen Welt angehörend: *das feur ... erleucht so gar das himelreich den eren frewden wol geleich* HAVICH St.Stephan 37, 2574-2576.

Etym.: Ahd., mhd. *êrîn*, Abl. von ahd. *êr* 'Erz, Metall' stn.; Et.Wb.Ahd. II,1135f.

SCHMELLER I,129. F.M.E.

ehers

Adv. **1** früher, vorher: °*ehers* St.Englmar BOG; *e'as* „früher, ehedem" KOLLMER II,101.

2: „ugs. ... *ehers* ... lieber" ZEHETNER Bair.Dt. 109. F.M.E.

Ehl, Großvater, →*Ähnel*[1].

Ehorn →*Ahorn*.

[**an**]**ehr**, stark, sehr, s. (*recht*) *eine* →*Ehre*.

ehrbar, -bär

Adj. **1** anständig, rechtschaffen, unbescholten: *ehrbar* züchtig Wasserburg; *eərbæər* nach GEBHARDT Nürnbg 124; *so svlen wir ... die selben burch ze dem Neitstain/ mit allem dem/ daz dar zv ... lehen ist/ als man danne/ ob ez zeschulden chůmt/ an æiner erbæren chunschaft* (eidlich verpflichtetes Gremium)/ *ervaren sol/ antwurten* Rgbg 1297 Corp.Urk. IV,127,36-40; *am Samstag ... verschiedt der Erber und vest Hanns Tumer zu Zeidlern Pfleger zu Regenstauf* Rgbg 1544 VHO 60 (1909) 40.
2 †gesellschaftlich angesehen, geachtet, vornehm: *Der truhsæzzen sol ze tisch dienen miner vrowen, vnd so erwær gest da sint* Pfründe Geisenfd 434; *Personen die Edel oder sonst Erbar/ redlich/ Ehelicher Geburt/ verständig vnd Sigelmässig seind* Landr.1616 95.
3 †dem Wert od. der Bedeutung von etwas angemessen: *DA ein Bawr ... von seiner Herrschafft kein Vrkundt eines erbaren abschids ... fürzeweisen hat* Landr.1616 296.
4 †rechtmäßig, rechtsgültig, ordnungsgemäß: *wand si paide irret/ ærwer/ vnt ehaft sache* Reichenhall 1286 Corp.Urk. II,177,1f.
5 †ehrlich, aufrichtig, ernsthaft: *daz vnseriv wort nvtzze sin vnd notvrftich vnd erbare* BERTHOLD V.REGENSBURG, Dt. Predigten, hg. von D. RICHTER, München 1968, 70,20f.
6 †zur Ehre gereichend, nützlich: *das der Stadt erber und Land und Leuten nützlich wäre* Passau 1368 ZILS Handwerk 89.

Etym.: Mhd. *êrbære*, Abl. von →*Ehre*; ²DWB VII,154.

SCHMELLER I,125.– WBÖ V,1706f.

Komp.: †[**un**]**e. 1** unaufrichtig, nicht rechtschaffen: *was nit kriegt, wären eitel unsälig unêrbar leut* AVENTIN IV,283,18f. (Chron.).– **2** nicht standesgemäß: *Es kan auch ein Sohn oder Tochter/ vnzulässiger/ vnd vnerbarer Heurat halben ... enterbt werden* Landr.1616 349.– **3** unwahr, vorgetäuscht: *Darumb's ein ungötlich, unêrbär, erlogen märe ist* AVENTIN IV,729,15f. (Chron.).

SCHMELLER I,125.– WBÖ V,1707. F.M.E.

†ehrbarig, -bärig

Adj. **1** anständig, rechtschaffen, unbescholten: *des sint getzivch dietræich von Tǒting ... vn[d] ander erwæriger Lavt genǒnch* Törring LF 1292 Corp.Urk. II,686,32-34; *scherg ... man hat zu disem ambt erwelt nur êrberg frum reich angesessen leut* AVENTIN IV,82,18-20 (Chron.).
2 gesellschaftlich angesehen, geachtet, vornehm: *do chůng Johannes ... derslagen wart vnd vil erberiger ritterschaft* KONRADVM BdN 104,5f.; *In der selben zeit wollt künig Ludweig schikchen zu päbstlichen stuel erberge ambasiat* [Gesandtschaft] *mitsambt briefen* ANDREASVR 642,39-41.
3 rechtmäßig, ordnungsgemäß: *sullen wir ... ieder man ein varen ... gein Regenspurch in ein erberg gasthaws* Rgbg 1386 VHO 34 (1879) 38.
4 einer gesellschaftlichen Norm, Etikette entsprechend, standesgemäß: *sol im darzů geben zwayhundert pfunt Regenspurger pfenning und erbergew virttigung nach unserer stat gewonhait* 1390 Runtingerb. II,18; *Zuchtiger Erberger sitten* 1500 LURZ Mittelschulgesch. I,195.
5 ehrlich, aufrichtig, ernsthaft: *Das sy aber vor euch rechnung wöllen geben, ist ein erberige mainung* Ingolstadt 1527 ECK Schriften 22,16f.

Etym.: Mhd. *êrbærec*, Abl. von →*Ehre*; ²DWB VII,158.

SCHMELLER I,125; WESTENRIEDER Gloss. 135.– WBÖ V,1707. F.M.E.

†Ehrbarigkeit, -bärigkeit

F. **1** Tugendhaftigkeit, Anständigkeit: *Quintus Catulus ... der auch von seiner êrbergkait wegen im grossen ansehen was bei meniglich* AVENTIN IV,549,20-22 (Chron.).
2 Ansehen, ehrenvolle, erhabene Stellung: *nach der urteil so seht ir mich in der erwericheit der ewigen eren mit minem vater und mit dem heiligen geist* O'altaicher Pred. 99,36-38; *wann die erbergkait des fürsten eraischet, das er den herzoglichen namen nit solt verliesen* ARNPECK Chron. 501,11-13.

Etym.: Mhd. *êrbærecheit* stf., Abl. von →*Ehre*; ²DWB VII,158.

WBÖ V,1707. F.M.E.

†Ehrbarkeit, -bärkeit

F., Tugendhaftigkeit, Anständigkeit: *WO auch ein Wittib nach absterben jhres Haußwirts/ jren Wittibstuel nit verrucken/ sonden sich in Erbar: vnnd Frombkeit ... bey jhren Kindern ... enthalten wolte* Landr.1616 223.

Etym.: Mhd. *êrbærkeit* stf., Abl. von →*Ehre*; ²DWB VII,159.

WBÖ V,1707.

Komp.: †[**Weis**]**e.** Anrede für eine höher gestellte, hochgeachtete Person: *lazzen wir ewer* *weiserberchait wizzen, daz ewer mitpurger der Runtinger … ist gewoltigt worden* Passau 1362 Runtingerb. III,7. F.M.E.

ehrbarlich, †-bärlich

Adj. **1**: *öwalö* „wehleidig" O'diendf PA.
2 †mit großen Ehren, feierlich, prächtig: *der enphienc in güetelîche und handelte in êrbærlîche* LAMPRECHTvR 137,2374f.; *der sandt in erberlich mit schöner ritterschaft wider haim gen Bayren* ARNPECK Chron. 523,6f.
3 †rechtmäßig, ordnungsgemäß: *Ich Erhart Aunpeck … bekhen … das mir die … Frau Wolfgang Gürtlerin Witfrau zwen ß rg. … erberlich entricht unnd bezalt hat* Rgbg 1551 VHO 60 (1909) 192.
4 †beträchtlich, in großer Menge: *di von der stat gaben gar erberlichen wein und prot* ARNPECK Chron. 644,26.

Etym.: Mhd. *êrbærlich*, Abl. von →*Ehre*; [2]DWB VII, 162.

WBÖ V,1707. F.M.E.

Ehre

F. **1** Ansehen, Wertschätzung, Ruhm, OB, NB, OP vereinz.: *d Ehr gnomma* jmdn bezichtigen Hohenpeißenbg SOG; *dea wei anånan koan ea lǫussn* „Der gönnt einem andern keine Ehre" nach KOLLMER II,424; *honorem haera* wohl Rgbg 1.H.9.Jh. StSG. I,16,8; *mit sinem gůt swaz er wænt/ daz siner sel vn[d] sinen eren gůt si* Mchn 1294 Corp.Urk. III,230,8-10 A; *das ungelück, das sand Kunigund zůstuendt, das ir doch zum letzten gar zů grossen ern kam* EBRAN Chron. 89,35-90,1.– Phras.: *jmdm die E. abschneiden / abherreißen / abdrucken* jmdn verleumden, °OB, NB vereinz.: *d'Ear åbschnaidn* Fürstenfeldbruck.– *Meine E. / bei meiner / auf E.!* u.ä. Ausruf der Beteuerung, Bekräftigung, OB, NB, OP, OF vereinz.: *mei Ehr!* Penzing LL; *Ich … versprech auf Ehr, dass ich nie nimmer nix schwarz machen werd!* Altb.Heimatp. 76 (2024) Nr.23,14;– erweitert: *bei meiner / auf E. und Seele / Seligkeit!* u.ä. °OB, MF mehrf., NB, °OP, SCH vereinz.: *auf Ehr und Seel!* Rimsting RO; *bei meiner Ehr und Seligkeit* Prackenbach VIT; *i schwörs dir, auf Ehr und Seligkeit* MM 17./18.11.2012, 16;– *auf Ehr und Tatsach!* Geisenfd PAF;– auch scherzh. abgewandelt: *Siebn Spatzn sans gwen, auf Ehr und Sabelschneid* Altb.Heimatp. 60 (2008) Nr.3,25.– *Habe die E.!* Grußformel zur Begrüßung u./od. Verabschiedung, °OB, °NB, °MF mehrf., °OP, °SCH vereinz.: °*servus hawedere!* „Begrüßung" Ruhstorf GRI; „Abschiedsgruß … *hawedęəre*" Jesenwang FFB nach SBS X,625;– Ausruf des Mißfallens, der Überraschung: °*Haawad Ehre!* „Antwort auf eine unangenehme Nachricht" Wasserburg;– präd. gebraucht: weg, fort, verloren gegangen, °NB, °OP, °MF vereinz.: °*dei Hout is hawedére, den sigst nimmer* „ist im Wirtshaus verschwunden" O'viechtach;– erschöpft, ausgelaugt, abgeschlagen, kraftlos, °OB, °NB vielf., °OP, °SCH vereinz.: °*ganz haawidehre* „nach einer Bergtour" Wasserburg; °*heit kannst mi zu nix mehr håm, heit bin i scho ganz habadieere* Limbach PA;– schwer krank, verletzt, °OB, °NB vereinz.: °*seit seim Unfall is der Hans ganz Hawedieehre* Wettstetten IN; *In d' Fuadaschneidmaschin bin i einekema; dö ganz Pratzn is Habediehre!* SCHLAPPINGER Wurzelholz 8;– tot, gestorben, °OB, °OP vereinz.: *solang hod a nix auf sei Gsundheit gebn, iatzad is a habe-die-Ehre!* Ismaning M;– finanziell am Ende, bankrott, °OB, °NB, °OP, °SCH vereinz.: °*i hab koan Pfenni mehr, i bin ganz habe-die-Ehre* Burghsn AÖ;– kaputt, zerstört, verdorben, °OB, °OP vereinz.: °*die blaue Hose hat schon 5 Löcher, aber die schwarze is scho ganz habe-die-Ehre* Brannenburg RO; °*habe-die-Ehre sein* „von Wurstwaren, die verdorben sind" Mintraching R;– jmds Wohlwollen verloren habend, °OB, °NB, °OP vereinz.: *der is hab-i-die-Ehre* der ist für mich erledigt Heiligkreuz TS; °*bei denen bin i habe-die-Ehre* für immer abgeschrieben Eslarn VOH;– verwirrt, fassungslos, überwältigt, °OB, °NB vereinz.: °*wiara de gseng hod, war a scho glei ganz hawedieehre* „sprachlos vor Begeisterung" Rosenhm;– geistig gesund, nur negiert: °*dea is niad ganz habe-di-Ehre* „nicht ganz normal im Kopf" Sulzbach-Rosenbg.– (*Recht*) *eine E.* stark, heftig, sehr, °sö.OB mehrf.: °*heut Nacht hats anär grengt* Waging LF; *Mei Großmuatta is ar scho rechtanehr alterschwach und zsammgarbet* KROHER Ache 356; *Dés Land hammə' dungt rècht ən Êr* „diesen Acker haben wir sehr stark gedüngt" Chiemgau SCHMELLER I,124.– Rätsel: *was is heikler als wie das Auge? – Die Ehre!* Naabdemenrth NEW.
2 Zeichen der Wertschätzung, Ehrerbietung, ehrenvolle Behandlung, °OB, °NB, °OP vereinz.: °*dem Jackl möiß ma scho die Ehr anttou und mit seina Leich geh* Kchndemenrth NEW; *Aba, Herr Bezirksamtmann, so aa Ehr!* THO-

MA Werke II,220 (Medaille); *daz ih alla die arbeita megi lidan, die ih in deser werolti sculi lidan durh dina era unta durh dinan namon* 11.Jh. SKD 182,9-183,1 (Otlohs Gebet); *avê Marîâ diu sult ir ouch unser frouwen gar flîzic-lichen sprechen, und mit almuosen, und swaz irr êren gebieten müget, daz sult ir tuon* BERTHOLDvR II,80,3-5; *do er die stat Augspurg erobert, nennt er sie Augusta, dem keiser zu eren* EBRAN Chron. 18,18f.– Phras.: *(bei) jmdm eine E. aufheben* u.ä. sich bei jmdm beliebt machen, jmdn erfreuen, °OB, °NB vereinz.: °*host mid dem Gschenk an Ehr aufghom?* Stammham AÖ; *do hebst fei koa Ehr auf* BAUER gut bayer. 177; *Seye vergwist mein Schmidt … du hast bey meinem gnädigen Herrn ein grosse Ehr auffgehebt* A.STROBL, Noch ein Körbel voll Oster-Ayr, Salzburg 1698, 5;– erweitert: *eine E. aufheben wie die Sau mit (nur) einem Fäcklein* u.ä. °OB vereinz.: °*do hob i an Ehr aufghebt wia a Fakisau mit oan Faki* Tittmoning LF; *Dear hod an Ehr aufghebb, als wia a Loas mid uan Feckla, und dejs nou varflackd* WÖLZMÜLLER Lechrainer 103.– *Eine E. auflegen / einlegen* eine Ehre erweisen, °OB, °NB, °OP vielf., °OF, °MF mehrf., °SCH vereinz.: °*da host fei a grouße Ehr eiglegt, weils as eiglodn host* Wiesenfdn BOG.– †*Nicht der E. wert sein, etwas zu tun* u.ä. zu unehrenhaft, rücksichtslos sein, um etwas zu tun: *Er is nit dər Ern wert, dás ər aə˜ n tát ə˜n Stuəl à˜-biətn* „nicht einmal so viel Rücksicht hat er, daß er Einem einen Stuhl anböte" SCHMELLER I,124; *Es waren der Burger über 200. doch war nicht einer der Ehren werth/ daß er wolt so liebe Gäst beherbergen* SELHAMER Tuba Tragica II,45.

3 Ehrgefühl, Selbstachtung, °OB, NB, OP vereinz.: *oan bo dar Ear agraiffa* Aicha PA.– Phras.: *keine E. im Leib haben* u.ä. kein Ehrgefühl besitzen, OB, NB, OP, SCH vereinz.: *der hot koan Funkn Ehr im Leib* Mchn; *håd khoa-n-Ear ön Lä* St.Englmar BOG.

4 †Vorzugsstellung, Ehrenstellung: *Promotorum. ordinatorum. ł … arhapanero … in erom* wohl Tegernsee MB 1.H.9.Jh. StSG. II,102, 64f.; *daz mvget ir merken bi vil mæniger ere, da mit er* [Christus] *in* [Johannes] *gezieret hat in himel vnde in erde* Spec.Eccl. 29,28f.

5 †Privileg, Recht, Nutzung: *mit allen rechten, eren, diensten, nůzen vnd gůlten, die darzů gehőren* 1381 Urk.Heiliggeistsp.Mchn 203.

6 †Vermögen, Besitzverhältnisse: *Zum Newen Jar Gibt ein yeder schuler nach seinen eren waß er vermag* Nabburg 1448 Heimat Nabburg 3 (1982) 58 (Schulmeisterordnung).

7 †Tugendhaftigkeit, Anständigkeit: *den zwein junckfrawen ist ir rechts vaterlich erb … genomen worden … damit wären sie wol verheirat worden und zů ern kumen* EBRAN Chron. 149,21-24.

8 Jungfräulichkeit: *die Ehr* „Jungfräulichkeit, Unversehrtheit" Passau; *Chlagt ainew ainen, er hab ir Ir trew und er genomen und hab sy genotzogt* Rgbg 2.H.13.Jh. FREYBERG Slg V,49.

9 †Herrlichkeit, Pracht, Glanz: *Magnificentia êra* Tegernsee MB 2.H.11.Jh. StSG. I,797,30; *dy prautlaufft mit reichen eeren an vingen* FÜETRER Persibein 31,116.

10 †ehrender Preis, Belohnung, Gunsterweis: *Palmam êra* Tegernsee MB 2.H.11.Jh. StSG. I, 370,31.

11 †Ort für religiöse Verehrung: *daz was ein hêrez petehûs … dar nâch was iz aller tievel êre* Kaiserchr. 82,173-175.

12 wohl Tisch, an dem die Brautleute sitzen: *d Ea* Mittich GRI.

Etym.: Ahd. *era*, mhd. *ere* stf., germ. Wort wohl idg. Herkunft; Et.Wb.Ahd. II,1110-1112.

DELLING I,147; SCHMELLER I,124.– WBÖ V,1716-1719.

Abl.: *ehrbar, ehrbarig, Ehrbarigkeit, Ehrbarkeit, ehrbarlich, -ehreln, ehren*[1]*, Ehrer, Ehret(s), -ehrig, ehrlich, ehrsam, ehrsamiglich, Ehrsamkeit, Ehrung.*

Komp.: †[**Gottes**]**e.** Verehrung Gottes: *Christus hat die gotszere nyndert verpoten, wie etlich weltlich herscheft thuon vnd wellen nit verhengen, daz zuo der ere gottes noch zuo zier der kirch … etwas gestifft … werde* BERTHOLDvCH Theologey 613.

†[**Haus**]**e. 1** Ansehen des Hauses, Hauswesens: *Swer einen schaden tůt chůmt er flůhtiger zů eins frumen mannes haus der sælb frum man durch sein hausêr sol in bærgen vn[d] sol im hin hælfen* München 1294 Corp.Urk. III,233, 10-13.– **2** Sicherheit des Hauses, Hauswesens: *Rettet auch der/ so heimgesuecht worden/ sein Haußehr one Todtschlag/ so ist er dem Gericht/ vnd auch deme/ der jhn heimgesuecht hat/ nichts schuldig* Landr.1616 402.– **3**: „In Baiern wird … eine untadelhafte Frau eines Hauses *die Hausehre* genannt" WESTENRIEDER Gloss. 236.

HÄSSLEIN Nürnbg.Id. 58; WESTENRIEDER Gloss. 236.– WBÖ V,1719.

†[**Un**]**e.** **1** Tugendlosigkeit, Lasterhaftigkeit: *swaz ir swaches gesindes hât, daz zuo den unêren phlît* LAMPRECHTvR 472,3824f.; *Georgen Reckhl ... welcher mit aines Doctors Eheweib in Leben und Abwesen ihres Manns der Unehren gepflegt* Mchn 1574 LORI Lechrain 399.– **2** Unrecht: *Iniuriam unera* Tegernsee MB 2.H. 11.Jh. StSG. II,127,22.– **3** Schmach, Kränkung: *do ... zoch er in die stat Ravena ... und beklagt solh smacheit und unere von den Römern* EBRAN Chron. 15,5-7.

SCHMELLER I,124. F. M.E.

-ehreln

Vb., nur im Komp.: [**an**]**e.** jmdm etwas andichten: °*dem Sepp hab i dös ogearlt* „meinen, der andere hätte das und das getan" Lam KÖZ.

F. M.E.

ehren[1]

Vb. **1** jmdm Ehre erweisen, jmdn hochachten, rühmen, OB, NB vereinz.: *d Oittern ean* Mittich GRI; *alle mennisken sculit ir eren* Wessobrunn WM 1.H.11.Jh. SKD 162,20 (Predigtslg A); *daz man got besunder da mit eret* KONRADvM BdN 408,29-409,1; *wir anbetten dich/ wir ehren dich/ wir sagen dir danck von wegen deiner grossen glory* Gesangb. 197.– Phras.: *Wer andere ehrt, sein Ehr vermehrt* SCHREGER Speiß-Meister 30.

2 etwas wertschätzen, würdigen, NB, °OP vereinz.: *jeds Brejsl Bråud muaß ma ean* Mittich GRI; *daz ih den heligen sununtach ... nieht so getuldet noh so geret* 11./12.Jh. SKD 336,19f. (Benediktbeurer Glauben u. Beichte); *durch got êrt er ouch die buochstaben, daz er sie niht liez abschaben* LAMPRECHTvR 161,3073f.

3 beschenken, schenken.– **3a** beschenken, jmdm mit Geschenken, Abgaben Ehre erweisen.– **3aα** †allg.: *si svlen im auch alle iar ... zwir weinpir senden/ vnd svln in auch alle jar eren mit Nvzzen/ vnd mit Obzze* Rgbg 1297 Corp.Urk. IV,46,6f.; *man sol mich zu weinachten eren mit einen schonprot* Indersdf DAH 1505 OA 25 (1864) 235.– **3aβ** (das Brautpaar) beschenken, v.a. mit Geld, °OB vielf., °NB, °SCH mehrf., °OP, °MF vereinz.: °*des Brautpoor wer ma heut auf Nocht no ehrn* Wildenroth FFB; °*beim Ehrn is vui einganga* Langquaid ROL.– **3b** zur Hochzeit schenken, als Hochzeitsgeschenk überreichen: °*die haben 100 Mark geehrt* Adlkfn LA; *Da weans uns Thaler ehrn* Inn-Oberld 21 (1936) 52.

4 †zu Ansehen, Ruhm verhelfen, gereichen: *der wîstuom êret wol daz rîche* Kaiserchr. 107,1401.

5 †gegenüber jmdm Erbarmen üben, Gnade walten lassen: *parce ... ere* wohl Rgbg 1.H.9.Jh. StSG. I,188,8.

6 †ein Tierweibchen schwängern: *Solinus spricht, daz die pern die perinne haimleich eren* KONRADvM BdN 188,21.

Etym.: Ahd. *êrên*, mhd. *êren*, Abl. von →*Ehre*; [2]DWB VII,194.

SCHMELLER I,126f.– WBÖ V,1720f.

Komp.: †[**aus**]**e.** verschenken: *Er hat sein Sächlein sauber ausgeêrt* Werdenfels SCHMELLER I, 127.

SCHMELLER I,127.

[**be**]**e.** **1** besuchen, jmdm mit seinem Besuch, seiner Anwesenheit Ehre erweisen: *beehren Sie mich wieder!* „zum Kunden, wenn er geht" Traunstein; *bę̄rn se uns wīdər!* Mchn PRAUSE Grußformeln 197.– **2** †schöntun, schmeicheln: „Geissen muß man *beehren*, sonst geben sie keine Milch" Bärnau TIR SCHÖNWERTH Leseb. 94.

†[**ent**]**e.** **1** jmdn verunglimpfen, jmds Ansehen herabsetzen: *Dehonestatur ... anter*[*et*] Tegernsee MB 10./11.Jh. StSG. II,292,42f; *die sine getriwen uermanen* [schmähen] *unde si entêren* Spec.Eccl. 109,34f.; *Die knecht zu Rom, so ... kaiser Pertinacem erwürgt hetten, entêret er all, urlaubt si, nam inen wer und harnisch* AVENTIN IV,892,25-27 (Chron.).– **2** etwas entweihen, schänden, verderben: *Inreuerenti ... interteme* Rgbg 2.H.12.Jh. StSG. I,574,21-23; *der kaiser ... sprach, das er selb den heiligen tag entert hiet* FÜETRER Chron. 148,11f.; *Wer geweycht Kirchen haimlich bricht ... oder der jhr ains/ mit Blutvergiessen entehret* Landr.1616 413.

[**ver**]**e.** **1** als göttlich ansehen u. verehren: *an hailign Laib varearn* Ingolstadt; *Weui meuißt i ned mein Gott voeahn Durch Woart und Schrift'nthum?!* SCHUEGRAF Wäldler 100.– **2** beschenken, schenken.– **2a** †wie →*e.*3aα: *Mer den Maister Matheß widerumben verehrt mit vier Kronen, thuen VI fl. VIII kr.* 1578 PIENDL St.Emmeram 117.– **2b** schenken, als Geschenk, Abgabe überreichen, OB, NB vereinz.: *heut muas i no zum Verehrn göa* Geschenke bei der Hochzeit übergeben G'berghfn DAH; *Wos für oana voehrst denn dös wieda?* Altb.Heimatp. 4 (1952) Nr.21,3; *Dem bischof von Bamberg,*

dem brobst von Berchtoldsgaden, den burgern von Nurnberg hat man den wein verert 1353 Rgbg.Urkb. II,41; *das Silbergeschirr/ welches den Eheleuten auff die Hochzeit verehrt worden* Landr.1616 202.– Auch widmen, zueignen: *Dös Heft taat i gern da Sallerin vo Alburg voehrn* F.X. Judenmann, Minikinera Gschichtn, Neutraubling 1981, 5.
Schmeller I,126.– WBÖ V,1721f.

[**nach**]**e.** **1** (das Brautpaar) beschenken, v.a. ein zweites Mal mit Sachgeschenken, °NB mehrf., °OB, °OP vereinz.: °*s Brautpaar nachehrn* Passau; „so wird *nachgeehrt*, d. h. die Teilnehmer an der Hochzeit gehen ... zum Brauttisch und legen dort Geschenke, wie Kaffeegeschirr, Tischbesteck ... nieder" Bayerld 4 (1893) 57.– Auch nachträglich Geschenke austeilen: °*nachehrn* „wenn man später dran ist" Uffing WM.– **2** (ein Sachgeschenk) zur Hochzeit überreichen, °NB vereinz.: °„beim *Ehren* wird ein Geldgeschenk gegeben, Hausrat wird *nachgeehrt*" Griesbach DGF.

[**nachhin**]**e.** **1** wie →[*nach*]*e.*1, °OB, °NB, °OP vereinz.: °*ehrn und nochöehrn* „alle Hochzeitsgäste müssen das Brautpaar der Reihe nach zweimal beschenken" Ruhstorf GRI.– **2** wie →[*nach*]*e.*2: °*was habens nachegehrt* Garching AÖ.

†[**un**]**e.** **1** entwürdigen, entehren: *vngenad den, die irn namen vnerend* KonradvM BdN 87, 15f.; *Eß sein ... die geistlichen schändtlich geuneret ... worden* 1621 Haidenbucher Geschichtb. 48.– **2** vergewaltigen: *allwo sie ... auch die Weibsbilder ohn allen schew geunehret/ genothzwangt/ vnd zum thail entführet* Tuntenhsn AIB 1632 Ch. Scheichenstuhl, Denckwürdige Miracula vnnd Wunderzaichen, Continuation, München 1681, 38.
WBÖ V,1722. F.M.E.

ehren[2], ackern, pflügen, →*eren*.

Ehrer

M., ä.Spr., in heutiger Mda. nur im Komp., jmd, der jmdn od. etwas verehrt: *Die ... wârhaftigen anbeter und êrer gottes förchten si nicht* Aventin I,318,24f. (Dt.Chron.).
Etym.: Mhd. *êrer*, Abl. von →*Ehre*; [2]DWB VII,265.

Komp.: [**Ver**]**e.** Mann, der sich um eine Frau bemüht: *De hab i amal von an reichn Voehra kriagt!* Altb.Heimatp. 62 (2010) Nr.24,25.
WBÖ V,1722. F.M.E.

Ehret(**s**)

N. **1** Geschenk, Abgabe, in heutiger Mda. bes. Hochzeitsgeschenk, °OB vereinz.: °*Ehrats* „Geldgeschenk oder Beitrag zur Hochzeitsfeier, am Schluß der Feier abgegeben" Fischbachau MB; „So gib ein *Eret*!" Altenmarkt TS Bayerld 5 (1894) 613; „*das Eret* ... eine Naturalehrung an Fischen für des Hofschiffmeisters Haus" wohl 16.Jh. H. Peetz, Die Fischwaid in den bayer. Seen, München 1862, 12.
2 Mahl am Vorabend der Hochzeit: „Die eigentliche Hochzeit beginnt mit dem *Ehret* ... einem *Bescheidessen* der Nachbarn und nächsten Verwandten ... des Bräutigams am Abend vor der Hochzeit" Altb.Heimatp. 6 (1954) Nr.6,4.
Schmeller I,126.– WBÖ V,1722 (Êrach).

Komp.: [**Ge**]**e.** **1** †: „*daß G·êret* ... Verehrung" Schmeller Mda. 417.– **2** wie →*E.*1: *Gerat* Tann PAN; *das ... G·êret* „Geschenk das bey verschiedenen Gelegenheiten ... gemacht werden muß, vorzüglich bey Hochzeiten" Mchn Schmeller I,126.
Schmeller I,126.

Mehrfachkomp.: [**Nach-ge**]**e.,** [**Nach**]**-** Hochzeitsgeschenk, meist Sachgeschenk, °OB, NB vereinz.: °*dös is a Nachehrat* Rehling AIC; „nach dem Hochzeitsmahl wird das *Någährats* gegeben" Ergolding LA; „bezahlen und bringen das *Nachgehrat* nach Hause" Bayerld 4 (1893) 57.

– [**Nachhin-ge**]**e.** **1** wie →[*Nach-ge*]*e.*, °OB, °NB vereinz.: *Nåchigearad* „nach dem Abendessen gegeben" Vilstal.– **2** übertr. unangenehme Konsequenz: *Nåchögehrats* Reisbach DGF; „als *Nachhingeehrtes* bezeichnet man scherzhaft die unangenehmen Folgen eines Vergnügens" Schlappinger Bilder 28. F.M.E.

-ehrig

Adj., nur im Komp.: [**un**]**e.**: °*unehre* „auftreiberisch bei Kindern, launisch" Neufraunhfn VIB. F.M.E.

ehrlich

Adj. **1** ohne Verstellung, aufrichtig, offen, °Gesamtgeb. vereinz.: *ehrlö liabn* Peiting SOG; *I bin ehrlich froh, daß i dia helfn hab können* Herrlein Wallfahrt 139; *Diser fürst ... het ein êrlich gemüet zu löblichen taten, war fridsam* Aventin V,402,16-18 (Chron.); *Was ih guet ehrlinga Leutn soll vorsagn* DAH Westenrieder Beytr. IV,418.

2 ohne Täuschungsabsicht, zuverlässig, rechtschaffen, redlich, OB, NB, OP vereinz.: *er verdient sich ehrlich sein Brot* Geisenfd PAF; *öitza homa ehrle dalt und oimal bschissn* Weiden; *uns ist manic grôzer heilige hin ze himele komen ûz der heiligen ê, zwelfboten, marterer, nôthelfer, meide, und bringt uns alle tage êrlîche liute, der wir niemer enbern möhten* BERTHOLDvR II,92,10-13; *ehrlich haußgsind* SCHÖNSLEDER Prompt. M3r.– Phras.: *erle bschaißn is koa Sind* Bruck ROD;– *An erlichi Lug is koan Sünt* Neunburg SCHÖNWERTH Leseb. 278.– *E. währt am längsten*: *erle weat am lengstn* Bruck ROD; *Ehrlich währt am längsten* Baier.Sprw. I,95;– erweitert: *ehrlich währt am längstn und wer niat stöhlt, der hout am wengstn* Weiden.– *Èàle mǫchd ràich, ǫwà lang ... gẹẹd-s hea* „Mit Ehrlichkeit reich werden, ist mühsam" KAPS Welt d.Bauern 100.

3 †gesellschaftlich angesehen, geachtet, vornehm: *wider den·Erlichen/ abte·hern·kharelen* Rgbg 1299 Corp.Urk. IV,447,17; *offne Landtdieb ... vnd dergleichen Leut/ die zuuor in keinem ehrlichen stand gewesen* Landr.1616 810.

4 in Ehren, ohne Schande, anständig, OB, NB, °OP vereinz.: *an ealönga Nam håm* Aicha PA; *Die Kelnhoferbuam, die san net ehrli' g'storbn, den oan hat da Teifl gholt, der ander is verdorbn* Altb.Heimatp. 14 (1962) Nr.18,9; *„als diese Junckfraw schon Mannbar* war, wurde sie *... in einen ehrlichen ... Dienst verschickt"* Errettung der Jungfrau 26.

5 †ehrfurchtsvoll, ehrerbietig: *daz nu ... so erlicho soso de engila in demu himile dinan uuillun arfullant* Frsg 9.Jh. SKD 44,30-32 (Freisinger Paternoster A); *Wenn man den stain rainccleichen tregt und erleichen, so vertreibt er daz vallent laid* KONRADvM BdN 495,22f.

6 †mit großen Ehren, feierlich, prächtig: *solich potschaft und ambasiat* [Gesandtschaft] *enpfieng der küng in Bairen gar erlich und versprach im sein tochter* ARNPECK Chron. 458,22-24.

7 †zur Ehre gereichend, zuträglich, nützlich: *daz ez vns vnd der Stat nv̊tze/ vnd erlich sei* Mchn 1295 Corp.Urk. III,320,35.

8 †rechtmäßig, ordnungsgemäß: *Grosse und überflüssige hochzeit, totenmal und kirchtag haben ist êrlich und unsträflich* AVENTIN IV,42, 22f. (Chron.).

9 gutmütig (vom Vieh, meist Pferd), °OB, °NB, °SCH vielf., °OP mehrf., °MF vereinz.: *°des Roß schlagt net und beißt net, es is a ehrlichs Roß* Pörnbach PAF; *der Ochs is a ehrlichs Vich* Wiesenfdn BOG.

10 †anmutig, von feiner Art: *Eligans ... erlich* Rgbg 2.H.12.Jh. StSG. I,633,70-634,2.

11 reichlich, viel, sehr, °NB vereinz.: *hait san eala Lait in da Kiach gwön* Rottal; *ela* „viel" Unterer Bay.Wald KOLLMER II,326; *èə'lə lang, əs tuət mi' èrlə' hungə'n ... èə'lə Gǫld* SCHMELLER I,125; *die Pettel Clöster ... het er lieb, half und gab in erlich und gern* FÜETRER Chron. 260,27f.; *habm dier scho ... a ehrligs Heurath Guet hinterlaßn* DAH WESTENRIEDER Beytr. IV,415.– Auch als †N.: *ən èrli's, ən èə'lə's* „viel, sehr" SCHMELLER I,125.

12 adv.– **12a** tatsächlich, wirklich, nur in der Fügung *aber e.* °OB, °OP, °MF, °SCH vielf., °NB mehrf.: *°dös is aber ehrli a Depp* Kchseeon EBE; *°war dös heit a Sauplåg, aber ehrli!* Thalmannsfd WUG.– **12b** †annähernd, nahezu: *Erlə wiə ə˜ Lédə'* „fast wie Leder" O'audf RO SCHMELLER I,125.

Etym.: Ahd. *êrlîh*, mhd. *êrlich*, Abl. von →*Ehre*; [2]DWB VII,280.

SCHMELLER I,125f.– WBÖ V,1731-1734.

Komp.: [**ver**]**e.** verehrt, geachtet: *as varearliche Brautpaar* „Anrede an das Brautpaar" Ingolstadt.

[**grund**]**e.** **1** äußerst ehrlich, aufrichtig, NB vereinz.: *a grundearlöche Håut* Kötzting.– **2** äußerst gutmütig (vom Pferd), °NB, °OP vereinz.: *°den muaßt kaffa, der is grundehrle* Deusmauer PAR.

WBÖ V,1734.

†[**un**]**e.** **1** gesellschaftlich nicht angesehen: *Ehrbare Männer, die lange Messer trugen, wurden ... gestraft, unehrlichen ... Leuten wurden dieselben abgebrochen* 14.Jh. GEMEINER Chron. I, 512.– **2** unrechtmäßig, nicht rechtens: *so ein ... Richter ... an einem vnehrlichem schmählichem ort vnd ende Vrtheil gesprochen hat* Landr. 1616 175.– **3** unzustehend, unziemlich, ungehörig: *Ainem mann ist vnerlich daz er lang har zügl. vnd dem weib ist erlich die lang har zügelt* BERTHOLDvCH Theologey 120.– **4** ehrenrührig, schändlich: *Er weiß zwar in der Hauptsach wider Kläger kein unehrliches Stuck anzusagen* StA Mchn Hofmark Amerang Pr.20 (27.12.1794).– **5** unehelich, unsittlich: *daß sie ... auch der Joseph Münzenreiter bei 6 Mal unehrlich beschlafen habe* 1707 BREIT Verbrechen u.Strafe 163.

SCHMELLER I,126. F.M.E.

ehrsam
Adj. **1** tugendhaft, ehrenwert, OB, °NB vereinz.: *ehrsams Leut* Rattenkchn MÜ.
2 †gesellschaftlich angesehen, geachtet, vornehm: *Wir ... tůn chvnt ... daz der ersam abbt ... von Raitenhaslach ... sines goteshvses gůt ... an all anleit ... gedinge* 1293 Urk.Raitenhaslach 371.

Etym.: Ahd., mhd. *êrsam*, Abl. von →*Ehre*; ²DWB VII,292.

WBÖ V,1742. F.M.E.

†ehrsamiglich
Adj. **1** mit großen Ehren, feierlich, prächtig: *nachdem kam er gen Rom und ward von dem babst ... gar ersamigclich empfangen* EBRAN Chron. 68.
2 auf anmutige, gefällige Weise: *Decusatim ersamchleich* Windbg BOG 15.Jh. StSG. IV,52, 41.

Etym.: Mhd. *êrsameclîche*, Abl. von →*Ehre*; ²DWB VII,294. F.M.E.

Ehrsamkeit
F. **1** Keuschheit: *Ehrsamkeit* Kochel TÖL.
2 wohl Anständigkeit: *D' Ehrsamkeit ham s' eahm gern glaubt, aber des mit der Tugend ham s' net gschluckt* DITTRICH Kinder 110.

Etym.: Mhd. *êrsamecheit, êrsamkeit* stf., Abl. von →*Ehre*; ²DWB VII,294 F.M.E.

Ehrung
F. **1** †religiöse Verehrung: *Er ist auch in seinem glauben, in der êrung der alten götter ... mêr aberglaubig dan recht geistlich gewesen* AVENTIN IV,1065,23-25 (Chron.).
2 Anerkennung, Hochachtung, Wertschätzung: °*i dank euch für die Ehrung zu meiner Silberhochzeit* Walleshsn LL; *daz im ... ein smid . ein glesein vas . machet . vnd doch mit hæmern gehæmert . im ... gab durch erung* Gesta Rom. 36.
3 Beschenken des Brautpaars, °OB, °NB, OP, °SCH vereinz.: °„bei Bauernhochzeiten wird nach dem Abendessen eine sogenannte *Ehrung* durchgeführt“ Straubing; „Nebst Bezahlung des Mahlgelds ist noch *Ehrung* ... üblich“ RO HAZZI Aufschl. I,370.
4 †Geschenk, Abgabe: *Auch sol vnser ... leib ... in ir stift chômen ... vnd sol in fůmf pfening Salczburger ze erumb pringen* 1344 Urk.Raitenhaslach 621; *wan die vier probst Zu ostern die erung pringen* 1527 MHStA Kloster Frauenchiemsee Amtsbuch u. Akten 12, fol.17ᵛ.– Auch Hochzeitsgeschenk: *Es sol auch chain Sweher noch Swiger jrm Aydem nicht m' zu Erung geben dann ein klainat* Mchn 1405 WESTENRIEDER Beytr. VI,122.

Etym.: Ahd. *-êrunga*, mhd. *êrunge* stf., Abl. von →*Ehre*; ²DWB VII,298.

SCHMELLER I,126f.– WBÖ V,1745f.

Komp.: †[**Ver**]**e. 1** Entlohnung, Entschädigung: *solle ... jhme ... ein gebürende verehrung oder ergötzung der gehabten myhe ... gegeben ... werden* Landr.1616 229.– **2** wie →*E.*4: *wann auch eine jede Bäuerin oder Soldnerin zweimal in das Bad geht, ist sie einem Bader eine Verehrung ... zu geben schuldig* N'traubling R 1584 VHO 84 (1934) 117.

WBÖ V,1746.

†[**Fisch**]**e.** wohl Abgabe in Form von Fischen: *Haslinger Pfleger zu Dietfurt hat empfangen ... 9 ß. Helbling von Fischehrungen* Straubing 1492 BLH XI,107; *Für jede ganze Fischehrung soll von H. Kheller gegeben werden: 7, für die Gült- oder Gallirenken 2 Stück Schwarzbrot* Polling WM 1692 Archivalische Zeitschrift 19 (1912) 272. F.M.E.

-ehs
nur im Komp.: [**von**]**e. I** Adv.– **1** seit jeher, langem, °OB, °NB, °OP vereinz.: °*dös sej ho i da vonehs scho gsogt* Maria Gern BGD.– **2** vorher, zuvor, °OB vereinz.: °*du hättest vonehs schreibn müaßn, daßd kimmst* Erding.– **II** Konj.– **1** temporal, bevor, vor dem Zeitpunkt, da, °OB vereinz.: °*oa Hoiwe britsch i ma no one, vanes i hoamgeh* Grafing EBE.– **2** die Aussage des Gliedsatzes ausschließend, auch in der Fügung *e. ... lieber*, bevor, anstatt, statt daß, °OB, °NB vereinz.: °*vonehs i drei Mark fürn Lift ausgib, geh i lieber zu Fuß nauf* Brannenburg RO.– **III** Präp. mit Gen., lokal, vor: °*i bin vonehs deiner* „vor dir, vorndran“ Erding. F.M.E.

Ei
N. **1** Ei.– **1a** von best. Tieren gelegtes Ei.– **1aα** von Vögeln, °Gesamtgeb. vielf.: °*oa Oa* „1 Ei“ Höhenkchn M; *a Oa ztrödn* Simbach PAN; °*Oia onehma* aus dem Nest nehmen Schwandf; *Einen Ambrosistein bekomen. Stiehl einen Raben die Euer siede sie hart legs wieder ins Nest so Flieth der Rabe über das Mehr bringt einen Stein* OBERMEIER Abdeckersleut 46; *Döi gscheckata Henn haout heint s äijescht A*

glegt SINGER Arzbg.Wb. 13; *Ouum ei Oua eigir* 9.Jh. StSG. III,449,12f.; *Der pfawe zerpricht der pfåwinn ayr ... Darvmb gepirt sie ir ayr an ainer haimleichen stat* KONRADvM BdN 240, 1f.; *Nimb ... das weiße aus dem ay und ... wasch es umb die augen* Roßarznei (BRUNNBAUER) 41.– Phras.: °*dem Teifi sei Ei* ungewöhnlich kleines Ei Bruckbg FS.– *Stinkendes E.* u.ä. wer an den Tagen zw. Gründonnerstag u. Ostermontag als letzter aufsteht, °OB, °OP vereinz.: °*des stinkate Oar* O'neukchn MÜ; „wer am Ostermontag spät aus den Federn kam ... wurde *s gstunkerts Oa* geschimpft" AIB Heimatpfleger des Bezirks Oberbayern, Reihe A, H.2, Schongau 1955, 44.– *An Båln håm wöi an Oa* „große Beule" Herrnthann R.– *Gelb wie Eier* „von gelblicher Gesichtsfarbe" Pfaffenhfn.– *Wie aus dem E. geschält / heraus* u.ä. sehr gut, gepflegt aussehend, makellos, OB, NB, OP vereinz.: *wie von Oil außa* tiptop Metten DEG; *Das Madel ist so schön, wie aus oan Oar g'schält* DELLING II,147; *De schaud ... aus wià friisch aus-n ... Oà gschloffà* KAPS Welt d.Bauern 64.– *Gleichsehen wie ein E. dem anderen* u.ä. zum Verwechseln ähnlich sein, OB, NB vereinz.: *die seng ananda glaich wie an Oa ån åndern* Wasserburg.– *Wie auf E.ern gehen / fahren* u.ä. unsicher, vorsichtig, °OB, NB, OP vereinz.: °*wia auf Oar owefohrn* „mit den Skiern" Stammham AÖ; *dea göiht wöi af Oaian* „ist schlecht zu Fuß" Naabdemenrth NEW;– *der steigt daher wia auf Eiern* „stolziert" Bruckmühl AIB, ähnlich WS.– *Der tritt nei, wia da Hans in d'Oar* [ist unbeholfen] Altb.Heimatp. 10 (1958) Nr.14, 4.– *Ein E. legen* u.ä. scherzh. scheißen, den Darm entleeren: *der hat a Oa glögt* Adldf LAN;– Spruch: °*da Gockl legt aa a Oa, owa a krumms* Wdsassen TIR.– *Noch / bald ein E. legen* u.ä. voller Ungeduld, Unzufriedenheit, Enttäuschung sein, °NB, °OP, °SCH vielf., °OB mehrf., MF vereinz.: °*wenn eahm dös net aussiganga war, hätt er no Oa glegt* Salzweg PA; °*der legt no a Oa* „kann es kaum erwarten" Schwandf;– Angst haben, °OB vereinz.: °*wie der Kerl schlottert, der legt bald Oar!* Gmund MB;– übereifrig sein, sich überarbeiten, sich übereilen, °OB, °NB, °OP vereinz.: °*vor lauter Schuftn fangt er, glab i, s Oarlöngn a no o* Fischbachau MB; °*der legt heut no a Oa, a so pressierts dem* Neufahrn MAL;– umständlich handeln, nicht vorankommen, °OB, °NB vereinz.: °*der legt no a Oar* „unentschlossener Langweiler" Birkenstein MB;– sich wichtig machen, großtun, °SCH vielf., °OB, °NB, °OP vereinz.: °*der legt no a Oa* „nimmt sich wichtig" Langquaid ROL; °*schau den Sprutz* [eingebildeter Mensch] *a, der legt bal Oiar!* Windischeschenbach NEW;– *so gescheit sein, daß man bald E.er legt* u.ä. sich für besonders schlau halten, °NB mehrf., °OB, °OP, °SCH vereinz.: °*des wead a so a Gscheidmeier sei, der, moan i, legt boid Aar aa* Frsg; °*dö is so gscheid, daß bald Oar legt* Landshut; *Der legt Oa vor lauter Gscheidheit* HÄRING Gäuboden 196.– *Sein(e) E.(er) irgendwo hinlegen* sich für etwas, jmdn entscheiden, °NB mehrf., °OB, °OP vereinz.: °*wo wead den dea amoi seine Oa hilegn?* Simbach EG; *Deà woàs àà ned, wo-à sẽi Oà hi-leng soi* „besonders beim Heiraten" KAPS Welt d.Bauern 6;– etwas aushecken, °OB, °NB, °OP vereinz.: °*der hat was Unguats im Sinn, wo werd er denn desmoi seine Oa hilegn?* N'viehbach DGF.– *Dea legt gern seine Oar in ara frembs Nest* „ist ein Ehebrecher" Cham, ähnlich KÖZ.– *Den ... legd dà Giggàl ... àà nã Oà às Nesd* „Der hat unglaubliches Glück" KAPS Welt d.Bauern 127.– *Dèr hàut án Â ... fərlégt* „einen Verlust im Kauf oder Verkauf erlitten" mittl.Altmühltal DMA (FROMMANN) 7 (1877) 409.– *Sich anstellen wie die Kuh / der Gockel / der Hund zum E.erlegen* sich ungeschickt anstellen, °OP, °MF vereinz.: °*der stellt sich an, wie die Kuh zum Eierlegen* Allersbg HIP.– *Wenn die Katze / der Gockel ein E. legt* u.ä. niemals, °NB, °OP, °MF, °SCH vereinz.: °*des kröigst, wenn d Katz a Aa glegt hout* Grafenwöhr ESB; *wenn d' Katz an Oar legt* WINKLER Heimatspr. 81;– °*daö legt doch freja d Katz a Oa!* [das ist unmöglich, wird niemals passieren] Ambg;– °*da kannst wartn, bis die Katz Eier legt* [bis zu einem nie eintretenden Zeitpunkt] Windischeschenbach NEW.– °*Du schwaföst daher, wia wenn d Katz Oar legn tat* [redest von unmöglichen od. unsinnigen Dingen] Gotteszell VIT.– *I glaabs net, daß d'Gäul aa Oar legn* [bin nicht leichtgläubig] Altb.Heimatp. 10 (1958) Nr.14,4.– *Man soll sich nicht um ungelegte E.er kümmern* u.ä. um Dinge, die noch nicht spruchreif sind, OB, °OP vereinz.: *ma soll si net kümmern um unglegte Eier* Wasserburg; *Ma sul si niad kümmarn um an unglégts Oai* Heideck HIP SCHÖNWERTH Sprichw. 10;– *Mit unglegte Oar is net guat Schmarrn kocha* [wohl Dinge, die nicht spruchreif sind, sind nicht verläßlich]

BEKH Spruchweish. 98.– *S'Oar in da Henn is ihra Tagwerk* Altb.Heimatp. 10 (1958) Nr. 14,4.– *Das E. ist gescheiter als die Henne* u.ä. ein Unerfahrener meint, er sei klüger als die Erfahrenen, °OB, °NB, °OP vereinz.: °*dou is Oa gscheita wöi d Henn* Wdsassen TIR; „*D'Oar mechtn gscheita sei als wia d'Henna*, sagt man zu vorlauten Kindern" WAGNER Zuwanderung 9.– *Iatz fangan d Oar a scho s Schmatzn o* „die Grünschnäbel mischen sich in das Gespräch der Erfahrenen ein" Reisbach DGF.– °*S Oar und da Hennadreg gehn oan Weg* [wohl Gutes u. Schlechtes haben einen Ursprung] Tittmoning LF, ähnlich SCHÖNWERTH Sprichw. 8.– *Oàl und Jung bringàn àn Dàife um* „Die Pflege der Nachkommenschaft reibt die widerstandsfähigste Natur auf" KAPS Welt d.Bauern 10, ähnlich DGF.– *De hamd ... Junge und Oàl und àn Egg hindd schã wiidà à Nesd* „haben ein Haus voller Kinder und erwarten schon wieder Nachwuchs" KAPS Welt d.Bauern 10.– *dej haut allawal Oaia und Gung* „kommt nie zur Ruhe" nach KONRAD nördl.Opf. 61.– *Viel Geschrei um ein E.* u.ä. viel Aufhebens um eine Nichtigkeit, °OB, °OP vereinz.: °*sua vl Gschroa um des weng Oa!* Wdsassen TIR; *Vui G'schroa und weni Oar* BEKH Spruchweish. 18.– „wertlos ... *Des is höchstens sieb'n ausblosene Oar wert*" Altb.Heimatp. 10 (1958) Nr.14,4.– *Wem d' Henn g'hört, dem g'hörn aa d' Oar* BEKH Spruchweish. 77;– °*allas ghöit dia, wos d Henna leng, blåuß niat d Oia* Sulzbach-Rosenbg.– „die Flinte ins Korn werfen und von vorneherein jeden Widerstand aufgeben ... *Wer 's Oar zum Fensta nauswirft, brauchts nimma aufhebn*" Altb.Heimatp. 10 (1958) Nr.14,4, ähnlich Wasserburg.– Sprüche: *a gleichs Oa, nöt z groß, nöt z kloa* Passau.– „wenn der Hirte wieder gedingt worden ist, kündet er den ersten Weidetrieb ... an: *Morgen treib' i d' Oar aus!*" BRONNER Sitt' 264.– „*O^{a} undd^{a}, Ko^{a}b ow^{a}, Rä legd se, Gråàch bådd se, d' Sau kàm endd àà* ... Spruch zu Schwemmgut bei Inn-Hochwasser" BAUMGARTNER Wasserburger Ld 55.– Rätsel: *A Fassarl mid zwoaraloy Baiar* [Bier] ... *S'Oa* O'bernrieth VOH SCHÖNWERTH Leseb. 292.– Abzählreim: *hinte da Heck hout d Henn valegt, eins zwei drei wejvü Oia houtsn glegt, eins zwei drei und du bist frei* Reuth a.Wald WUG.– Vkde: Man glaubt, aus stumpfen *E.ern* schlüpfen Hühner, aus spitzen Hähne (NEW), aus *Eiern, die in der Mitt' 's Döllerl haben ... Hennen ... die oben 's Döllerl haben ... Hahna* SIEBZEHNRIEBL Grenzwaldheimat 297.— „Den Kindern legte man häufig drei Dinge zur 'Auswahl' hin: ein Ei, einen Schlüssel und ein Geldstück. *Nimmt se's Oa, werds a Bäuerin, nimmts an Schlüssl, werds a Zigeinerin, nimmts aber 's Geld, na werds reich*" GASSNER Rgbg.Vkde 11.— „*Wenn oan von de Oar tramt*, kündigt sich unangenehmer Besuch an" Walkertshfn DAH.– **1aβ** von anderen Tieren, SCH vielf., OB, NB, OP, MF vereinz.: *Oa-al* „Bieneneier" Mittich GRI; *Oia* Rogen der Fische Willenhfn PAR; *Oua egir* [der Natter] Tegernsee MB 2.H.11.Jh. StSG. I,615,1; *daz die egdehse niht průt ob irn ayrn* KONRADvM BdN 301,16.– **1b** Hühnerei als Nahrungsmittel, °Gesamtgeb. vielf.: *a woags Oa* weichgesottnes Ei Freimann M; °*gib ma fei frische Oja, i brauchats zum Eikolchn!* Kehndemenrth NEW; *a roachs Oar aussaufa* Derching FDB; *Bounza* [Dampfnudeln] ... *Dawal machd mar ungfehr an halwa Liddr Mülli warm, bals as leidd, ka mr do o a Oa ... nejdua* WÖLZMÜLLER Lechrainer 89; *als ich stirbe/ so sol ... der hof ... an die vorginanten vrowen vallen · an ... hůner ... und aiger · div svln werden Meiner ... tohter Gerdraude* Mchn 1283 Corp.Urk. II,5,9-11; *ain ayr, wol haiß gepraten* Roßarznei (DEINHARDT) 101; *alsdann gieng er etliche Häuser ab ... wo man ihm ... bald mit Butter/ bald mit Air und Schmalz ... geholffen* SELHAMER Tuba Rustica I,302.– Phras.: *eingeschlagenes E.* gebratenes Ei, v.a. Rührei, auch Spiegelei, °OB, °NB, °OP, °MF, °SCH vereinz.: °*eigschlagni Oar* Rühreier Gundelshm DON; „Rühreier oder Ochsenaugen ... *heint gi(b)ts blaouß aagschlogna Oia und Solat*" SINGER Arzbg. Wb. 13f.– *Aufgesetzte / eingesetzte E.er* im Ofen gebackenens Gericht aus Eiern u. Rahm: „Als Hauptspeisen kamen ... *eingesetzte Eier* ... auf den Fastentisch" MM 28.3.1996, 30; „*Aufgesetzte Eier* mit saurem Rahmguß" SCHANDRI Rgbg.Kochb. 154.– *E.er im / und Schmalz* Gericht aus in Schmalz od. Butter gebratenen Eiern, Rührei, Pfannkuchen, auch als →[*Eier*]*schmalz* N. aufgefaßt, °OB, OP, MF, SCH vereinz.: *Oaraschmâiz* Derching FDB; *Dö Dirn ... nimmt a Handvoll Soiz Und kocht an Baurn ... Oar im Schmoiz* Volkenschwand MAI HUBER-SIMBECK Ndb.Liederb. 11; „Das ... *Aərəschmàlz*" SCHMELLER I,55;– „Wird dabey eine Zuthat von Fleisch ... verwendet, wovon der Katholik an Fasttagen nicht genießen soll, so heißt es *ein lutherisches Aijer in Schmalz*“ SCHMELLER I,55.– *Eier im Hemd* „rohe Eier ohne Schale in siedendes Wasser eingelegt, etwas Essig und Salz dazugegeben“ Wasserburg;– *verlorne Eier* Wasserburg.– *Rotes E.* gekochtes buntes Osterei, OB, °NB, °OP, MF vereinz.: °*da Gockl legt die rotn Oa, aber ma muaß eam zerscht d Füaß waschn und d Oafarb unters Fuada mischn* „erzählt man den Kindern“ N'viehbach DGF; „Ostereier ... *roude Oa* ... blau, grün, gelb, oder wie auch immer ... eingefärbt“ WANDTNER Apfelbaum 44;– Sprüche: „In Mitterteich [TIR] sagte man zu den Kindern, um sie anzueifern: *Kräigst a rouds Oa!*“ Oberpfalz 72 (1984) 82;– „Trostvers für [weinende] Kleinkinder ... *Grain, grain, grain aweng; kräigst a rouds Oa! Grain, grain, grain nu aweng; kräigst glei zwoa!*“ Oberpfalz 72 (1984) 82;– auch: †Ostergeschenk allg.: *Die Jungen* [Bären] ... *seindt ... meinem Tochterman ... und ... meinem Sohn ... zu ainem rothen Ayr verehrt worden* 1695 POSCHINGER Glashüttengut Frauenau 107.– *In die (roten) E.er gehen* u.ä. um Eier od. anderes bitten (v.a. von Kindern bei den Bauern u. Burschen bei ihren Mädchen), Osterbrauch, OB, °NB, °OP vereinz.: *in da Kårwoch gegnt årma Kinda a d Oa* Bernau RO; *Do han mir zwoa Manner en Oustermontag ... zen Kammerfenster um de routn Oier ... ganga* VIT BJV 1953,31;– *E.er betteln / bitten / singen* u.ä. OB, NB, OP, SCH vereinz.: *s Oarbidn* „die Burschen bekommen von den Mädchen neben Eiern auch Zigarren“ Gallenbach AIC; „arme Leute gehen *öns Oabettln*“ Schönau EG; „*Morng gemma zum Oiasinga* ... in der Nacht von Ostersonntag auf Ostermontag [gehen] die ledigen Burschen von Haus zu Haus ... und [singen] so lange ... bis sie Ostereier [bekommen]“ SUL Heimatkalender für die Oberpfalz 22 (1998) 63;– Sprüche dabei: *bitt ga schö um a råuts Oa* „Bittspruch der Bettelweiber“ Mittich GRI, ähnlich Wasserburg;– °*Gejd owa Oja, Oja owa Gejd, Gejd owa Oja, Oja owa Gejd, Gejd!* „Ruf der Ministranten nach Abschluß des Karfreitagratschens am Karsamstag“ Zwiesel REG;– „Keine *Bain* [Bäuerin] ließ die Ministranten beim Ruf *Oar raus, oder a Eck vum Haus* unbeschenkt ziehen“ WÖLZMÜLLER Lechrainer 35;– Vers: *öitza is d Fastn goa, öitza is goa, håust ma kå Bretzn kaft, kröigst kå råuts Oa* „weist ein Mädchen einen Burschen zurück, der ihm zuvor in der Fastenzeit keine Breze gekauft hat“ Vohenstrauß.– *Grünes E.* grün gefärbtes Ei, das am Gründonnerstag verschenkt wird: „Auch die Erwachsenen ... bekommen ... ihr *gräins Oa*“ Neualbenrth TIR FÄHNRICH Brauchtum Opf. 93.– *(Ein)gebundenes / gescheckichtes E.* u.ä. mit dem Abdruck von aufgelegten Gräsern u.ä. verziertes Osterei, das zum Färben in einen Strumpf u.ä. eingebunden wird, °SCH mehrf., °OB, °NB, °OP, °SCH vereinz.: °*bundne Oia* Brunn PAR; „die *gscheckatn ... Eier*, die besonders als Liebeszeichen geschätzt sind“ HuV 16 (1938) 125.– *Faules Ei* „fauler Mensch“ N'bergkchn MÜ.– *Mit jmdm / etwas umgehen wie mit einem rohen / gescherfelten E.* u.ä. vorsichtig, behutsam, °OB vereinz.: °*dös is a kitzliche Sach, do mouscht affbassn wej bei rouhe Oia* Wettstetten IN; *Mit dem muaß ma umgeh wia mit an Oar ohne Schelf* [ohne feste Kalkschale] Altb.Heimatp. 10 (1958) Nr. 14,4.– *Das E. kostet mehr als die Henne* u.ä. die Nebenkosten übersteigen den Wert der Ware, °OB, °NB, °SCH vereinz.: °*do kosts Oa mehr wia d Henna* Friedbg.– °*Er vakaft d Oar, bevor daß d Henn glegt hod* „tut etwas voreilig“ Fraunbg ED, ähnlich Baier.Sprw. II,193.– „Das Ei gilt als vollwertiges Nahrungsmittel, weshalb man sagt: *A Oar is a ganze Gab*“ Altb.Heimatp. 10 (1958) Nr.14,4.– *Eier in da Pfann gebn koane junga Hendl* Altb.Heimatp. 10 (1958) Nr.14,4.– *D'Oa und a Jungfer deaf ma net z'lang afhebn* HÄRING Gäuboden 199, ähnlich SCHÖNWERTH Sprichw. 24.– Sprüche: „Draußen ... kräht der Hahn, drinnen schreit der ... Junge: *Kickeriki, die Oa ... friß i*“ Bay.Wald BRONNER Bayer.Land 335.– *An Oal und a Schdick Butta vodiabt nix, håd da Hanswuaschd gsågt* Reisbach DGF.– Ausruf der Eierverkäufer: *E.er und Oa(r)!* rohe / weichgekochte Eier u. hartgekochte Eier!, OB, NB vereinz.: *Eier und Oar!* Mchn; „Auf dem Münchner Viktualienmarkt konnte man früher zur Osterzeit die Weiber ausrufen hören: *Eier und Oar!*“ DINGLER Mda. 54.– Zungenbrecher: °*kaffst ma du a a Aa o?* „kaufst du mir auch ein Ei ab?“ Erbendf NEW.– *I dààd mà ę̄ę̄ äi Ǫà kauffà, ǫwà i hā ... koà Gejd* „Ich täte mir eh ... ein(ig)e ... Eier kaufen“ KAPS Welt d.Bauern 130.– *I drǫǫg ēà ę̄ę̄ oi Joà ... āi Oà ǫe* „Ich trage ihnen eh ... alle ... Jahr ein(ig)e ... Eier abhin“ KAPS Welt d.Bauern 130.– Bräuche, Spiele, v.a. an Ostern: *E.er →pecken / →tepfen / →titschen / →specken* u.a. Ostereier gegeneinanderstoßen;— Sachl. s. *pecken*, Bed. 1b.– *E.er* →*ballern*[1] / →*treiben* / →*rudeln* / →*scheiben* u.a. Ostereier rollen (lassen);— Sachl. s. *ballern*[1], Bed. 1.– *E.er* →*tatschen* / →*schmeißen* u.a. ein Osterei mit einer Münze bewerfen;— Sachl. s. *Pfenni(n)g*, Bed. 1a.– *E.er* →*klauben* Eier aufsammeln.– *E.er* →*laufen* mit einem auf einen Löffel gelegten Ei eine best. Strecke zurücklegen.

2 eiförmig hergestellter Gegenstand: *a schakaladas Oar* Klingenbrunn GRA; „Die Glaseier ... *Oara* genannt ... Ostergabe ... darüberhinaus ... Stopf-Ei" Spiegelau GRA Haller Glasmacherbrauch 124.

3 meist Dim., Pflaumenart, bes. Eierpflaume, auch in Phras. *gelbes* / *rotes E.*, °südl.OB mehrf., MF vereinz.: *gelbi Oal, roiri Oal* Neukchn LF; *Oal* Spr.Rupertiwinkel 66.

4 meist Pl., Hoden, °OB, °NB, °OP, °MF vereinz.: °*ea hod eahm in d Oa dredn* O'schleißhm M; °*d Oia* Hohenkemnath AM; „In Hermannsdorf [SR] ... in Mengkofen [DGF] ... in gewissen Orten des Laabertales wirft man die ... *Eierl* ... der frisch kastrierten Ferkel übers (oder auch aufs) Dach, damit die Tiere nach der Operation gut gedeihen" Schlappinger Wurzelholz 86f.

5: *s Oal* „Glaskugel mit Quecksilber am unteren Ende des Thermometers" Reisbach DGF.

6 Dim. Pl., Quark, milchige Soße.– **6a** Quark, Klümpchen der Sauermilch, °OB, NB vereinz.: *d Oil* U'mitterdf REG; *oil* Unterer Bay.Wald Kollmer II,349.– **6b** milchige Soße, die sich beim Kochen der Dampfnudeln bildet, °NB vereinz.: °*die Oal* „aus saurem Schmalz und Milch, in welche die Dampfnudeln gelegt worden sind" Reut PAN.

7: *Oal* der obere gewölbte Teil der Dampfnudel Kchstein LF.

8 Trumpfkarte: *Jatz tuan wir ihm d' Oal ausher!* [ziehen wir ihm die Trümpfe heraus] Schlappinger Niederbayer II,44.

9 †Gegenstand, der unter einen Grenzstein gelegt wird: *die ZiegelTrümmer = Koln = glasscherben ... nennt man ... Ayr, auch Zeugen* 1740 Cgm 4523,fol.22[r].

10 Dummkopf, törichter Mensch: *du Oierl!* Schemm Die allerneistn Deas-Gsch. 139.

Etym.: Ahd., mhd. *ei* stn., germ. Wort idg. Herkunft; Kluge-Seebold 230.

Ltg, Formen: *ǫɒ* u.ä. OB, NB, OP, SCH (dazu EIH, GUN, HEB, HIP, WUG), *uɒ* (BOG, KÖZ, SR, VIT), *ǫi* u.ä. SCH (dazu IN, LL, SOG, WM; WOS; AM, RID, SUL, WEN; EIH, HIP, WUG), *ai* MF (dazu DAH, M; PEG; A, ND), *ǭ* u.ä. nördl.OP, OF, *ō* (REG).— Pl. *ǫɒr* u.ä. OB, NB, SCH, *ǫɒrɒ* u.ä. (GRA; WUG; ND), *-rɒr* (ND), *ǫiɒ* u.ä. NB, OP, OF, MF (dazu AÖ, IN), *ǫi(ə)r* u.ä. sw.OB, SCH (dazu REG, WEG, WOS), *aiɒ* OF, MF (dazu DAH, M; BOG, KEH, LA, MAL, SR; BUL, SUL; ND), *aiɒr* (A).— Häufig Sg. nach Pl. *ǫɒr* u.ä. OB, NB, SCH, *ǫiɒ* u.ä. OP (dazu MAL).— Auch Pl. nach Sg. *ǫɒ* u.ä. OB, NB, OP (dazu EIH, WUG; ND), *ǫi* u.ä. (SOG; WOS; EIH, WUG; DON), *ǭ* u.ä. nördl.OP.— Dim. *ǫɒl* u.ä. OB, NB (dazu RID), *ǫɒlɒ* u.ä. OB, SCH (dazu EIH, GUN, WUG), *ǫɒlai* (MB), *ǫɒdai* (TS), *ǫil* u.ä. (GAP; DEG, REG, WOS), *ǫiɒl* u.ä. NB, OP (dazu WUN), *ǫiɒlɒ* u.ä. (NAB, R; HEB, HIP; DON), *ailɒ* (SOG).

Delling I,147, II,95f.; Schmeller I,55, 121, 1321, 1448, II,62, 551, 904; Zaupser 55, Nachl. 31.– WBÖ V,1352-1365.

Abl.: *ei(er)licht, eierln*[1], *eiern, eiicht, eiisch.*

Komp.: [**Ameis(en)**]**e.**, [**Abeis**]- Ameisenpuppe, OB, °NB, OP, SCH vereinz.: *Aboaßoar* (Ef.) Peiting SOG; °*Umeussnęul* Langdf REG; *Ameißen-Eier Oel ... köstlich zu den Augen, und zu den gehör ... Thue die Ameisen-Eier zusammen in einen Topf, schlachß in ein Lab Brod, darnach distillirs in einen Glas an der sohnnen* Ernst Heilzauber u. Aberglaube Opf. 36; *mach ain angel ... daran stöss aymass air 3 oder 4* 15./16.Jh. ZDA 14 (1869) 169 (Tegernseer Angel- u. Fischb.); *Die Fasanen ... fressen Wachholder- und Brombeere, wie auch Ameiß-Eyerle* Schreger Speiß-Meister 94f.

WBÖ V,1365.

Mehrfachkomp.: †[**Bär-ameisen**]**e.** Puppe der Waldameise (→[*Bär(en)*]*ameise*): *peramaissenayr zu keder an die engel* 15./16.Jh. ZDA 14 (1869) 173 (Tegernseer Angel- u. Fischb.).

[**Pappel(ein)**]**e.** Ei als Geschenk für einen Säugling, durch das er leichter sprechen lernen soll, OB, °OP, MF vereinz.: *Bablei* Wdmünchen; *Papperlei* Neunkchn LAU.

[**Papsten**]**e.** wie →*E.*3: °*Papsteneier* „große blaue Pflaumen" Rottenburg.

WBÖ V,1366.

[**Pech**]**e.** mit Pech ausgegossenes Ei, das beim Gegeneinanderstoßen von Ostereiern u.ä. Bräuchen verwendet wird, OB, °NB, OP, OF, MF vereinz.: *dea Bazi håt mi beim Oaeinwerfa mit an Böchoa bschießn!* Passau; *Haut's ihn zum Dorf naus, der hat a Pechoarl!* Altb. Heimatp. 8 (1956) Nr.14,9.

WBÖ V,1366.

[**Peck**]**e.** hölzernes, gipsernes od. mit Pech ausgegossenes Ei, das beim Gegeneinanderstoßen von Ostereiern u.ä. Bräuchen verwendet wird, °OB, NB vereinz.: *a foisch Beggoa zum Begga* Wurmannsquick EG.

[**Beicht**]**e.** Ei als Geschenk, Abgabe an den Pfarrer nach der Beichte: °*Beichtoa* Tacherting TS; „Die Bäuerin gab für jeden Beichtzettel ein Ei (*Beichteier einbringen*)" WEISS Bauernjahr Kirchdf.Ld 26.
WBÖ V,1366.

[**Perl**]**e.** Ei des Perlhuhns, OB, NB vereinz.: *Berloa* „das *Spitzeln* [Gegeneinanderstoßen von Ostereiern] damit gilt als Betrug, weil sie eine härtere Schale als Hühnereier haben" Marquartstein TS.
WBÖ V,1366.

[**Bilg**]**e.,** [**Bild**]**-,** [**Birg**]**-,** [**Balg**]**- 1** Nestei, meist künstliches Ei, das ins Nest gelegt wird, um das Huhn zum Eierlegen anzuregen, °NB mehrf., °OB, °OP, MF, SCH vereinz.: *s Beuidoar* Teising MÜ; *Billiei* „Gipsei" Limbach PA; °*Buloa* Moosham R; „Weiße Glaseier wurden im Hühnerstall als ... *Bej-Oa* benutzt" HALLER Geschundenes Glas 110; *Bill-Aə* Bay.Wald SCHMELLER I,236; *ain pilgay, wan ez ist den hennen ein pild ze ayrn* KONRADvM BdN 220, 18f.– Phras.: „Da schimpft eine die andere ein *gestunkenes Bilei* [Schimpfw.]" LINKE Jahr 118.– „Hagelkörner *wia Buioa* [sehr große]" Pfeffenhsn ROL.– **2** unbefruchtetes, erfolglos bebrütetes Ei: *bəiǫə* „leeres Ei" SCHIESSL Eichendf I,24.– **3** wie →[*Peck*]*e.*, °OB, °NB, OP vereinz.: °*Beioar* Fürstenstein PA; *der Gribbe hod a Bejgoa!* WANDTNER Apfelbaum 49.– **4** Schokoladenei: *Boigoar* „Ostereier aus Schokolade" Limbach PA.– Wohl zu →*Bild* od. mhd. *beligen* ‘liegen bleiben’; WBÖ V,1368.
SCHMELLER I,55, 236.– WBÖ V,1367f.

[**Plapper(er)**]**e.** wie →[*Pappel(ein)*]*e.*, °OP vereinz.: °*a Plobereroa* „damit das Kind gut sprechen lernt" Schwandf.

[**Plauder**]**e.** wie →[*Pappel(ein)*]*e.*, OP, OF, MF vereinz.: *Plauderei* Rückersdf LAU.

[**Plausch**]**e.** wie →[*Pappel(ein)*]*e.*: *Plauschei* Döllnitz VOH.

[**Dienst-boten**]**e.** scherzh. Kartoffel, °OB vereinz.: °*Dianschdbodaoar* Rottenbuch SOG.

[**Pritsch**]**e. 1** wie →[*Pappel(ein)*]*e.*, °OP vereinz.: °*Britschoa* Schnaittenbach AM.– Auch: °*Britschei* „wenn ein Kind zum ersten Mal ins Nachbarhaus kommt, bekommt es ein Ei, damit es schöne Zähne kriegt" Schönbrunn LA.– **2** Vielredner(in), Schwätzer(in), °NB, °OP vereinz.: °*Pritschei* „klatschsüchtiger Mensch" Rdnburg.

[**Protzen**]**e.** Ei des Froschs: *Protznoala* Froschlaich Runding CHA.– Zu →*Protz* ‘Frosch’.

[**Brut**]**e. 1** zum Ausbrüten bestimmtes Ei, °OB, °NB vereinz.: °*Brutei* Reit i.W. TS; *De Bruatoar hatt i da ... de i dir ... verhoaßn hon* BAUER Oldinger Jahr 95.– **2** wie →[*Bilg*]*e.*1, OB, NB, OP vereinz.: *Bruatoa* Nestei Gergweis VOF; *bruatoar* Grafenaschau GAP nach SOB V,96.
WBÖ V,1368.

[**Ant-laß-pfinz-tag**]**e.** am Gründonnerstag (→[*Ant-laß-pfinz*]*tag*) gelegtes Ei, °OB, °NB, °OP vereinz.: *Antlaßpfinztaoar san da Henna scho im Orsch gweicht* „bekommen die Holzarbeiter zu essen, damit sie sich bei der Arbeit nicht mit dem Beil verletzen" Bichl TÖL; „die *Otlaspfinzta-Ojer* ... heilsam gegen Halsübel und Leibschäden ... bleiben ein Jahr frisch und wehren Unheil ab, wenn man sie im Stall aufhängt" SIEBZEHNRIEBL Grenzwaldheimat 200.
WBÖ V,1368f.

[**(Ge-)Speis-pfinz-tag**]**e.** wie →[*Ant-laß-pfinz-tag*]*e.*, °OB vereinz.: *Kschpeispfinztaoar, de hand an Nest drin scho gweicht* Erding; „Bemerkenswert ist ... dass sich die *šbaispfintsta-Eier* ... nahezu unbegrenzt halten sollen. Mit ihrem Dotter ... wird zu Weihnachten noch das *khlǫutsnbrǫut* bestrichen, um ihm besondere[n] Glanz zu verleihen" BRÜNNER Samerbg 150.– Zu →[*(Ge-)Speis-pfinz*]*tag* ‘Gründonnerstag’.

[**Weihen-pfinz-tag**]**e.,** [**Weihets-**]**-** wie →[*Ant-laß-pfinz-tag*]*e.*, ° OB (MB) vielf.: *boi* [wenn] *a Weihapfinztaoar an Haus is, schlagt da Dor id* [Blitz nicht] *ei* Taubenbg MB.– Zu →[*Weih-pfinz*]*tag* ‘Gründonnerstag’.
WBÖ V,1369.

[**Donners-tag**]**e.** wie →[*Ant-laß-pfinz-tag*]*e.*: *Donasdågoar* „gibt man den Mannsbildern zum Essen, damit sie im Sommer der Blitz nicht erschlägt" Ettal GAP.

Mehrfachkomp.: [**Grün-donners-tag(s)**]**e.** wie →[*Ant-laß-pfinz-tag*]*e.*, °OB, OP vereinz.:

°*Greandonnerstagoar ghern zum Weicha* Greiling TÖL; „Magische Eier ... *Gräidoaschtaoia*" Oberpfalz 72 (1984) 81.

[**Kar-frei-tag**]**e.** am Karfreitag gelegtes Ei: *Karfreidaeia san der Henn im Oarsch gweiht* „man braucht sie nicht einzukalken" OB.
WBÖ V,1369f.

[**Oster-mon-tag**]**e.** am Ostermontag gelegtes Ei: *Ostermontagoar* „bekommt die zweite Magd" Neuburg.

[**Sams-tag**]**e.** am Samstag gelegtes Ei: *Samstagsoa* „gehören zum Austrag" Finsing ED.

[**Oster-sonn-tag**]**e.** am Ostersonntag gelegtes Ei: *Ostersonntagoar* „bekommt die erste Magd" Neuburg.

[**Tauben**]**e.** Taubenei, OB, NB, OP, SCH vereinz.: *a Tabmoa* Naabdemenrth NEW.– Phras.: *wie ein T.* u.ä. sehr groß od. sehr klein (je nach Bezugsgröße), Gesamtgeb. vielf.: *Stoal wie Taubnoa* [große Hagelkörner] Walkertshfn DAH; *a Kobf wiara Taumoal* kleiner Kopf Kchbg PAN.
WBÖ V,1370.

[**Tee**]**e.** Tee-Ei: *Täääar* Kochel TÖL.
WBÖ V,1370.

[**Teufels**]**e.** Tretmine: °*dö Schwoazn* (Pioniere) *löng vo da Schtellung Teifösoa aus* Wimm PAN.
WBÖ V,1370.

[**Toten**]**e.**, [**Totel**]**-**, [**-ö-**]**-** Ei, das die Patin od. der Pate an Ostern dem Patenkind schenkt, °OB, NB, OP vereinz.: °*d Deeloia* „von der Tauf- oder Firmpatin" Wettstetten IN; „8-10 rote *Dödnoar* und 1 Torte am Ostermontag" Ergolding LA; *Duanåja* „vom Paten" Wildenrth NEW.– Zu →*Tote*, →*Töte*, →*Totel*, →*Tötel* 'Patin, Pate'.

[**Dotter**]**e.** wie →[*Bilg*]*e.*2, °OB, °NB vereinz.: *Duderoa* erfolglos bebrütetes Ei Gottsdf WEG.
SCHMELLER I,553.– WBÖ V,1371.

[**Ge-treide**]**e.** **1** Ei eines mit Getreide gefütterten Huhns: °*Troadoar* Thanning WOR.– **2** zur Konservierung in Getreidekörner eingelegtes Ei, °OB, °NB, °OP vereinz.: °*Troadoia* „in der Getreidetruhe aufbewahrt" Deggendf.
WBÖ V,1370.

[**Dreißigst(er)**]**e.** **1** im Zeitraum von etwa dreißig Tagen nach Mariä Himmelfahrt (15. August, →*dreißigst*,Bed.II,1c) gelegtes Ei, °OB, °SCH vereinz.: *Dreissigschdoar* Derching FDB; *Dreissgist-Aər* „zwischen Mariä Himmelfahrt und Mariä Geburt gelegt ... eignen sich vorzüglich zum Aufbewahren im Winter und werden im Frühjahr gerne zum Ausbrüten untergelegt" SCHMELLER I,563.– **2** im Zeitraum von etwa dreißig Tagen nach dem Tag der hl. Anna (26. Juli) gelegtes Ei: °*Dreischteroar* „haltbar, ohne eingekalkt zu werden" Kaufering LL.
SCHMELLER I,55, 563.– WBÖ V,1370f.

Mehrfachkomp.: [**Frau(en)-dreißiger**]**e.**, [**-dreißigst**]**-** wie →[*Dreißigst(er)*]*e.*1, °OB, °OP, °SCH vereinz.: °*Fraundreisgeschtoar* Kochel TÖL; „Die *Frauendreißiger Eier* wurden ... gesammelt und für den Winter eingekalkt" CHRISTL Aichacher Wb. 33.

[**Trink**]**e.** Trinkei: *s Trinkoa vakhauffa rentiat sö* Mittich GRI.

[**Drud(en)**]**e.** sehr kleines, unausgebildetes Ei, °OB, °OP, °MF, SCH vereinz.: °*Drudnoi* Wettstetten IN; *Drudoala* Eurasburg FDB; „Das *Drudoar*" ILMBERGER Fibel 50; *Das Truden-Ayr* „ungewöhnlich kleines Ey, das manchmal von einer Henne gelegt wird" SCHMELLER I,649.– Vkde: „*Drudeneyer* ... deuten ... auf Unglück; man wirft sie ... rückwärts über das Hausdach, womit auch das Unglück oder die *Drud* fort muß" Treffelstein WÜM, Spalt SC SCHÖNWERTH Opf. I,347, ähnlich Sulzkchn BEI.— „Nach dem Volksglauben kommt es von einer *Trud*, die das größere dafür weggenommen" SCHMELLER I,649.
SCHMELLER I,55, 649.

†[**Truhen**]**e.** in einer Truhe aufbewahrtes konserviertes Ei: *Truheneyer a 4 kr.* HÜBNER Mchn II,487.

[**Dutzend**]**e.** zwölf Eier: *das dutzndoa* KILGERT Gloss.Ratisbonense 66.

[**Elefanten**]**e.** etwas, um das man jmdn am 1. April schickt: °*Elefantenoar* Anzing EBE.

[**Enten**]**e.** Entenei, °OB, °NB vereinz.: °*Antnoa* Wasserburg.– Phras.: *wie ein E.* u.ä. sehr groß, OB, OP vereinz.: °„Hagelkörner *wia Andnoier*" Vilseck AM.

[**Fisch**]**e.** Fischei, OB, OP mehrf., NB, MF, SCH vereinz.: *Fischoa* Haunzenbergersöll

VIB; *Fischoala* Fischlaich Runding CHA; *Daz merer tail der visch ayr verderbent, wenn der rognær die ayr læzt in seim gang hin vnd her* KONRADvM BdN 270,15f.
WBÖ V,1365.

[**Flöß(el)**]**e.**, [**Flötz**]-, [**Flösch**]- Windei, Ei ohne feste Kalkschale, °OB, °OP, °OF, °MF vereinz.: °*Flöscheier* Bruckmühl AIB; °*Flösseloi* Traidendf BUL; °*Flößei* Arzbg WUN.– Zu →*flößen* 'ein Ei ohne Kalkschale legen'.

[**Frau(en)**]**e.** wie →[*Dreißigst(er)*]*e.*1, °OB, °NB, °OP, °MF vereinz.: °*host scho de Frauoar eikålkt?* Pittenhart TS; *d Frauaoar* „lassen sich aufbewahren ohne Kalk und Wasserglas" Hengersbg DEG; *Jetz, im Fraundreißger kaam er zum Kaaffa ... Gib koa her, koane Frauaoar* CHRIST Werke 562 (Rumplhanni); *Das Frâuen-Ayr* „zwischen Mariä Himmelfahrt und Mariä Geburt gelegt" SCHMELLER I, 802.
SCHMELLER I,802.– WBÖ V,1372.

[**Frosch**]**e. 1** wie →[*Protzen*]*e.*, OB, °NB, OP, MF, SCH vereinz.: °*Frooschoar* „Froschlaich" Walkertshfn MAI.– **2** Kaulquappe: *Fruaschoia* Krummennaab NEW; *Froschoarl* Hfdf DGF DWA V,21.
WBÖ V,1365.

[**Gack**]**e.** Echte Schlüsselblume (Primula veris): *Gageila* Prem SOG MARZELL Pfln. III, 1064.
WBÖ V,1372.

[**Gackel**]**e.** kleines Ei eines jungen Huhns: *Gåglоa* Neukchn LF.
WBÖ V,1372.

[**Gacker**]**e.** wie →[*Pappel(ein)*]*e.*: *a Gackeroa* Rgbg.
WBÖ V,1372.

[**Gams**]**e.** wie →[*Elefanten*]*e.*: *Gamsoar* Gegenstände, die der Aprilnarr holen soll MB.– Auch †scherzh. Antwort auf die Frage nach der Bez. für einen eiförmigen Gegenstand: „Wat sind dat wohl für Dinger da? ... *Gambsoar sands, gnädi Herr!*" Chiemgau J. G. Entmooser, Almröserl, Traunstein [3]1881, 6.

[**Gans**]**e.**, [**Gänse**]- Gänseei, °NB, MF vereinz.: °*a Gensoa* Bindering VOF; „ein gesottenes, aber ungefärbtes *Gåusoa* wird mit gefärbten Ostereiern mitgeweiht und am Ostersonntag in so viele Stücke geschnitten, wie Personen auf dem Hof sind" EIH; *die Gänsoar g'hörn mei, der Nachbar hat mir's abtreten* Landsh. Ztg 18 (1866) 309; *nimb ... ain khnoln weiß pöch, so groß als ain gannß ayr* Roßarznei (DEINHARDT) 63.– Phras.: (*so groß*) *wie ein G.* u.ä. sehr groß od. sehr klein (je nach Bezugsgröße), OB, OP vereinz.: *Binkl wie a Gansei* Flintsbach RO; „Hagelkörner *wia Gensoier*" Vilseck AM; *Dö Raana* [Roten Rüben] *war'n ... na nöt größer als wia a Gänsoa* SCHMALHOFER Brautweiser 36.
WBÖ V,1372.

[**Gips**]**e. 1** Ei aus Gips, das ins Nest gelegt wird, um das Huhn zum Eierlegen anzuregen: *Gipseua* Herrnthann R; *gipſoar* Eitting ED nach SOB V,96.– **2** mit Gips verstärktes od. vollständig aus Gips bestehendes Ei, das beim Gegeneinanderstoßen von Ostereiern u.ä. Bräuchen verwendet wird, OB, NB, OP vereinz.: *Gipsoa* Fürstenfeldbruck; *De zwoa Batzi ham Gipsoar* VALENTIN Jugendstreiche 27.
WBÖ V,1372.

[**Wasser-glas**]**e.** in Wasserglas, best. Flüssigkeit, konserviertes Ei: *Wåsserglosoar* Derching FDB.

[**Gluck**]**e.** wie →[*Bilg*]*e.*1: *Gluckoa* Nestei Elsenbach MÜ.

[**Glücks**]**e.** einem Säugling als Glücksbringer geschenktes Ei: *Glücksoa* Wenzenbach R.

Mehrfachkomp.: [**Un-glücks**]**e.** wie →[*Drud(en)*]*e.*, OP, MF vereinz.: *Unglücksoia* „werden aufbewahrt und am Ostersonntag geweiht" Taxöldern NEN.

[**Gockel**]**e. 1** gekochtes buntes Osterei, °OB, °NB vereinz.: °*bleamade Gokloar* Wildenroth FFB; „Wir suchten als Kinder die *Gockleier*" Neualbenrth TIR Oberpfalz 72 (1984) 85.– **2** wie →[*Bilg*]*e.*2: *Das ... Gockl-Aer* „Wind-Ey" SCHMELLER I,885.
SCHMELLER I,55, 885.

Mehrfachkomp.: [**Hahnen-gockel**]**e.** grün gefärbtes Ei, das am Gründonnerstag verschenkt wird: *Houst heint scho' dei' Hahnagockl-Oa kräigt?* Neualbenrth TIR FÄHNRICH Brauchtum Opf. 93.

[**Goten**]**e.**, [**-ö-**]-, [**Gotel**]- wie →[*Toten*]*e.*, OB, NB, OP vereinz.: *Gödnoa* „sechs Stück für jedes Patenkind" Willing AIB; *Godloia* Freihung AM; „Während der Ostertage erhalten

die Patenkinder die *Godnoar*, ungefähr 10 Eier, die sie selbst holen müssen" BERGMAIER Ruhpolding 446.– Zu →*Gote*, →*Göte*, →*Gotel* 'Patin, Pate'.
WBÖ V,1372.

[**Habern**]**e.** Ei eines mit Hafer gefütterten Huhns: °*Habernoa* „mit hellgelbem Dotter" Schaufling DEG.

[**Hasen**]**e. 1** wie →[*Gockel*]*e.*1, °MF vereinz.: °*Hosaoa* Osterei Euerwang HIP.– **2** Stäubling (Lycoperdon): *s Hosnoa* „Bovist" Naabdemenrth NEW; „Wenn ... die Wiese ... mit dem weißglänzenden Bovist ... *dem Hasenei* besät ist" BAUERNFEIND Nordopf. 80.

[**Hennen**]**e. 1** Hühnerei, °OB, °NB, OP, MF vereinz.: *Hehneroa* Piding BGD; *der Ma(r)der hot ... net recht vui furt, sched Heneroier* KÖZ BJV 1952,28; *Die Henner-Eyer seynd trefflich gesund* SCHREGER Speiß-Meister 125.– Phras.: (*so groß*) *wie ein H.* u.ä. sehr groß, OB, NB, OP, MF vereinz.: *a Binggl wiara Hennaoa* Iggensbach DEG; *Hag'lkörna, sua graouß fast wöi Henna-Oaia* Wir am Steinwald 5 (1997) 153.– **2** wie →*E.*3, MF (EIH) mehrf.: *Heneroier* „Pflaumen" Tauberfd EIH.
WBÖ V,1373.

[**Hennlein**]**e.** wie →[*Gackel*]*e.*: *Hendlei* Eilein Sauerlach WOR.

[**Hetschen**]**e.** wie →[*Protzen*]*e.*, OP, MF vereinz.: *Hidschnoia* Froschlaich Fürnrd SUL.– Zu →*Hetsche* 'Frosch'.

[**Hexen**]**e. 1** wie →[*Drud(en)*]*e.*, °OB, °NB, °OP, SCH vereinz.: °*Hexnoa* ungewöhnlich kleines Ei Winklsaß MAL; „*Hexnoierln* ... deuten auf Tod oder Brand im Haus und man wirft sie über das Hausdach" WINKLER Heimatspr. 97.– Auch Ei ohne Dotter: *häksn-oa* KOLLMER II,457.– **2** wie →[*Bilg*]*e.*2: °*Hexeneier* „unbefruchtete Eier" Ingolstadt.– **3** Ei, in dem etwas versteckt ist: *Hexnoar* „in ein Ei wird vor dem Sieden ein Löchlein gebohrt und ein Roßhaar hineingeschoben, um jemand zu verblüffen" Friedbg.– **4** Stinkmorchling (Phallus impudicus), NB, °OP vereinz.: *Hexnoil* Metten DEG.
WBÖ V,1374.

[**Holz**]**e.** aus Holz gefertigtes Ei, OB, NB, OP, SCH vereinz.: *Hoizoar* „als Nest- oder Stopfei verwendet" Haimhsn DAH; *195 Holzeier à 1 dl.* Eschenfden SUL 1608 VHO 45 (1893) 103.– Auch: *Holzoia* „hölzerne Nachbildungen von Eiern, schön rot und zum Öffnen" Meßnerskreith BUL.
WBÖ V,1374.

[**Hühner**]**e.** wie →[*Hennen*]*e.*1, in Phras. *wie ein H.* u.ä. sehr groß, MF mehrf., OB, NB, OP vereinz.: „Hagelkörner *wie Hühneroijer*" Mischelbach WUG.
WBÖ V,1374.

[**Hühnlein**]**e.** wie →[*Gackel*]*e.*, °OB vereinz.: *Hianloa* Neukchn LF.
WBÖ V,1374.

[**Kälblein**]**e.** wie →[*Elefanten*]*e.*: °*Kaibloia* Dinge, die ein Kind zum Scherz am 1. April holen soll Schmidmühlen BUL.

[**Kalk**]**e.** zur Konservierung in Kalkwasser eingelegtes Ei, °NB, °SCH mehrf., °OB, °OP, °MF vereinz.: °*an ganzn Winta hods Kalchoar gem* O'audf RO; *Koicheua* JUDENMANN Opf.Wb. 96.
WBÖ V,1374f.

[**Eich-kätzlein**]**e.** wie →[*Elefanten*]*e.*: °*Oachkatzloar* „soll ein Kind am 1. April holen" Siegsdf TS.

†[**Christ-kindlein**]**e.** Ei als Geschenk an das Christkind: „*Christkindl-Eier* ... am Weihnachtsabend auf den rechten Altar ein Körbchen ... Dorthin brachte man von jedem Anwesen ein Ei (das erste, das ein junges Hühnchen legte) und schenkte es dem Christkind" U'windach LL um 1870 Dt.Gaue 14 (1913) 233.

[**Kisten**]**e.** wie →[*Truhen*]*e.*, OB, OP, SCH vereinz.: *Kischnoar* Derching FDB.

[**Klapper**]**e. 1** wie →[*Pappel(ein)*]*e.*, °OP vereinz.: °*a Globeroa* Trausnitz NAB; „*Kloberey* ... mit Honig oder Rahm bestrichen, damit das Kind daran lecke und bald ... *klappern* oder *plappern* lerne" NEN SCHÖNWERTH Opf. I,182.– **2**: *Globarua* „zerbrochenes Ei" Zandt KÖZ.

[**Klatsch**]**e.** wie →[*Pappel(ein)*]*e.*, NB, OP vereinz.: *a Klatschoa* Kolmbg CHA.

†[**Körblein**]**e.** im Korb zum Markt gebrachtes frisches Ei: *Körbeleyer a 4 kr.* HÜBNER Mchn II,487.

[Kot]e. 1 wie →[*Bilg*]*e*.2, °NB mehrf., °OB, °OP, °SCH vereinz.: °*ausm Koutoa wird koa Singerl* (Küken) Arnstorf EG; *Koudoar* „unbefruchtete Eier" HÄRING Gäuboden 158.– Phras.: °*du ghörst ja mit am Kotoa daschmissn* [mißbilligende Äußerung, wenn jmd einen Fehler begeht od. etwas Unrechtes tut] Taching LF.– **2** wie →[*Flöß(el)*]*e*.: °*Kotei* „Ei ohne Schale" Schönbrunn LA.– **3** Ei mit verschmutzter Schale, °OB, °NB, °OP vereinz.: °*Kotei* Flintsbach RO.– **4** wie →[*Bilg*]*e*.1, °NB vereinz.: °*Kotei* „Gipsei, das ins leere Nest gelegt wird" Simbach PAN.– **5** übertr.– **5a** Kotklumpen, eiförmiger Kot, °OB, °OP vereinz.: °*Koteier* „bei Rindern" Thanning WOR.– **5b** Mißgeburt, Mißerfolg.– **5bα**: °*a Kotoa* „Mißgeburt" Ainring LF.– **5bβ** mißlungenes Unterfangen, Mißerfolg, °OB vereinz.: °*des ho e kemma segn, daß des a Koudoa werd* Weildf LF.

WBÖ V,1375.

[Kränzlein]e. 1: °*Kranzlei* „ein mit Asparagus geschmücktes Körbchen voll Eier, das eine junge *Kranzljungfer* der Braut bringt" Brunnen SOB.– **2**: °*Kranzloar* „Geschenk der Mädchen an die Burschen beim *Kranzl*, einer um Ostern abgehaltenen Tanzveranstaltung" Thanning WOR.

[Kucku(cks)]e. 1 Ei des Kuckucks: *da Ghuckuh lögt a Ghuckuhoar ai* [in das Nest eines anderen Vogels] Mittich GRI.– Phras.: *oan a Guggugsai ins Nest leng* „einen üblen Streich spielen" Ingolstadt.– **2** übertr.: *Guggugsai* „unangenehme, beschwerliche Sache" Ingolstadt.

WBÖ V,1372f.

[Ant-laß]e., [Dant-]-, [Sant-]- wie →[*Antlaß-pfinz-tag*]*e*., °NB vielf., °OP mehrf., °OB, °MF vereinz.: *dö dåikat Dian håd d Andlasåia nöd afgschlågn* „so können sie die Weihe nicht annehmen" Wollabg WOS; °*Sodlsoia* Rötz WÜM; „Gründonnerstagsei ... *Daddlesoa*" Burkhardsrth ESB Heimat TIR 18 (2006) 53; „Die Eyer, welche Hennen am ... *Odlaspfinsta* legen ... müssen ... vom Bauer und seinen Knechten nach der Kirchenweihe ... mit sammt der Schale gegessen werden, damit sie im Heben sich nicht wehe thun; es sind die *Odlesoyar*" Hemau PAR SCHÖNWERTH Opf. I, 348; *so die gmain den Huedtman dingt, ist man denselben auß einem jeden Hauß ein Leidkauff-Pfening zu geben schuldig ... uon einem ieden Küevich auß einem Hauß ein Andlaßaÿ* 1595 StA Ambg Fürstentum Pfalz-Sulzbach, Geheime Registratur 2733, fol.6r.

SCHMELLER I,55, 1508.– WBÖ V,1375f.

[Leg]e. wie →[*Bilg*]*e*.1, °OB, NB, OP vereinz.: *s Legoa* Ecknach AIC; *Leg-Oa* „Porzellanei im Hühnernest" nach SOJER Ruhpoldinger Mda. 27.

WBÖ V,1376.

[Len]e. weichgekochtes Ei, °OB, NB vereinz.: °*Leh-Oar* Höhenkchn M.– Zu →*len* 'weich'.

[Ministranten]e. Ostergeschenk in Form von Eiern u.a. an Ministranten: „in der Karwoche sind die Ministranten ... unterwegs, um ... zum ... Kirchenbesuch an den Kar- und Ostertagen ... einzuladen ... Mit dem Ruf *Ministrantenoia* ... kommen sie an jede Türe ... Zum Dank ... erhalten [sie] ... Eier, Süßigkeiten oder Geld" Deining NM Oberpfalz 76 (1988) 74.

[Mogel]e. wie →[*Peck*]*e*.: *Mogloa* das in betrügerischer Absicht mit Pech ausgegossene Osterei Pfreimd NAB.

[Nest]e., [Est]- wie →[*Bilg*]*e*.1, °OB, °OF, °MF, °SCH vielf., OP mehrf., °NB vereinz.: *Nöstoa* „Gipsei, das im Nest bleibt" Reisbach DGF; *Iastoa* Wondreb TIR; *s Niast-A* SINGER Arzbg. Wb. 156.

WBÖ V,1377.

[Oster]e. 1 gekochtes buntes Osterei, °OB, NB, °OP, SCH vielf., MF mehrf., OF vereinz.: *Osteroar* „meist rot gefärbt" Ruhpolding TS; *Åusteroia* Sulzbürg NM; *mit der Hand anmal'n tuat si's aa no, d' Osteroar* Mchn.Stadtanz. 11 (1955) Nr.14,4; *für 24 gemahlene osteray ... 30 kr.* Fürstenfd FFB 1665 BJV 1957,79.– Phras.: *Her Thoman sol in das gotzhaus komen in den ostereyrn* [wohl an Ostern] Thierhaupten ND 15.Jh. Cgm 21067,fol.57r.– °*Des stinkade Osterei* „wer am Ostersonntag als letzter aufsteht" Garching AÖ.– Spruch: *aus Liab und Trai voehr i dir dös Oastaei* Herrnthann R.– **2** übertr.: „*Osterei* ... Handgranate in Eiform" MAUSSER Soldatenspr. 26.

WBÖ V,1377-1379.

[Ratsch]e., [Rätsch(en)]- 1 wie →[*Ministranten*]*e*.: °*die Ministrantn derfa d'Ratschoali hola* Gundelshm DON; „Karfreitag ... Ministranten gehen von Haus zu Haus mit Ratschen

… und bitten um … *Raadschn:oar*“ Christl Aichacher Wb. 30.– **2** wie →[*Pappel*(*ein*)]-*e.*, OB, OP vereinz.: *Ratschoar* Rechtmehring WS.

WBÖ V,1379f.

[**Roß**]**e.** wie →[*Elefanten*]*e.*: °*Roßoiar* Dinge, die ein Kind zum Scherz am 1. April holen soll Nittenau ROD.

[**Rot**]**e. 1** wie →[*Oster*]*e.*1: °*Roteier* G'bissendf PAR.– **2** wie →*E.*3: *s Routoarl* Pflaume Teisendf LF.

[**Rötel**]**e.** wie →[*Oster*]*e.*1, °OP, °MF (HEB, LAU) mehrf.: *d Röidloia tråg i mein Dödn* „bringe ich meinem Patenkind“ Gleiritsch OVI; „An Ostern erhielten die Postboten … gekochte, gefärbte *Röilojer*“ Edelsfd SUL K. Regler, Postgesch., Edelsfeld 2006, 42; *weiter bekommen vorige Ehehalten … am Ostertag zu Redl Eyern 7 x oder gefärbte Eyer* Plößbg TIR 1788 StA Ambg Amt Floß 2579, fol.54.

Hässlein Nürnbg.Id. 111; Schmeller II,185.

[**Rühr**]**e.** Rührei, °OB, NB, °OP vereinz.: *an Freida gibts Riaroa* Mittich GRI.

WBÖ V,1380.

[**Schärf**]**e.**, [**Scherf**]- wie →[*Flöß*(*el*)]*e.*, °OB, °NB vereinz.: °*Scherfoa* „Ei ohne Kalkschale“ Rechtmehring WS; °*dö Henn hot a Scharfoa glegt* Rottenburg.

[**Be-scheiß**]**e.**, [**-schiß**]- wie →[*Peck*]*e.*, OB, OP vereinz.: *Bscheißoar, Bschießoar* „betrügerisch nachgemachtes hölzernes Ei“ Burglengenfd.

†[**Schelmen**]**e.** wie →[*Hexen*]*e.*4: „Gichtmorchel … *Schelmeney* … der geschlossene Schwamm, weil er von den Jägern zu abergläubischen Possen gebraucht wird“ Rgbg J.S.V. Popowitsch, Versuch einer Vereinigung der Mda. von Teutschland, Wien 1780, 155f.

Schmeller II,413.

[**Schlerf**]**e.** wie →[*Flöß*(*el*)]*e.*: °*Schlärfoa* „Ei ohne Schale“ Westerndf St.Peter RO.

[**Schlotter**]**e.** wie →[*Pappel*(*ein*)]*e.*, °OP mehrf., °OB, °NB, MF vereinz.: *Schlode*[r]*åa* Wildenrth NEW; „*Schlottereier* … Wenn das Kind diese Eier verzehrt, so lernt es schneller sprechen“ Kriss Sitte 122.– Auch Ei als Geschenk für einen Säugling, durch welches das Zahnen erleichtert werden soll: °*a Schlotteroa* Hahnbach AM; „Wird ein Kind das erste Mal in ein fremdes Haus zu Besuch getragen, so erhält es dort ein *Schloderei* … damit die Zahnung leichter von statten geht“ Bauernfeind Nordopf. 69f.

[**Schlud**(**er**)]**e.** wie →[*Bilg*]*e.*2, °OB, °NB, °OP vereinz.: *Schluderoa* erfolglos bebrütetes Ei Rohr PAF; °*Schludei* Scharmassing R; *Schluderoar* „angebrütete, unterkühlte Eier“ Häring Gäuboden 158.– Zu →*schludern* 'schlottern'.

[**Schmeiß**]**e.**: *Schmoaßoaralen* „Maden in Käse, altem Fleisch“ M'nwd GAP.

[**Schnatter**]**e.** wie →[*Pappel*(*ein*)]*e.*, °OB, °NB, °OP, MF vereinz.: °*da kloa Maxl hat vo da Nachbarin a Schnattaoial kriagt* „kleines Geschenk, das beim Kleinkind das Sprechen anregen soll“ Frauenau REG; *Schnodaoa* Teublitz BUL.

[**Schröpf**]**e.** wie →[*Flöß*(*el*)]*e.*, °OB vereinz.: °*de Henn legt oiwei a Schröpfoa* „Ei ohne Schale“ Erding.

[**Schupf**]**e.**: °*Schupfei* „Ei mit dünner Schale“ Hohenschäftlarn WOR.

[**Schürf**]**e.** wie →[*Flöß*(*el*)]*e.*, °OB, °NB, °OP vereinz.: °*dös Schiafoa han i in Goatn eant gfundn* Ei ohne Schale Bodenmais REG.– Zu →*schürfen* 'ein Ei ohne Schale legen'.

WBÖ V,1381.

[(**Ge-**)**Schwader**]**e.** wie →[*Pappel*(*ein*)]*e.*, OP, MF vereinz.: *a Schwoderoa* Edelsfd SUL; *a Gschwaderei* Vorra HEB.

[**Schwindel**]**e.** wie →[*Peck*]*e.*: *a Schwindloa* künstlich verstärkte Eier Partenkchn GAP.

[**Spatzen**]**e.**, [**Spätz**(**e**)**lein**]- wie →[*Gackel*]*e.*, °OB, °NB vereinz.: °*Spotznoa* ungewöhnlich kleines Ei Marktl AÖ; °*Spatzerloa* Schaufling DEG; *Spázl-Aər* „Eyer von Hünern, die erst anfangen zu legen“ Schmeller II,692.– Zu →*Spatz* 'junges Huhn'.

Schmeller II,692.

[**Speck**]**e.** wie →[*Peck*]*e.*: *Speckoa zum Eierspecken* Tödtenrd AIC; *špĕkǫa* nach Dietl Erg.Schmeller I,15.– Zu →*specken* 'Ostereier gegeneinanderstoßen'.

[**Spiegel**]**e.** Spiegelei, OB, NB, OP, SCH vereinz.: *Schbiagloa* Aicha PA; *De … essn … grod Spiagloar* Wasserburger Ztg 10.11.2018, 42.

WBÖ V,1381.

[**Stein**]**e.** **1** Ei aus Stein, das ins Nest gelegt wird, um das Huhn zum Eierlegen anzuregen: *Steinei* „Nestei“ Aichach; *šdǫαǫαr* Spatzenhsn WM nach SOB V,96.– **2** Ei aus Stein, das beim Gegeneinanderstoßen von Ostereiern u.ä. Bräuchen verwendet wird: *Stoaoa zum Speckn* Thalkchn M.

[**Stopf**]**e.,** [**Stopp**]- Stopfei, OB, NB, OP vereinz.: *Schdoboia zon Schdrumpfschdobm* „aus Holz“ Beilngries; *bol's amol koa Stopfoa nimma gibt, nacha ko ma a … oide Birn* [Glühbirne] *zum Strümpfstopfa hernehma* Altb.Heimatp. 58 (2006) Nr.37,25.

†[**Strauß(en)**]**e.** **1** Straußenei: *ein edler stain grǒzzer dann ein strauzzen ay der leit in meinem magen* Gesta Rom. 90.– **2** Trinkgefäß in der Form eines Straußeneis: *Testament … Meinem enenchlein … mein gůt strauzzenay* 1359 Rgbg.Urkb. II,144f.; *Ein gros Straussen Ay* Mchn 1581 MJbBK 16 (1965) 143 (Inv.).

[**Suppen**]**e.** wie →*E.*6a: *Suppnoierl* „Quark“ Fürstenstein PA.

[**Ur**]**e.** wie →[*Drud(en)*]*e.*, °OB, °NB, °OP vereinz.: °*Uroal* „aus Aberglauben über den Stadelfirst geschleudert“ Fürstenstein PA; *Uroi* „ganz kleines Ei der Henne oder Gans“ Schnaittenbach AM; *Uraijerlein* „ungewöhnlich kleines Ei“ SCHMELLER I,55.
SCHMELLER I,55.– WBÖ V,1381f.

[**Wabel**]**e.** wie →[*Pappel(ein)*]*e.*: °*Wowloa* Rottendf NAB.

[**Weih**]**e.** an Ostern zu weihendes Ei, OB vereinz.: *früher haben ältere Leut die Weichoar blättelt, daß dö Weich gwiß in d Oar neikömmt* Hfhegnenbg FFB.
WBÖ V,1382.

[**Weiz(en)**]**e.** **1** Ei eines mit Weizen gefütterten Huhns, °OB, °NB vereinz.: °*a Woazoa* „mit besonders gelbem Dotter“ Brunnen SOB.– **2** zur Konservierung in Weizenkörner eingelegtes Ei, °OB, °NB, °OP, °SCH vereinz.: °*Wåiznåija* „halten sich den ganzen Winter“ O'wildenau NEW.– **3** Ei mit brauner Schale, °OB, °NB, °OP vereinz.: °*Woizoa* Weiherhammer NEW.
WBÖ V,1382.

†[**Widder**]**e.**: *Das Widder Aijer* „Widderhode“ SCHMELLER I,55.
SCHMELLER I,55.

[**Wind**]**e.** **1** wie →[*Flöß(el)*]*e.*, °OB, °NB, °OP, °MF vereinz.: °*Windoa* Ei ohne Schale Weildf LF; °*d Henna hot a Windoar glegt, des bedeit nix Guats* Pertolzhfn OVI.– **2** wie →[*Bilg*]*e.*2, °OB, NB, °OP vereinz.: °*Windoa* erfolglos bebrütetes Ei Barbing R.– Phras.: *ein W. legen* sich wichtig machen, inhaltsleere Ankündigungen machen, Unwahres behaupten, °OB, °NB, °OP, °MF vereinz.: °*da håt oana a Windei glegt* Tödtenrd AIC.– **3** wie →[*Drud(en)*]*e.*: °*Windei* ungewöhnlich kleines Ei Rgbg.
WBÖ V,1382.

[**Beicht-zettel**]**e.** wie →[*Beicht*]*e.*: *Beichdzedloia* „bekommt der Ortsgeistliche beim Einsammeln der Beichtzettel vierzehn Tage nach dem Ostersonntag“ Michelfd ESB.

[**Zucker**]**e.** Osterei aus Zucker, OB vereinz.: *Zuckaoa* Dorfen ED; „der Osterhase … verlor schon Tage vor Ostern hie und da ein *Zuckerei*“ Dorfschreiberb. 55.
WBÖ V,1382.

[**Zwerg(lein)**]**e.** wie →[*Drud(en)*]*e.*, °OB, °NB, OP, MF vereinz.: °*Zwerglei* ungewöhnlich kleines Ei Neukchn KÖZ; *Zwerchoiarl* Ebnath KEM.

[**Zwiebel**]**e.** in einem Absud von Zwiebelschalen gekochtes, mit dem Abdruck von aufgelegten Gräsern u.ä. verziertes Osterei, °OB, °OP vereinz.: °*Zwiefioa* Inzell TS. M.S.

ei, eia, nei

Interj., auch in Wiederholung, v.a. in Bed.2. **1** Ausruf, der eine best. innere Haltung des Sprechers ausdrückt.– **1a** Ausruf der Verwunderung, des Staunens, OP vereinz.: *ei, ei!* Pfreimd NAB; *Ei Amor dumbe! sprach der alte grîse* HADAMARVL 47,190; *eia lug … was ist das lang, das dört bei meinem herren hangt?* FISCHER Mären 94,49f.– **1b** Ausruf der Freude, Begeisterung,, ä.Spr., in heutiger Mda. nur im Vers: *Eya, du lieht prinnendewe ros, erschein allen den, die deinen namen erent* KONRADVM BdN 377,11f.– Vers im Ringelspiel: *Eia, eia, Ringala, waou sitzn meina Kinnala?* SCHEMM Dees u. Sell 32, ähnlich TIR.– **1c** †Ausruf des Mißfallens, Mißbilligens: *Eya, waz ist dev christenhait worden an manger stat* KONRADVM BdN 333,16; *ey du thuest mir vnrecht* SCHÖNSLEDER Prompt. N5v.– **1d** †Ausruf der erwartungsvollen Neugier eines Fragestellers: *Eya,*

wahin? ... Eya, warvmb? KONRADvM BdN 223, 26f.
2 Ausruf beim Liebkosen des Gesichts zw. Erwachsenem u. Kleinkind durch Streicheln, Küssen od. Aneinanderschmiegen der Wangen, kindersprl., auch in der Fügung *e.* (→*heia*) *popeia*, °OB, °NB, °OP vereinz.: °*aia aia* Simbach PAN; *nei-nei* Etzenricht NEW; *ai-ai* „Laut, mit welchem kleine Kinder das liebkosende Anschmiegen ihres Gesichtes an das einer andern Person zu begleiten pflegen" SCHMELLER I,2.– Phras.: *e.* (*e.*) *machen* das Gesicht liebkosen, Wangen aneinanderschmiegen (von Kleinkindern), °OB, NB, °OP, MF vereinz.: *eija machn* Wasserburg; *ei ei machn* Pattendf ROL.
3 Lockruf für Ziegen: *Hedl ai, Hedl ai!* Floß NEW.

Etym.: Mhd. *ei, eia*, onomat., in Sprachen idg. Herkunft weit verbreitet; KLUGE-SEEBOLD 230.

SCHMELLER I,2.– WBÖ V,1383f.

Abl.: *eideieln, eideln, Eiei, eierln*². M.S.

-ei, Dim.suff., →*-lein*.

Eib, Mutterschaf, →*Äue*.

Eibe, Eige, †Eie
F., vereinz. M. **1** Eibe (Taxus baccata), °OB mehrf., °NB, °OP, MF vereinz.: *Aiba mid Börla* Rott LL; *Eign* Klinglbach BOG; *der aim* MAIER südmbair.Mda. 65; *Die ... Eiə* Gundamsrd PAF SCHMELLER I,16; *Taxi îuva* Tegernsee MB 1.H.11.Jh. StSG. II,633,46; *Maßholder sambt der Eyben/ Thu Weyden nit außbleiben!* HUEBER Granat-apfel 105.
2 Blaufichte (Picea pungens), °OB, °OP vereinz.: °*Aim* Ismaning M.
3 Sadebaum (Juniperus sabina): *d'Eibn* Staudach (Achental) TS.

Etym.: Ahd. *îwa* swstf., *îwo* swm., mhd. *îwe, eiba* stf., germ. Wort idg. Herkunft; Et.Wb.Ahd. V,240-245.

SCHMELLER I,16.– WBÖ V,1386-1388.

Abl.: *Eibel, eiben, Eiber(er)*.

Komp.: [**Rot**]**e.** wie →*E.*1, OB vereinz.: *Rotaim* Ingolstadt; *Roteib'n* DORNSEIFF 2,12.

WBÖ V,1388f. A.S.H.

Eibel
(Genus?), Eibe (Taxus baccata), OB vereinz.: *Aiwi* Ramsau BGD. A.S.H.

Eibelein
N.: °*Eiwerl* „After, Schließmuskel" Erbendf NEW.

Etym.: Herkunft unklar. A.S.H.

eiben, eibern
Adj., von der Eibe stammend, aus Eibenholz, °OB vereinz.: *eiwas Hoiz* „sehr hart und dauerhaft, für Markpfähle verwendet" Kochel TÖL; *dar nach gab wir Dyetreich dem Priemaister vor sand pauls lx dn̄ fůr/ eybyn bǒtich* 1384 Stadtarch. Rgbg Ungeltbuch 1384, fol.12r; *Alles Eybnes, Lerchenes ... Holz solle dem Gerichtsherrn zu seiner Nottdurft vorbehalten sein* Söllhuben RO 1558 LÖSER-DAXER Sachranger Chron. 226.

Etym.: Mhd. *îwîn*, Abl. von →*Eibe*; ²DWB VII,316.

WBÖ V,1389f. A.S.H.

eiben(d), verkehrt, ungeschickt, →*äbich*.

Eiber(er)
M., Eibe (Taxus baccata), °OB, °NB vereinz.: *da Eiwara* Rottal.

WBÖ V,1389. A.S.H.

eibig, verkehrt, ungeschickt, →*äbich*.

Eibisch, Ibisch
M., †F., Eibisch (Althaea officinalis), °Gesamtgeb. vereinz.: *Aiwisch* Fürstenfeldbruck; °*Ibisch* „gegen Husten" Rgbg; *An Eibisch konn i Eahna gebn, an Tee müassn S' Eahna selber macha* Altb.Heimatp. 64 (2012) Nr.2,25; *Ibiscvm ... ibiscâ* Aldersbach VOF 12./13.Jh. StSG. III,102,38; *Nim ... eibisch oder heilwurzl vier loth* Roßarznei (BRUNNBAUER) 145.

Etym.: Ahd. *îbisca, îwisca*, mhd. *îbesch(e), ybesch* st/swf., aus lat. *ibiscum, -us*; Et.Wb.Ahd. V,4-6.

SCHMELLER I,16.– WBÖ V,1390f. A.S.H.

eibisch, verkehrt, ungeschickt, →*äbich*.

Eich
M., Eichhörnchen: *Oach* Berchtesgaden.

Etym.: Gekürzt aus →*Eicher(n)*; WBÖ V,1392.

WBÖ V,1391f.

Abl.: *eichisch*. A.S.H.

eicha →*einher*.

Eichach, Eichet

N., Eichengehölz, Eichenwald, OB, NB vereinz.: *s Oachat* Reisbach DGF; „von der Art der Bäume, welche den Wald bilden ... *das Birkad, Föhra, Oichad*" Schönwerth Opf. II,40; *Quaercetum eihhai* Tegernsee MB 1.H.11.Jh. StSG. II,369,28; *von dem Ramensperg biz ouf daz aychech bi Nazzenuels* Gaimershm IN 1305 QE VI,140; *Im Aichet ain gestreiß, darauf khlein poschwerkh von Birckhen vnnd mentle* [föhrenen] *poschen* Frsg 1616 MHStA HL Freising 611, fol.22r.– Häufig als Fln., ON, z.B. *Aichach, Aicha* PA.

Etym.: Ahd. *eihhahi*, mhd. *eichach* stn., Abl. von →*Eiche*[1]; [2]DWB VII,316.

Schmeller I,23.– WBÖ V,1392.

Komp.: [**Ge**]**e.** wie →*E.*, °NB vereinz.: °*s Goachat* Landau; *Gaăchăt* „Eichenhain" Federholzner Wb.ndb.Mda. 83; *Das obere geaichet beim griessfeldt* Frsg 1717 MHStA HL Freising 614, fol.121v. A.S.H.

Eiche[1]

F. **1** Eiche (Quercus), °OB mehrf., °NB, OP, MF, SCH vereinz.: *bo dar Oach geht mei Wies å* Aicha PA; „*Oicha*, Mz. *Oichan*" Stadlern OVI; *A' krummbi Oach, a' Fuchsbau d'runter drinn* Kobell Ged. 45; *usque ad magnum rubum quod vulgo dicitur nidar pi deru lahhun za deru mihilun eihi* 793 Trad.Frsg I,162; *vnd da eynen chvrcen stik · ab biz avf eyn · crvmb aych* O'mässing HIP 1281 Corp.Urk. I,400,4f.; *Der Püchlerin knecht hat den Michael Kurtz drei aichen geswent, gibt zu pueß 1 Pf. 6 ß dn.* 1493 Chron.Kiefersfdn 123.– Phras.: *wie eine E. gewachsen sein* von starker, kräftiger Statur, OB, NB vereinz.: *der is gwachsn wia a Oach* Pfarrkchn;– *stark wiar an Oachn* mit ungewöhnlicher Körperkraft Eberfing WM.– °*Der tuat Oachn schneidn* „schnarcht" Weilhm.– Bauern- u. Wetterregeln: °*kommt die Eiche vor der Esche, gibt es eine große Wäsche* (viel Regen), *kommt die Esche vor der Eiche, gibt es eine Bleiche* (Trockenheit) „in Bezug auf das Austreiben der Blätter" O'ornau WS, ähnlich °OB, °NB, °MF vereinz.– *Vor Eichen sollst du weichen, die Buchen sollst du suchen* „bei Blitzgefahr" Endlhsn WOR.– Ausruf der Bekräftigung, Beteuerung: *meine E.n!* (entstellt aus *mein* →*Eid!*): *wås si hàt nácht für ă Wundă zuatrågen! Es wâr mir, mein Oachăn! vil z' râ* [seltsam] U'wössen TS Hartmann Volksl. 93.– Häufig in ON, Fln., z.B. *Aichkirchen* PAR, *Siebeneichen* SUL.

2 Holz der Eiche: *Oach und Buach* schweres Holz O'audf RO.

Etym.: Ahd. *eih, eihha*, mhd. *eich(e)* stf., germ. Wort unklarer Herkunft; Et.Wb.Ahd. II,984f.

Ltg: *oax* OB (v.a. O), südl.NB, SCH, *oaxa, -h-* OB (v.a. W), NB, SCH (dazu R; EIH, HIP, WUG), *oaxn, -ŋ* (GAP, IN, LL, TÖL, WM), *oaxan* (EG, LA, LAN, VIB), *oaŋ* (ND), *ǫiχ* (DEG; PAR), *ǫiχa, -h-* nördl.NB, OP (dazu AÖ, IN; EIH, HIP, WUG; ND), *ǫiχŋ* nw.OP, OF (dazu HEB, N, WUG), *ǫiχan* (AM, BUL, R), *ạxŋ, ạ̄-* MF (dazu ESB, KEM, NM; FO, PEG), *aiχŋ* OF (dazu TIR, WEN; ER, FÜ, LAU, N), *aiŋ* (FÜ), *ą̊ŋ* (GUN, WUG).

Schmeller I,23.– WBÖ V,1393-1396.

Abl.: *Eichach, Eichel, eicheln, eichen*[1], *Eicher(er), eicherln, eichern, eichig, Eichler, -eichlet.*

Komp.: †[**Bau**]**e.** für Bauholz, Balken geeignete Eiche: „Der Tagwerker Wolf Hueber und 2 Consorten haben die *ausgezaigte 2 Schnidt, 6 Pauaichen und 2 Aichrais umgehackht, abgeschnidten und ausgeäst*" 1736 Hierl-Deronco Lust zu bauen 158.

Schmeller I,23.

[**Blitz**]**e.** Eiche, in die der Blitz geschlagen hat, °OB, °SCH vereinz.: °*Blitzoach* Inzell TS.

[**Doppel**]**e.** aus zwei Eichenstämmen hergestelltes Boot: *Die Doppelaich* „auf dem Chiemsee ... ein größeres aus zwey Eichstämmen verfertigtes Fahrzeug" Schmeller I,23; „Zwei Einbäume hintereinander verbunden ... als Lastschiffe verwendet ... *Doppeleiche*" F. Thaler, Innmuseum, Rosenheim [3]1989, 58.

Schmeller I,23.

[**Hasel**]**e.** Stieleiche (Quercus robur), OB, SCH vereinz.: *Håsloach* „behält das Laub im Winter" Griesstätt WS; „*hǭslǫaxə* ... heller" Wulfertshsn FDB nach SBS V,403; *Haselaich* „Art harter Eiche" Mchn Schmeller I,1172; *kleub ain haslaichen an ainem sonntag zu morgennts genn der sunn. scheub das kchindt dardurch vnd wen die aichen verwechst · so wierd es gesundt* 16./17.Jh. Cgm 3721,fol.102r.

Schmeller I,1172, 1174.– WBÖ V,1396f.

[**Kohl**]**e.** Traubeneiche (Quercus sessiliflora), OB, SCH vereinz.: *Koloach* „verliert das Laub im Winter" Griesstätt WS; „*kxoiǫaxə* ... dunkler" Wulfertshsn FDB nach SBS V,403; „die Winter- oder Steineiche, die man hier *Kohleiche* nennet" F.X.A. v.Stubenrauch, An-

fangsgründe der Forstwissenschaft, o.O. 1771, 37f.
WBÖ V,1397.

†[**Rot**]**e.** wie →[*Hasel*]*e.*: „die Sommereiche … oder Stieleiche, bey uns aber *Rotheiche* … genannt“ F.X.A. v.STUBENRAUCH, Anfangsgründe der Forstwissenschaft, o.O. 1771, 37.
WBÖ V,1397.

[**Sommer**]**e.** wie →[*Hasel*]*e.*, OB, OP vereinz.: *Summaoichng* Kohlbg NEW.
WBÖ V,1398.

†[**Stech**]**e.** wohl Stechpalme (Ilex aquifolium): *stechAichen* „ilex“ SCHÖNSLEDER Prompt. B2[r].
WBÖ V,1398.

[**Stein**]**e.** wie →[*Hasel*]*e.*, OB, NB, OP vereinz.: *t Stoa[n]oachn wearffant s Laubat eascht an Auswerts ab* Mittich GRI.
WBÖ V,1398.

†[**Stingel**]**e.** wie →[*Hasel*]*e.*: *Die Stingel-Aich* „Eiche, deren Frucht an langen Stielen hängt“ SCHMELLER II,771.
SCHMELLER II,771.– WBÖ V,1398.

†[**Wasser**]**e.** Feldahorn (Acer campestre): *Wassereiche* „der kleine deutsche Ahorn“ Eichstätt JIRASEK Beitr. 58.
SCHMELLER II,1019.– WBÖ V,1398.

†[**Welsch**]**e.** wohl wie →[*Hasel*]*e.*: *robur roboris ‘welschaichen’* AVENTIN I,402,2f. (Gramm.).

[**Wetter**]**e.** wie →[*Blitz*]*e.*: °*a Wedaoicha* „vom Blitz getroffene Eiche“ O'viechtach.

[**Winter**]**e.** wie →[*Kohl*]*e.*, OB, OP vereinz.: *Winta[r]oach* Kochel TÖL.
WBÖ V,1399. A.S.H.

Eiche[2], Eich, Eichte

F., N., M. **1** Eichmaß, Eichgefäß, °OB, SCH vereinz.: °*das Eich* (Ef.) „geeichtes Kupfergefäß in der Gastwirtschaft“ Garching AÖ; *a hålwi Aich* „geeichtes Biermaß für ½ Liter“ Derching FDB; *die Eich* „geeichter Meßbecher aus Blech“ SINGER Arzbg.Wb. 58; *Modum et capacitatem, mass vnd eÿch* Tegernsee MB 15.Jh. Clm 18439,fol.1[r]; *Hannsen Trendl Khupferschmidt, vmb neugemacht: vnnd außgebeserte Khupferne Eüchen, Zur abpfächung* [Eichung] *der Mässereÿen, entricht 6 fl.* 1642 Stadtarch. Rosenhm GRE 63, fol.35[r].

2 Eichamt: °*af d Oich foahrn* Garsdf AM; *d* $o\alpha\chi$ nach DIETL Erg.Schmeller I,9; *Es sullen auch Pecken und Leytgeben die Masse und die Mezen, damit si chauffent und verkauffent, an die Eych bringen* Mchn 1332 LORI Lechrain 50; *wellicher wierdt sölliche vaß selbs an die Eich fueren lässt| der is khain fuer gellt dauon schuldig* 1564 Stadtarch. Mchn CIIIa6, fol.1[v].
3 †Eichung, Prüfung: *Nach einem iar mag man nicht chlagen umb die eych* 1340 Stadtr. Mchn (DIRR) 365,8f.; *als wir dann in der Aich und Prob erfunden haben* Landshut 1491 ZILS Handwerk 17.
4 Eichstempel, Eichzeichen: °*Oach* Klingsmoos ND; *Eiche* „das Zeichen, so dem abgeeichten Maas eingegraben, oder aufgebrannt wird“ HÄSSLEIN Nürnbg.Id. 59.
5 wohl †Eichpfahl, dadurch festgelegter Wasserstand für den Betrieb einer Mühle: *Der Müller solt sein Mühl- und Mahlwerch mit übrigen Wasser nit betreiben, sonder bei seiner rechten Eich verbleiben lassen, sonsten beschicht den Khundten Schadt und Nachthail* Erding 1606 ZILS Handwerk 109.
Etym.: Mhd. *îche* stf., Abl. von →*eichen*[2]; [2]DWB VII, 320.
HÄSSLEIN Nürnbg.Id. 59; SCHMELLER I,24.

Komp.: †[**Pfund**]**e.**: *Die Pfund-Aich* „solches Maß für Schmalz, das ein Pfund wiegt“ SCHMELLER I,24.
SCHMELLER I,24.

†[**Bier**]**e.** Maß, Gefäß zum Abmessen von Bier: „Im … Wirtshaus hat man *in dem Keller keine Bier-Eich gefunden*“ Seußen WUN 1679 SINGER Vkde Fichtelgeb. 83.

†[**Kohl**]**e.** Maß, Behälter für Kohle: *So ein Hammermaister eines Kohlmaß nothtürfftig| soll er bey vnsern Beambten| in deren Verwaltung er gesessen| vnnd die KohlEich von alters herkommen| vmb die Eich ansuchen* Landrecht Der Churfürst: Du: in Bayrn, [et]c. Fürstenthumbs der Obern Pfaltz, München 1657, 683.

†[**Kühl**]**e.** Eichgefäß zum Abkühlen der gesottenen Bierwürze: *der Breuköẞel und Kieleich ist von Prun* [RID] *hergeführt wordten* Essing KEH 1681 VHO 5 (1839) 48.

[**Liter**]**e.** Litermaß, Gefäß dafür, °OB, SCH vereinz.: *a Literaich* „geeichtes Biermaß für einen Liter, wobei *Liter* sonst selten gesagt wird“ Derching FDB.

[Maß]e. wie →*[Liter]e.*, °OP, °OF vereinz.: *Moußaicht* Schloppach TIR; „zum Milchmessen den emaillierten *Maßeich* und *Seidleich* ... 1 l und ½ l fassend" Fähnrich M'rteich 116; *Die Mâß-Aich* „Blech-Geschirr, das ein obrigkeitlich angeordnetes Flüßigkeits-Maß hält" OP Schmeller I,24; *alß man in die Stuben kommen, haben die Maß- und Seidel-Eichen sich auff der Banck stehend befunden* Seußen WUN 1679 Singer Vkde Fichtelgeb. 83.

Schmeller I,24.

[Seidel]e. Halb- od. Viertellitermaß, Gefäß, °OB, °NB, °OP, °OF, °SCH vereinz.: °*ein Seiteleich* „Viertelliterbecher zum Ausmessen von Milch oder Mehl" Limbach PA; °*meß mit der Seideleich!* „geeichtes Halblitergefäß aus Blech" Falkenbg TIR; *Die Seidel-Aich* „Blech-Geschirr, das ein obrigkeitlich angeordnetes Flüßigkeits-Maß hält" OP Schmeller I,24; *s Sei(d)leicherl* „Meßbecher für das ... Halblitermaß" Singer Arzbg.Wb. 58; *Seidel-Eiche ... umb ein paar Löffel voll zu gering befunden* Seußen WUN 1679 Singer Vkde Fichtelgeb. 83.– Auch: °*Seideleich* „Gefäß für Getreide zum Einsacken, z.B. 10 kg" Reit i.W. TS.

Schmeller I,24. A.S.H.

Eichel

F. **1** Frucht der Eiche, °Gesamtgeb. vielf.: *Oachin* „dienen als Schweinefutter und Kaffee-Ersatz" Griesstätt WS; *wens Oachl frössnt, miassnt t Sau gringlt wean* „drehen sie ihren Rüssel" Mittich GRI; *Oichala* Mähring TIR; *Oa-e* Spr.Rupertiwinkel 66; *Siliquis ... eihlun* Tegernsee MB um 1000 StSG. I,813,28f.; *swaz dez getraides oder eychelen mer danne ein mutte auf einem wagen leit, davon gibt man einen pfenninch* 1310-1312 Stadtr.Mchn (Dirr) 233,30-234,2; *die armben leidt die veldt blaumen vnd har boln vnd aüchel gemallen vnd Solches prodt dar aus gemacht* 1628 Haidenbucher Geschichtb. 61.– Phras.: *a Khöpfl wöi a Euchl* „kleiner Kopf" Herrnthann R;– *des hod a poa Augn wej a Oichl* „von einem Kind, das recht frisch schaut" Adlersbg R.– Sprüche: *E.(n), bis die Nüsse zeitig werden / sind* u.ä. wenn man etwas erwartet, was nicht eintrifft, °OB, NB vereinz.: °*Oachl, bis t Nuß gratn* „bei einem Mißerfolg" O'stimm IN; *i denk ma Aichl, bis d'Nuß zeitö hand* Metten DEG; *Ja, Oàche, dàwài weànd d Nuss zàide!* „wenn man ausdrücken will, daß man dem anderen einen Gefallen nicht erweisen möchte" Kaps Welt d.Bauern 44.– Wetterregel: *viel Eicheln, früher Schnee* Ingolstadt.– Kinderspiel: *mitn Oachaln aufs Hian aufföbeckha* Mittich GRI.– Ausruf der Bekräftigung, Beteuerung: *mein E.!* (entstellt aus *mein →Eid!*): *mein Oachl, so is gwen!* Starnbg; *Mein Oachl, das hätt i nit glabt* Delling II,94; *Es wär mein aeichl kaeÿ wundä!* Lenglachner Geistl.Zeittenb. 76;– in Abwandlungen: *mein Aəchei˜zdi!* „Betheurungsausdruck" Schmeller I,23;– „Ausruf der Verwunderung: *mái˜ áeχαtsleŋ* [Ef.]" Burghsn AÖ nach Dietl Erg. Schmeller I,10.– Übertr. †Gaumenzäpfchen: *Daz aichelein oder daz weinperl ist ain chlaines flaischel hinten in dem mund* KonradvM BdN 40,11f.

2 Kartenfarbe Eichel, Spielkarte davon.– **2a** Kartenfarbe Eichel, °Gesamtgeb. vielf.: °*Herz, Gros, Schejn, Oache* Haag WS; °*Oache sticht* Hfbg LA; °*Oichl is Trumpf* Nabburg; *I' spiel ... Oachi ... hoaßt's* Lutz Zwischenfall 157.– Sprüche beim Ausspielen, Zugeben der Kartenfarbe Eichel od. zur Ankündigung eines Solos, bei dem Eichel Trumpf ist, meist im Wortspiel mit Bed.1: *E.(n), bis die Nüsse zeitig werden / sind* u.ä. °OB, °NB, °OP vereinz.: °*Oache, vor d'Nuß zeiti wern* „Aufforderung an einen zögerlichen Spieler zum Zugeben" Frsg; °*i spui Euchl, bis d'Nuß zeiti wern* „Ansage der Trumpffarbe Eichel" M'rfels BOG; „prahlt er, wie die anderen keinen Trumpf mehr zugeben ... *etz nix wia Oachl, bis d'Nuß zeiti san*" Altb.Heimatp. 9 (1957) Nr.7,6.– °*Eichln sand am Baum obn* O'piebing SR.– °*Heuer gibts viel Eicheln* „Aufforderung zum Zugeben" Thalham MB.– *E.(n) frißt die Sau* u.ä. °OB, °OP vereinz.: °*Oichl fressn d'Säu gern* Nabburg.– °*Achl spuid jeda Glachl* Petershsn DAH.– Auch im Wortspiel mit der schriftsprl. Bed. ‘vorderer Teil des Penis': *an / mit der E. spielt / mit der E. sticht der Knabe* °OB, °OP, °MF vereinz.: °*mit da Eichl spielt da Knabe* Waging LF;– °*Eichl, macht da Nanni a Bäuchl* Kchanschöring LF.– °*Eichel auf Herz!* „beim Herzsolo rät man dazu" Bodenmais REG;– °*auf Oache gheat Schelln* „beim Eichelsolo" Kchseeon EBE.– **2b** Spielkarte, bes. Aß der Farbe Eichel, °OB vereinz.: *die Oache* „Eichelaß" Ecking RO; *Iatzt hod der drei Oache* Bernau RO Chiemgau-Ztg 26.8.2021, 12; *ordinäre Aichel ... 6 kr.* 1753 Bayerld 23 (1911/1912) 1003.

3 Eiche (Quercus): *Knoppern an der Achl* Zirndf FÜ; *Oachi* CHRISTL Aichacher Wb. 134.
4 †Wasserbehälter, Vorrichtung zum Händewaschen in Form einer Eichel: *Drei eingelegte gießcässtn mit verzinten hanndtpeckh, aicheln und khriegln* Lichtenbg LL 1603 SbMchn 1910, 5.Abhandlung 8 (Inv.).
5 †zur Eichelmast genutztes Waldgebiet: „die Tiere suchen *ain Gmain in Aichl und Weid*" Moosburg FS 1652/1653 Frigisinga 2 (1925) 587f.
6: °*so a Oicherl!* „dummes Mädchen" Döfering WÜM.
7 M., Eichelhäher: *Oichl* Klingenbrunn GRA.

Etym.: Ahd. *eihhila* st/swf., mhd. *eichel* swf., Abl. von →*Eiche*[1]; PFEIFER Et.Wb. 264.

DELLING II,94; SCHMELLER I,23.– WBÖ V,1399-1402, 1411.

Komp.: [**Buch**]**e.** Buchecker: *Buachoachl* Penzing LL.

SCHMELLER I,32. A.S.H.

Eichelinde

F., wohl Aß der Kartenfarbe Eichel: °*Eichel, Eichelinde* Aufkchn ED.

Etym.: Erweiterung von →*Eichel* wohl in Anlehnung an weibliche Vorn. auf *-linde*. A.S.H.

eicheln

Vb. **1** Eicheln sammeln, °OB, °NB vereinz.: °*oachän* Thanning WOR.
2 mit einem Stock schlagen, verprügeln, °OB, °NB, °OP vereinz.: °*dean håb i goachelt* Eresing LL; °*den hammands richti goichet* St.Englmar BOG; *Ordentlich müssen sie dich geeichelt haben!* SCHLAPPINGER Wurzelholz 22.
3 vertreiben, davonjagen: °*dean håwa da goichlt* Wiesau TIR.
4 reizen, ärgern, verspotten, °NB vereinz.: °*so lang hamman goichelt, bis eahm z'dumm worn is* Fürstenstein PA.
5 überfordern, Schwierigkeiten bereiten, °NB vereinz.: °*dös hot mi gscheid geuchlt* M'rfels BOG.
6 die Kartenfarbe Eichel ausspielen, nur im Spruch u. Wortspiel mit →*seicheln* 'nach Urin riechen': *s-e. tut es in der Menscherkammer* °OB, NB vereinz.: °*s-oacheln tuats in da Menschakammer* N'bergkchn MÜ; „Bäck ... spielt den Eichelzehner aus: *S-oachln tuats ön da Menschakammer!*" SCHLAPPINGER Niederbayer II,44.

WBÖ V,1402f.

Komp.: [**ver**]**e.** wie →*e.*2: °*den homs gscheit vereichelt* Parsbg.

[**heim**]**e.** nach Hause prügeln: °*beim Kammerfensterln is a hoamgoachelt worn* Erding. A.S.H.

eichen[1]**, eichern**

Adj. **1** von der Eiche stammend, aus Eichenholz, °OB, °NB, °OP, °MF, SCH vereinz.: *a oachanna Kastn* Hohenpeißenbg SOG; *an oachas Hoiz, awa ohne Splint* Mittich GRI; *oichas Laba* „Eichenlaub, Bestandteil des Palmbüschels" Beratzhsn PAR; *A oachans Bredl dad ... passn* BINDER Bayr. 149; *Da Disch is von aochürnen Hulz* Bärnau TIR SCHÖNWERTH Leseb. 71; *(Ilignis) eihinen* Tegernsee MB 1.H.11.Jh. StSG. II,639,22; *Wenn man aichein pleter puluert vnd wirft daz puluer ... auf wunten, so aint ez sich* KONRADVM BdN 374,12f.; *etlich schaidt aichens holz haimbgetragen* Abbach KEH 1600 HELM Obrigkeit 125.– Phras.: *dö Hosn is, as wenns oacha wår* „strapazierbar, robust" Pfarrkchn;– *Mei! Diendl thua ma' nit so stolz , Bin a' Mo' wie oachas Holz* [wohl unnachgiebig, innerlich gefestigt] Rosenhm, Traunstein F. v.KOBELL, Oberbayer. Lieder, München 1860, 85;– *hockt a wieda da, Als wiar an oachas Brett'l* [starr, bewegungslos] Bayerwald 24 (1926) 168.– Reime: *Óichas Hulz mácht b' Baurn stulz* Neuenhammer VOH SCHÖNWERTH Sprichw. 4;– auch als Spruch beim Ausspielen der Kartenfarbe Eichel, °OB, OP vereinz.: °*oachas Hoiz is Bauernstoiz* Pöcking STA.– „der Gemeindehirt ... zu Martini ... brachte ... in jedes Haus einen mit Eichenlaub ... umwundenen Haselstock und sprach ... *So viel oichas Lau(b) So viel Schaf und Sau*" U'traubenbach CHA Oberpfalz 4 (1910) 105f.– *S Mandl mitn oachan Gwandl* „scherzhaft über einen Knaben, der einen neuen Anzug trägt" Pfarrkchn.– Schnaderhüpfel: *Mei allaliabsta Schotz is n Kella druntn. Hot a oachas Klod is mit Roffn buntn* [von einem Eichenfaß] J.B. LAßLEBEN, Bayer. Schnadahüpfel, Kallmünz [2]1939, 25.– Auch an der Eiche befindlich, OB, NB, OP vereinz.: *oichane Bebala* Gallapfel Schneebg OVI.
2 von der Kartenfarbe Eichel: °*wos hamma Sepp? an oachan ...* Anzing EBE.
3 hart, fest, widerstandsfähig: °*oachan* Fischbachau MB; *A oachana Schedl hoit aa an hoabuachan Stecka aus* BAUER gut bayer. 41.–

Schnaderhüpfel: *zwoa oachane Duttn* (pralle, harte Brüste), *a Fozzn vo Blai, und a Schwanz vo Gußaisn, då bin i dabai* Ingolstadt.

4 von Menschen.– **4a** stattlich, kräftig, rüstig: °*dees is a Oachana!* „ein gestandenes Mannsbild" Simbach PAN; „alle über achtzig und … noch sehr rüstig … *A oachane Rass*" Altb.Heimatp. 72 (2020) Nr.42,23.– **4b** robust, abgehärtet: °*mia han ma so oachan, daß ma nu nia in unsam Leem a Gripp ghod ham* Stammham AÖ.– **4c** eigensinnig, stur, grob, °OB vereinz.: °*du Biffi, du oachana!* Ebersbg.

Etym.: Ahd. *eihhîn*, mhd. *eichîn*, Abl. von →*Eiche*[1]; Pfeifer Et.Wb. 264.

WBÖ V,1404f.

Komp.: [**bock**]**e.** **1** unverwüstlich, sehr robust: °*boogoachan* „hart im Nehmen" Simbach PAN; „*Bockeichen* … von unverwüstlicher Lebenskraft" Schlappinger Niederbayer I,7.– **2** lüstern, zeugungskräftig: *des is a ganz a Bogoachana!* Reisbach DGF. A.S.H.

eichen[2]**, eichnen**

Vb. **1** (Maße, Meßgeräte) eichen, ihre Übereinstimmung mit der Norm prüfen, °Gesamtgeb. vereinz.: °*morgn miaßma d'Dezimeiwåg zun Eichn fåhrn* Ebersbg; *koaχt* nach Dietl Erg.Schmeller I,9; *von Aymer zu aichen … 1 Pfg.* Floß NEW 1598 Oberpfalz 5 (1911) 235; *Eichen* „examinare mensuram" Hässlein Nürnbg.Id. 59.– Phras.: *Mir san heunt gfüllt und g'eicht* [völlig durchnäßt] Altb.Heimatp. 6 (1954) Nr.11,6.– „*i bin ą̄f fia mas koaχt* … ich kann vier Maß (Bier) vertragen" nach Dietl Erg.Schmeller I,9;– *i bin auf des net g'eicht* [habe davon keine feste Vorstellung]. *Mir is des wurscht* Altb.Heimatp. 48 (1996) Nr. 51/52,29.

2 †mit geeichten Maßen, Meßgeräten auf Größe, Menge, Gewicht prüfen, messen: „*aichen, aichnen*, eben so oft und richtiger … auch *eichen, eichnen* … vergleichen, messen, abmessen" Schmeller I,24; *Die omer* [Eicher] *swerent, daz si messen, omen, abstechen und eychen sůllen dem gast und dem burger* 1364-1380 Stadtr.Mchn (Dirr) 580,4f.

3 übertr., †: „Vor einem Rennen die dazu bestimmten Pferde *eichnen*, sie im Umlaufen der Rennbahn üben" Schmeller I,24.

Etym.: Mhd. *îchen, îhten*, aus lat. *aequare* 'gleichsetzen'; Kluge-Seebold 231. Formen mit Anschluß an mhd. *ei* wohl in Anlehnung an →*Eiche*[1]; vgl. WBÖ V, 1403.

Ltg: *aiχα*, *-h-* OB, NB, OP, SCH (dazu EIH, WUG), *aiχŋ*, *-n* OB, OP, OF, MF (dazu PA, ROL, VIB, VIT, WEG; DON), *aiχαn*, *-h-* (DAH, LF; BEI; EIH), *aiχŋα*, *-nα* (ESB, TIR; SC), *aiŋ* MF, *aiŋα*, *aignα* MF (dazu AM, ESB), *aiŋnα* (PEG), *ę̄χα*, *ę-* (REG, VIT; CHA, WÜM), *ęiχα* (KÖZ), *ęχŋ* (NM, SUL), mit Anschluß an mhd. *ei* *oαxα*, *-h-* OB, NB, SCH, *oαxŋ*, *-n* OB (dazu WUG; DON), *oαxαn* (EG), *ǫiχα*, *-h-* nördl.NB, OP (dazu AÖ, IN; EIH, HIP), *ǫiχŋ* (ESB, NEW, SUL, TIR; REH, WUN), *ǫixαn* (EIH), *ǫiŋα* (WUN), *ą̄xŋ* (PEG).

Hässlein Nürnbg.Id. 59; Schmeller I,24.– WBÖ V, 1403f.

Abl.: *Eiche*[2], *Eicher*.

Komp.: [**ein**]**e.** **1** †: *Schmalz in die Eich eineichen* „es in das blechene Maß lassen" OP Schmeller I,24.– **2** schlagen, verprügeln: °*den hobi richti eigeicht* Brunnen SOB.

Schmeller I,24. A.S.H.

Eicher, Eichner

M., Eichmeister, °OB, °SCH vereinz.: °*da Aicha* Geisenfdn LF; °*Aichner* Daiting DON; *Eycher der kanndel: Linhart zingiesser* Mchn 1509 Stadtarch. Mchn Ratsprot. Bd VI, fol. 28^{r}.

Etym.: Mhd. *îchære* stm., Abl. von →*eichen*[2]; [2]DWB VII,329. A.S.H.

Eicher(er)

M. **1** Eiche (Quercus): °*Oicherer* Allersbg HIP. **2** Eichelhäher: °*Eicher* Weiden.

Komp.: [**Nuß**]**e.** wie →*E.*2: *Nußeicher* Altfalter NAB; *Nußoichara* Braun Gr.Wb. 423. A.S.H.

Eicher(n), [Eich]horn, -korn

M., N. **1** Eichhörnchen, °OB (v.a. SW), °OF, °MF vielf., °NB, °OP, °SCH vereinz.: °*da Jaga håt an Oachan gschossn* Mettenham TS; *Oichhoan* Nabburg; °*Achala* Volkersgau SC; *Der … Oacher* M'nwd GAP Schmeller I,23; *A schäins kloins Vöicherl … a Katzl zon Beispül oder … a Oichherl* Schemm Stoagaß 54; *Spiriolus eichurne* 11.Jh. StSG. III,53,33; *Pyrolus haizt ein aichorn … ein clains tierl … Daz ist rot in etleichen landen vnd in andern landen ist ez praun oder grawe* KonradvM BdN 183,18-20; *sciurus 'aicharn'* Aventin I, 569,1f. (Gramm.).– Phras.: (*munter*) *wie ein E.* u.ä. sehr munter, NB, °OF vereinz.: *dea is wia s Oachöl* „munter" Reisbach DGF; °*munter wöi a Oichherl* Arzbg WUN;– *a Khöpfl wöi a Euchhåu*^{r}*n* „zierlich und frisch" Herrnthann R;– *kräckeln / kraxeln wie ein E.* geschickt klettern: °*der kann kraksln wie a Oacha* Ohlstadt

GAP; *Krägln wie ein Eichhörnl* Vogt Sechsämter 37.– °*Dea hout doch a Åichhöal vaschluckt* „trägt einen Bart“ Selb.– Spruch beim Ausspielen der Kartenfarbe Eichel: °*Eichhorn ist am Baum erfrorn* Atzmannsricht AM.– Spiel: „*'s Eichhörnchen* ... Der Bursche in der Mitte hält einen Kehrbesen zwischen den Knieen und krabbelt mit den Fingern ... empor ... [Dabei] macht er unverhofft einen Schlag auf das Knie eines seiner Nebenleute. Diese sind mit Kochlöffeln ausgerüstet, um das ... *Eichhörnchen ... zu tätschen*“ Bronner Bayer. Land 333.

2 †Eichhörnchenfell: *Die gesworen habent gesetzt, daz man hasen und aychorn newr acht tag sol vail haben under den paelgen* um 1365 Stadtr.Mchn (Dirr) 455,14f.

3 Kartenfarbe Eichel, Spielkarte davon.– **3a** Kartenfarbe Eichel, °NB, °OP vereinz.: °*Eichhorn* Eging VOF.– **3b** wohl Aß der Kartenfarbe Eichel: °*i spiel mitn Eichhorn* Wiefelsdf BUL.

Etym.: Ahd. *eichurno, -orno* swm., *eich(h)orn*, mhd. *eichorn* stm./n., germ. Wort wohl idg. Herkunft, meist mit volksetym. Anschluß an →*Eiche*[1] u. →*Horn*, vereinz. auch →*Korn*; Et.Wb.Ahd. II,974-976.

Ltg, Formen: (1) Zu *Eichern*: *oαxαn* (BGD, TS), *ϱiχαn* (WEG).— (2) Zu *Eicher*: *oαxα* OB (v.a. SW), *oαxαr* (SOG), *ϱiχα* (BUL);— Dim. *oαxαl(α)* (GAP, IN, RO, SOB, WM; DGF), *ϱiχαl(α)* (BUL, KEM, SUL; EIH, HEB), *ạxαlα, -li, ạ̄-* (FÜ, GUN, N, SC).— (3) Zu [*Eich*]*horn*: *oαx(h)oαn* (AIC), *ϱiχ-* OP (dazu BOG, KÖZ, VIT), *ạiχ-* (BUL), *ϱiχhϱun* (R), *-huαn* (KÖZ), *ạxhur* (SC);— Dim. *oαxheαndl* (M; FDB), *-helα* (WUG), *ϱiχ(h)eα(nd)l(α)* u.ä. OP, OF (dazu IN; WUG), *-hiα(d)l* u.ä. (SUL; WUN; HEB), *ϱiχ(h)ạl(α)* (HEB, HIP), *-hạndl* (N), *ạxhe(nd)l(α), ạ̄-* (FO; ER, FÜ, LAU, SC), *-heα(nd)l(α)* u.ä. (ESB; FÜ, HEB, SC; PEG), *-hindl(α)* (ER, FÜ, LAU), *-hiα(nd)l(α)* u.ä. (ESB, KEM; FO, PEG; HEB, LAU, N), *ạxạndl* u.ä. (FO; N), *åxαnlα* (SC), *aixhenlα* (HIP, N), *-heα(nd)l(α)* (ESB, NM, ROD; WUN; N).— (4) Zu *-korn*: *ϱiχkoαn* (BOG, DEG, REG).

Schmeller I,23.– WBÖ V,1406-1408.

Abl.: *eichernen*. A.S.H.

eicherln

Vb., mit einem Stock schlagen, verprügeln: °*oicherln* Döfering WÜM. A.S.H.

eichern

Vb., mit einem Stock schlagen, verprügeln: °*oichern* Weiherhammer NEW. A.S.H.

†eichernen, [eich]hornen

Adj., aus Eichhörnchenfell: *Meiner swester tochter Cecilien der Salrerin ... mein aichhornei chŭrsen* 1359 Rgbg.Urkb. II,145. A.S.H.

eichi →*einhin*.

eichig, -icht

Adj. **1** von der Eiche stammend, aus Eichenholz, OB, SCH vereinz.: *oachögö Bröda* Peiting SOG; *oaxigi meiwa* „Möbel aus Eichenholz“ nach Lechner Rehling 179.– Als N., Eichenholz, in Phras.: °*heut hoazens a Oachigs und a Buachigs* „hat es eine große Hitze, im Sommer“ Walleshsn LL.

2 eigensinnig, stur, grob, °OB vereinz.: °*du Bazi, du oachata!* Mchn.

WBÖ V,1408f. A.S.H.

†eichisch

Adj., wohl aus Eichhörnchenfell: *Ainem wolburchen* [Wollweber] *Zu Sintzing j Plaben Eichischen frawen mantll j kandl j fl.* Rgbg 1519 ZBLG 51 (1988) 788,662f. (Inv.). A.S.H.

Eichler

M., Eichelhäher: *Aichler* Deggendf. A.S.H.

-eichlet

N., nur in: [**Ge**]**e.** Eichengehölz, Eichenwald: *Gåöchlad* Aicha PA. A.S.H.

Eichsel →*Deichsel*[1].

Eichtel, kurze Zeitspanne, →*Aucht*.

Eichulia

F., Kartenfarbe Eichel, auch Aß davon, meist in Sprüchen beim Ausspielen der Kartenfarbe Eichel od. zur Ankündigung eines Solos, bei dem Eichel Trumpf ist, *E., die Waldeule / -fee / -schnepfe / -sau* u.ä. °OB, °NB, °OP vereinz.: °*Aichulia* Parsbg MB; °*Eichulia, die Waldsau* Vilseck AM; „Die Eichel-As ... heißt ... *Eichulia, die Waldschnepfe*“ H. Burger u.a., Bayerns Preußen sind die besten, München 1979, 177.

Etym.: Erweiterung von →*Eichel* wohl in Anlehnung an einen weiblichen Vorn. A.S.H.

Eid

M. **1** Eid, Schwur, °OB vereinz.: °*an Eid doa* Garmisch GAP; *Da kon i hundert Eid schwörn, daß i in einer Notwehr befunden g'wen bi* Thoma Werke II,138 (Witwen); *Trohtin got almahtigo, dir uuirdo ih suntigo ... in meinen eidun, in luckemo urchunde* 10./11.Jh. SKD 314,1-315,11 (Jüngere bayr. Beichte); *die sol man* *sundern von der christenheit untz* [bis] *an diu zeit daz si ... ir irretumes mit eiden verlaugen* O'altaicher Pred. 157,3-5; *er sey ain leichtfertiger mensch und er schwier ain aid umb ain seml* Simbach PAN 1551 HELM Obrigkeit 96.– Phras.: *an E.es statt* anstelle eines formalen, gerichtlichen Eids: *bey guten treuen an aines rechten aides stat* 1403 LERCHENFELD Freibr. 56;– *bey Trauen vnd Glauben/ an Ayds statt zu sagen* Landr.1616 247.– *Kalter E.* Meineid, °OB, °NB, °OP vereinz.: °*balst schwirst und streckst de drei Finger vo da linkn Händt hinå, aft is a kålta Eid* O'köllnbach LA; *Das wirst mit keinem kalten Eid nicht beweisen können* QUERI Von kl.Leuten 117.– *Mein E.* / *auf meinen E.!* u.ä. Ausruf der Bekräftigung, Beteuerung od. Verwunderung, OB mehrf., NB, OP, MF, SCH vereinz.: *no mein Oad!* M'lstetten FFB; *af man Eid!* Wettzell VIT; *Da werst mein' Oad in zecha Johr aa no' da sitzen!* FRANZ Rucksackl 49; *Meinaəd! Sakrə meinaəd!* SCHMELLER I,36; *pęstätt euch das mit meinem starcken aid* FÜETRER Persibein 72,267; *so hat mein Aid bald der Mann kein Weib ... nicht mehr* MEIDINGER Verfall 96.

2 †Bündel, best. Menge von Metallstäben, Zählmaß: *Die Zainn Abgabe Aus dem Gewölb an die Hammerer beschicht Wagenweiß; Ein Waag hat .24. Würst, dz ist .12. Aÿd* 1780 Stadtarch. Rosenhm PRO 1216, 107.

Etym.: Ahd. *eid*, mhd. *eit* stm., germ. Wort idg. Herkunft; Et.Wb.Ahd. II,976f.

HÄSSLEIN Nürnbg.Id. 59; SCHMELLER I,36, 1616; WESTENRIEDER Gloss. 121; ZAUPSER 51.– WBÖ V,1409-1412.

Abl.: *-eidig, eidigen, -eidisch, eidlich.*

Komp.: [**Offen-barigungs**]**e.** Offenbarungseid: *da garantier i dir, den treib i bis zum Offenbarigungseid* Altb.Heimatp. 6 (1954) Nr.29,6.

†[**Drei**]**e.** dreifacher Eid: *sol er ain dreyaid swern darauf, daz ez ze der zeit sein aigen gůt waer* 1340 Stadtr.Mchn (DIRR) 330,24f.

[**Falsch**]**e.** Meineid: °*der dumm Teifö håd an Foischeid åbglögt* Wimm PAN.

†[**Haberer**]**e.** Verschwiegenheitseid der Haberfeldtreiber: *Weil wir unsern Haberereid nit brechen, desweg'n san mir meineidig?* W. v.HILLERN, Ein alter Streit, Stuttgart [2]1898, 73.

[**Mein**]**e.** wie → [*Falsch*]*e.*, °OB, °NB, °OP, °MF vereinz.: °*der håt an Meineid gschworn* Wimm PAN; *Wer red't denn von an' Meinoad?* Landsh. Ztg 41 (1889) Nr.49,1; *Ich pin schuldik worden ... an mainaiden, an hohferti* 12.Jh. SKD 356,39-41 (Wessobrunner Glauben II); *auf den mainaidt, welcher bey den gemainen paursman laider wenig in achtung genomen würdet* Straubing 1591 HELM Obrigkeit 95.

SCHMELLER I,36, 1612; WESTENRIEDER Gloss. 355.– WBÖ V,1412. V.S.

Eidam, Eiden, Eigen, Neigen

M., Schwiegersohn, OB, NB, OP, MF, SCH vereinz.: *da Åign* Naabdemenrth NEW; „*Der ... aə'm, aə'n*, opf. *ài'n*" SCHMELLER I,37; *Gener ... eidam* Tegernsee MB 2.H.11.Jh. StSG. II,255,15; *von diu werdent gesceiden der sweher von dem eidem, der vater von sînem sune* Kaiserchr. 122,2258-2261; *zwischen den Eltern vnd Kindern/ Schwågern/ Schwiger/ vnd ihren Aiden vnd Schnuren* Landr.1616 56.

Etym.: Ahd. *eidum*, mhd. *eidem* stm., westgerm. Wort wohl idg. Herkunft; Et.Wb.Ahd. II,979-981.

Ltg. Formen: *ąidåm, -dəm* OB, NB, *ǫim* (KÖZ), *ǫi(d)n* (SUL, WÜM), *ǫiŋ* (NEW, SUL, WÜM; HEB), mit agglutiniertem unbest. Art. *nǫiŋ* (NAB), ferner *ǫəm, ǫən* (SCHMELLER I,37, heute †).

DELLING I,12; HÄSSLEIN Nürnbg.Id. 59; SCHMELLER I,37; WESTENRIEDER Gloss. 32.– WBÖ V,1413f.

Abl.: *Eidamin.* V.S.

Eidamin, Eigenin

F.: *d Åigngi* „die Schwiegertochter" Naabdemenrth NEW. V.S.

Eide → *Egge.*

Eidechse, Hei-, -dächse, Echse, †Egedechse

F., M., meist Dim. **1** Tier.– **1a** Eidechse, °Gesamtgeb. vielf.: °*s Oadaxl hod an Schwanz valorn!* Ebersbg; °*tuan ma Heidaxl fanga!* Lam KÖZ; *égəzn, Igəzn* OP SCHMELLER I,51; *das Eidachsel, das fraß a abbräunt's Schweinshaxel* VALENTIN Sämtl.Werke II,103; *Lacerta egidehsa* Tegernsee MB 2.H.11.Jh. StSG. I,349, 3; *daz die egdehse niht průt ob irn ayrn* KONRADVM BdN 301,16; *Wolf Hueber ... beclagt Lienharten Schmidhauser vmb das er von Jme ausgeben haben sol es seyen Ädexen in seinem Pier* 1563 Stadtarch. Rosenhm PRO 136, 21.– Phras.: *flink wie ein Eidechslein* u.ä. sehr flink, °OB, °NB mehrf., °OP, °OF, °MF, °SCH vereinz.: °*de neie Kellnerin is so flink wia a Heidaxl* Viechtach; *Schnell wia a ... Oadácksl* WAGNER Zuwanderung 10;– *rennen* / *sausen wie ein Eidechslein* u.ä. sehr schnell, °OB, °NB vereinz.: °*roasn kos wia a Oadaxl* „schnell laufen" Rosenhm.– °*Der schleicht wiara Oadaxl* [sehr leise] Wolnzach PAF.– °*Der kimmt daher wia a Oadaxl* „hat einen Watschelgang" Pittenhart TS.– °*Der wechslt Fårb wi as Eidaxl* [ist wankelmütig] Lenggries TÖL.– °*Dia wochsn o d'Hadexl* „zu einem Kind, das anstatt barfuß zu laufen Schuhe und Strümpfe trägt" Bodenmais REG.– Auch Eidechse, Sternbild: *Krebs und Eidaxl* Franz Lustivogelbach **90**.– **1b** Schwanzlurch.– **1bα** Feuersalamander, OB, NB, OP, MF vereinz.: *Haradaxl* Vogtarth RO; *Hölldäxl* O'eichstätt EIH.– Auch in Phras.: *gelbe E.* OB, NB vereinz.: *göiwe Hadaxl* Griesstätt WS;– *gscheckadö Aidexn* Erlach PAN.– **1bβ** Molch, OB, NB, OP, OF, MF vereinz.: *Heidaxl* Burgharting ED; *Odachsl* Staubing KEH.– **1c** Kaulquappe, NB, OP vereinz.: *Irexei* Mauth WOS.– **1d** Heuschrecke, NB vereinz.: *Eidaxn* Mettenbach LA.

2 Teufel: *Hoidaxl* Walkertshfn DAH.

3: *an Oadagsl* „zierliches, behendes Kind, Mädchen" Fürstenfeldbruck.

Etym.: Ahd. *egidehsa*, *hei-*, *ewi-* u.ä. stf., mhd. *egedehse*, *eidehse* u.ä. st/swf., verdunkeltes westgerm. Komp. mit frühen volksetym. Umbildungen, weitere Herkunft unklar; Et.Wb.Ahd. II,959-961.

Ltg, Formen: Mit Entwicklung von ahd. *egi-* gemäß Lg. § 20o: (1) Ohne Kontraktion: *ēgαtękʃl*, *-tạkʃl* u.ä. (GAP).— (2) Kontrahiert zu *ai-*: *aidękʃ(n)*, *-(α)l(α)* OB, NB, OP, MF, SCH (dazu WUN), dazu *ait-* OP, auch *hai-* OB, OP (dazu BOG, DEG, DGF, VOF), vereinz. *aiχd-* (LL), ferner *aidạkʃ*, *-(α)l* u.ä. OB, NB, OP (dazu GUN, WUG; FDB), dazu *ait-* (TIR), auch *haidạkʃ(l)* OB, NB (dazu R), vereinz. *aiχ-* KEH, *aitαs* (NEW, TIR; WUN), *aidaikʃl* (PAN), *hai-* (IN; WÜM), *haidą̄sl* (TS), wohl durch einstige Nasalierung (vgl. Lg. § 13g3) *ęidạkʃl* (PAF).— (3) Zu *ǫα-*: *ǫadękʃ(n)*, *-(α)l(α)* u.ä. OB (dazu BOG, SR, WEG; BEI; FDB, ND), auch *hǫadękʃ(l)* (BOG, EG, LA), ferner *ǫadạkʃ*, *-(α)l(α)* u.ä. OB, NB, SCH (dazu CHA, NM, R; FDB), *hǫα-* OB (dazu LA, LAN, VIB), *hǫat-* (R);— vereinz. in volksetym. Anlehnung an →*Eiche*[1] *ǫαχ-* OB.— Zu *ǫi-*, meist nach Lg. § 20f, h, *ǫidękʃl* u.ä. (WEG; NEW, PAR, R; EIH; A), auch *hǫidękʃ(l)* (ESB; EIH), ferner *ǫidạkʃ(n)*, *-l* (ED, PAF, SOB; REG; AM, NEW, PAR, R, RID; EIH, WUG), auch *hǫidạkʃl* (BGD, DAH), *hǫidekαds* (AM);— mit Erweiterung u. volksetym. Anschluß an →*Heide hǫidegạtʃ(n)* (AM).— (4) Zu *ā̩*: *ā̩dękʃ(l)* OP (dazu EBE; VIT), *-dạkʃ(l)* (EBE; DEG), *-tękʃ-* (CHA, NEN, NM, RID, ROD), auch *hā̩dękʃ(l)* OP (dazu RO, SOG; BOG, KÖZ, REG, VIT), *hā̩t-* OP (dazu VIT), ferner *ā̩tạkʃl* (RID), *hā̩dạkʃ(n)*, *-l* OB, NB (dazu CHA, OVI, SAD), vereinz. *hā̩r-* (ED), erweitert *ā̩ndękʃ* (AM), *-daikʃ* (KEH), *hā̩dαdạkʃl*, *hā̩rα-* (DAH, M, TÖL), *hā̩rạkʃ(l)* (MB, RO, WOR), *hā̩rαkʃdạkʃ* (TÖL).— (5) Zu *ē-*: *ēdękʃ(n)*, *-l* u.ä. (AIC, IN, WM; BEI, CHA, NM, SUL, WÜM), *ei-* (AM), *ęχạtʃn* (SUL), auch *hēdękʃ(l)* (SOG; BOG, REG), *hī-* (SC), ferner *ēdạkʃl* (DAH, ND), auch *hē-* (BOG, PA, REG, VIT);— mit Umgestaltung *ēgạtʃ(n)* (SUL), dazu mit *ī-*, *iα-* aus Hebung (vgl. Lg. § 4d) *īχạtʃ(n)* u.ä. (ESB, KEM; HEB, HIP, LAU), *hī-* (AM), *iαgαtʃ* (WUN), *iαχ-* (KEM; BT), *īgạtʃn* u.ä. (EIH, N), *ikʃn* (SUL), *ikʃạtʃ* (ESB), auch *hīdękʃn* (SC);— Hebung auch in *īdękʃ(n)*, *-l* (PA, WEG, WOS), *iαd-* (WOS), *iαr-* (GRA, WOS), *īχękʃ* (KÖZ);— mit volksetym. Anschluß an →*Höhle*, →*Hölle höldękʃ(n)*, *-l* u.ä. (IN; EIH, HEB, HIP; ND), *-dạkʃ(l)* SCH (dazu WM), ferner *öldękʃ* (NM), *ēldạkʃl* (KEH; ND).— (6) Nicht lautgesetzliche Entwicklung zu *ō-* u.ä.: *ōdękʃ*, *-l(α)* u.ä. (AÖ, GAP, SOG; PAR), auch *hōdękʃ* (ROD), ferner *ōdạkʃ*, *-l(α)* u.ä. (DAH, FFB, IN; DEG, KEH; RID; EIH), *ou-* (FFB, PAF), auch *hōt-* (GAP), erweitert *oudα-* (PAF).— (7) Vereinz. nicht lautgesetzliche Entwicklung zu *au-*: *audękʃ* u.ä. (AM, PAR), *-dạkʃl* (RID), auch *haudękʃ(l)* u.ä. (NEW, PAR, R).— (8) Mit volksetym. Anlehnung wohl an →*hoch hǫadạkʃ(l)*, *hǫu-* (DAH, RO, TS), an →*Herr hęαdạkʃ(l)* u.ä. OB, *hiα-* (AIC, DAH), ferner *hui-* (FS; ND).— (9) Vereinz. gekürzte Formen *ạkʃn* (ESB), *dạkʃ(α)l(α)* (GAP, WOR; BOG), *ękʃn*, *-l* (AM, VOH; ND), *dękʃ(n)* (AM, NAB).— Genus meist F., daneben M. (M, RO, TS; EG; CHA, TIR; LAU), als Dim. N.

Schmeller I,51f., 1053.– WBÖ V,1414-1422.

Komp.: [**Berg**]**e. 1** Waldeidechse, °OB, °OP, °MF vereinz.: °„am Wintershofer Hang *findt ma beim Schbazierngejh Bercheidechsle*" Eichstätt.– **2** Alpensalamander, °OB vereinz.: °„wenn die *Bergeidachserl* nach oben wandern, wird das Wetter schön, wandern sie Richtung Tal, kommt Regen oder Schnee" Gmund MB.

[**Feuer**]**e.** wie →*E.*1bα: *Feiahadaxl* Rechtmehring WS.

WBÖ V,1422.

[**Grün**]**e.** Westliche Smaragdeidechse: *Graiaidächzn* Kohlbg NEW.

WBÖ V,1422.

[**Heil**]**e.** wie →*E.*1a: °*Haalleiders* Hildenbach WUN.

[**Leder**]**e.** wie →*E.*1a: °*Lederdaxle* M'nwd GAP.

[**Mauer**]**e.** Mauereidechse, °OB, °NB vereinz.: *Mauaraideksn* Ingolstadt.

[**Smaragd**]**e.** wie →[*Grün*]*e.*, °OB, °NB, °OP vereinz.: °*heut ho i a Schmaragteidexa gsecha* Ludenhsn LL.

[**Stauden**]**e.** Zauneidechse: °*a Stauernechazn* Sulzbach-Rosenbg.

[**Stein**]**e.** wie →[*Mauer*]*e.*: °*schaug hi, des is a Schdoaeidaxl* Nußdf RO.

[**Wald**]**e.** wie →[*Berg*]*e.*1, °OB, °NB, °OP vereinz.: °*dö Woideidechsn löm unta da Schträh drinn* Wimm PAN.

[**Wasser**]**e. 1** wie →*E.*1bα, °OB, °NB, °OP vereinz.: *Wassaheudaxl* Feuersalamander Kchdf

FS.– **2** wie →*E.*1bβ, OB, OP vereinz.: *Wassericherts* Molch O'bibrach ESB.

[**Zaun**]**e.** wie →[*Stauden*]*e.*, °OB, °NB, °OP vereinz.: *Zauaidächzn* Kohlbg NEW. V.S.

Eidei, Liebkosung, →*Eiei.*

eideieln

Vb., kindersprl.: *eideiin* Anschmiegen der Kinder an die Mutter Rechtmehring WS.

Etym.: Abl. von →*ei*; WBÖ V,1424.

WBÖ V,1424 (eieln). M.S.

eideln

Vb., kindersprl.: °*eidän* „liebkosen" Fischbachau MB. M.S.

Eiden →*Eidam.*

-eidig

Adj., nur im Komp.: [**mein**]**e. 1** meineidig, wortbrüchig, °OB, °NB, OP, SCH vereinz.: *mainaidi mocha* „zum Meineid verleiten" Wasserburg; *dös is a Meineidicha* Beilngries; *meinaədi'* SCHMELLER I,36; *Da wurd' a bald meineidi* THOMA Werke VI,378 (Wittiber); *Periurus meineideg* Aldersbach VOF 12./13.Jh. StSG. III,253,72; *veraecht laeut und mainedig laeut, die vor gerichtz der ding ůberzewgt sint* 1340 Stadtr.Mchn (DIRR) 334,2f.; *mainaydige Leut/ die vor Gericht deß vberwunden seynd* Landr.1616 165.– **2** schlechter als erwartet, unbestimmt, wechselhaft (vom Wetter), °OB, °NB, °OP mehrf., °MF, SCH vereinz.: °*aba heir håm ma wira a meieirigs Wera* Maria Gern BGD; „Man redet ... von ... *meineidigem Wetter*" SCHLAPPINGER Niederbayer II,16.– **3** minderwertig, von schlechter Beschaffenheit, °OB, °NB, °OP vereinz.: °*Glump, meineidigs!* M'rfels BOG.– **4** allg. abwertend od. verstärkend bei Schimpfw., °OB, °NB, °OP, °MF, SCH vereinz.: *a so a mainaidis Luada!* Ingolstadt; *Du meineidiger Spitzbua, du ganz lumpata!* H. STIEGLITZ, Der Lehrer auf der Heimatscholle, München [2]1913, 191.– **5** †: *meinaədi'* „außerordentlich" SCHMELLER I,36.– **6** tuberkulös (vom Rind), °NB vereinz.: *a meineidigö Kua* Mengkfn DGF.– **7** Subst., Nudel, Teigware: °*die Meineidigen* „Bandnudeln" Windischeschenbach NEW; „nicht satt machende Speisen, z.B. Nudel ... auch *Meineidige* genannt" Oberpfalz 5 (1992) 143.– Ahd. *meineidîg*, mhd. *-eidic*, Abl. von →*Eid*; WBÖ V,1423.

SCHMELLER I,36.– WBÖ V,1423. V.S.

eidigen

Vb. **1** †unter Eid befragen: *Die stewrer mügen an der stewer mit iedem mann wol reden und den aydingen nach irer beschaidenheit* 1377 Stadtr.Mchn (DIRR) 601,15f.

2 an jmdm Vergeltung üben: „wird einer *geoadigt* ... erleidet er etwas durch Vergeltung" Inn-Oberld 21 (1936) 78.

SCHMELLER I,37.

Komp.: †[**be**]**e.** unter Eid nehmen, vereidigen: *DIe Zeugen sollen ... leiblich beaidigt ... werden* Landr.1616 34. V.S.

-eidisch

Adj., nur im Komp.: [**mein**]**e.**: *meineidisch* listig, verschlagen Eilsbrunn R. V.S.

†eidlich

Adj., eidlich: *Wie vorsichtig ... dise Sach seye vorgenommen worden, ist leichtlich aus deme zu erachten, weilen alles unter einem eydlichen Stillschweigen muste noch verborgen bleiben* Gnadenblum 32. V.S.

eid(n)en →*eggen.*

Eiei, Eidei, Ei(d)a, Ei(d)elein, Nei-

N., kindersprl. **1** Liebkosung des Gesichts zw. Erwachsenem u. Kleinkind durch Streicheln, Küssen od. Aneinanderschmiegen der Wangen, scherzh. auch Zärtlichkeiten zw. Erwachsenen, °OB vielf., °NB, °OP, MF mehrf., OF, SCH vereinz.: °*kriag i heid gar koa Eiddä, Bubi?* Grafing EBE; *geh, gib deiner Dockanandl* (Puppe) *a schöns Eiei!* Passau; *gih amal da Basl a schäins Neinl!* Etzenricht NEW; „Prozession am Palmsonntag ... Die Mutter kommt heraus, das Kleinste auf dem Arm, das ... dem ... Heiland ... ein *Eierl* geben darf, das heißt, das Wänglein an das Gesicht Christi legen und dabei liebkosend sprechen: *Ei, ei!*" Kößlarn GRI PEINKOFER Werke I,114f.– Phras.: *Gi(b)ma a Aiai!* „sei mir gut!" SINGER Arzbg.Wb. 18.– Schnaderhüpfel: *s Aialgebn, Buserlgebn, des is koa Sind, des håt ma mei Muater glernt åls a kloans Kind* Rotthalmünster GRI.

2: *Eial* Wange, Backe Innernzell GRA.

Etym.: Abl. von →*ei*; WBÖ V,1383.

Ltg. Formen: *aiai* OB, NB (dazu BEI, BUL, R, WÜM; WUN; EIH, HEB, LAU; FDB), *a-a* (LAU), *aiaial* (GRI, KEH), *aidai* u.ä. OB (dazu KEH, MAI), *aihai* (BGD), *aia* (DAH, M, MB; N), *aida* (AIC; FDB), *aidę*, *-i* u.ä. OB (dazu VIB), *aial* NB, OP (dazu FS, M, TS, WOR, WS; WUN; HEB; ND), *aiala* u.ä. (BEI, SUL; PEG; EIH, GUN, HIP, WUG), *ail* (DAH, EBE), *aila* (FDB), *aidal* (STA), mit agglutiniertem unbest. Art. *nainai*(*nai*) (NEW), *naidai* (BGD, RO), *naidę*, *-i* (RO), *naihai* (BGD), *naial* (RO; GRI, KEH; AM, ESB, NAB), *nail* (BGD), *nainal* (WEN), *neinal* u.ä. (WOR; LAU), *nain*(*d*)*l* (AM, NEW), *naid*(*a*)*l* (RO; AM; HEB).

DELLING I,147f.; SCHMELLER I,2.– WBÖ V,1383-1386. M.S.

eiericht, oval, unrund, →*eiicht*.

ei(er)licht, -lig

Adj. **1** oval, unrund: °*åalat* Markt Schwaben EBE; *Dees Radl is oalat* RINGSEIS 188.
2 reichhaltig, üppig, gut geraten (bes. von Dampfnudeln od. der Soße, in der sie zubereitet werden), °OB, °NB, °OP vereinz.: °*heint san d Nudln schö oaleg* „der obere gewölbte Teil ist schön weiß" Holzhsn BGD; °„die Mischung aus Milch, Rahm und Zucker, in dem die Dampfnudel gebacken wird, wird *oalad*" Eschlkam KÖZ.
3 quarkartig, mit Klümpchen versetzt, °NB vereinz.: „die Soße ist *oalig*, wenn die Milch nicht mehr ganz frisch ist und sich Quark gebildet hat" Bayerbach GRI.
4 geschmacklos, fad schmeckend: °*des is so oilert* Kchmatting SR; „zu wenig gesalzen ... *ǫali*" Griesbeckerzell AIC nach SBS X,274.

WBÖ V,1447.

Komp.: [**ge**]**e. 1** wie →*e.*1: °*goarlat* „von etwas, das rund sein soll, aber nicht rund ist" N'bergkchn MÜ.– **2** wie →*e.*2, °OB, °NB vereinz.: °*goalad* „wenn die Dampfnudel einen milchweißen Belag aufweist" Garching AÖ; °*goalig* „sind mit saurem Rahm übergossene Dampfnudeln" Altenbuch LAN. M.S.

eierln[1]

Vb., sich ungleichmäßig drehen, ungleichmäßig rollen, °OB, °NB vereinz.: °*i hob hintn an sechan Achta, daß mei Hintarall grod nu oald* Stammham AÖ; *oierln* HÄRING Gäuboden 159.

SCHMELLER I,55.– WBÖ V,1424f. M.S.

eierln[2]

Vb., kindersprl., liebkosen, OB, NB, OP vereinz.: *eialn* Außerrötzing DEG; *eiala* Naabdemenrth NEW. M.S.

eiern

Vb. **1** sich ungleichmäßig drehen, ungleichmäßig rollen: *Des Radl oart* BINDER Bayr. 151.
2 †ein Ei, Eier legen: *daz die vǒgel, die flaisch ezzen, niht mer ayern denne ains mals in dem iar* KONRADvM BdN 191,13f.

Etym.: Mhd. *eiern*, Abl. von →*Ei*; [2]DWB VII,354.

SCHMELLER I,55.– WBÖ V,1426. M.S.

Eifer

M. **1** Eifer, °OB, NB vereinz.: °*Eifa* Fischbachau MB; *Herrgott, hoscht du an Eifa!* THOMA Werke VI,421 (Wittiber).
2 †Eifersucht: *die fraw ... achte nu nicht vil irs mannes eyfer* FÜETRER Lanzelot 151.

Etym.: Herkunft unklar; KLUGE-SEEBOLD 232.

SCHMELLER I,44.– WBÖ V,1427f.

Abl.: *eifrig*.

Komp.: [**Dienst**]**e.** Diensteifer, OB, NB vereinz.: *Dea*^{n}*schteifa* Kochel TÖL. V.S.

†Eiferer

M. **1** eifersüchtiger Mensch: *Nv merck, eyfrær, wie liep du dein frawen habst* KONRADvM BdN 313,23.– Phras.: *als er auff ein zeit bey Nacht ... nicht eingelassen ... hat er dem Closner den Eyferer lassen auffblasen* [die Eifersucht entfachen lassen] HUND Stammenb. II, 191.– Auch Gott, der ausschließliche Liebe zu sich einfordert: *Deszhalb nennt die schrift got ainen starckhen eyfrer* BERTHOLDvCH Theologey 354.
2 Rivale, Widersacher: *darumb er von den ... Griechen antitheos, das ist gottes eiferer, von uns Teutschen aber das bös genent wird* AVENTIN IV,318,13-16 (Chron.).

Etym.: Gleicher unklarer Herkunft wie →*Eifer*; KLUGE-SEEBOLD 232.

SCHMELLER I,44.– WBÖ V,1428. V.S.

eifern

Vb. **1** eifersüchtig, neidisch sein.– **1a** eifersüchtig sein, °OB, °NB, MF, SCH mehrf., °OP, OF vereinz.: *dea eifad* Haunswies AIC; *äfan* Miltach KÖZ; *D' Frau hot direkt g'eifert* Tölz Altb.Heimatp. 47 (1995) Nr.17,8; *So lang mei˜ Wei' mit miər geifə't hát, hán I gwis gwisst, dás ·s mi' gern hat* SCHMELLER I,44.– **1b** neidisch, mißgünstig sein: °*do weada wieda eifan, da Hea Bruada, båina mirgt, dasma da Vådda des gressa Fejd vamåchd håd* Ebersbg; *Eifern* „sich rächen" HÄSSLEIN Nürnbg.Id. 59.

2 etwas od. jmdm zu erreichen streben.– **2a** wetteifern, etwas zu erreichen streben: *eifern* „um Gunst“ Passau; *Er braucht um koan Hausschlüssel Z' eifern mit ihr* EBERL Neui Kräutl 151; *Eiferen* „Æmulari bona“ SCHÖNSLEDER Prompt. M3v.– **2b** nacheifern: *ei:fån* CHRISTL Aichacher Wb. 249; *Eiferen* „Æmulari alicui“ SCHÖNSLEDER Prompt. M3v.– **2c** †sich ernsthaft um jmdn bemühen: *ain puoeler liebet vnordentlich die maetz vnd eyfert vnzimlich vmb dieselb* BERTHOLDvCH Theologey 250.

4 schimpfen, sich erregen: *eifern* Passau; *„Was red'st d' denn Schwägerin!“ eifert d' Brunhild* STIEGLITZ Nibelungenlied 37.

Etym.: Gleicher unklarer Herkunft wie →*Eifer*; KLUGE-SEEBOLD 232.

DELLING I,148; HÄSSLEIN Nürnbg.Id. 59; SCHMELLER I, 44; WESTENRIEDER Gloss. 185.– WBÖ V,1428-1430.

Komp.: [**be**]**e.** Part.Prät., eifrig, voller Eifer: *'s Ahnla hat ihra scho 's Strickn zoagt und da arbat sie so beeifert* BAUER Oldinger Jahr 81.

WBÖ V,1430.

[**der**]**e.,** [**er**]- refl. **1** wie →*e.*4, °OB, °NB, °OP, °MF mehrf., °OF, °SCH vereinz.: °*da Lugi daeifertse heut wieda* Wildenroth FFB; °*daeifate nea niat!* Schönwd REH; *I' dereifer' mi' net, aber red'n muaß man doch von der Sach'* MEIER Werke I,255 (Brautschau).– **2** sich mit Eifer für etwas einsetzen, °OB, °NB, °MF, °OP vereinz.: °*für sei Politik dereifert er sich wieder ganz!* Winklsaß MAL.

WBÖ V,1430.

[**nach**]**e.** wie →*e.*2b: °*nocheifan* Neufraunhfn VIB. V.S.

eifrig, †eiferig

Adj., eifrig, OB, NB, °MF vereinz.: *eifröga Beta* Hengersbg DEG; *will er auf das eifrigist Zur Armut leiten an* Bay.Wald HARTMANN Volksl. 229; *So eifrig war ma früher net* THOMA Werke VII,476 (Münchnerinnen); „Der Grabstein sagt ... von ihm ... *daß S. Barbara-Bruderschaft ... hab mich eifrigist angenomen*“ Hörmannsdorf LA 1715 VHN 27 (1891) 167.

SCHMELLER I,44.– WBÖ V,1430.

Komp.: †[**brinn**]**e.** sehr eifrig, übereifrig: *brinneiferig* SCHMELLER I,359; *Brinneifrige Prediger haben bereits ihre Ascesvollen Werke schon durch die Druckerpresse bekannt gemacht* BUCHER Kinderlehre 13.

SCHMELLER I,359.

[**dienst**]**e.** diensteifrig, °OB, °OP, MF, SCH vereinz.: *ea is rächt döaschteifrö* Ascholding WOR.

WBÖ V,1430.

[**über**]**e.** wie →[*brinn*]*e.*, °OB, °NB, °OP vereinz.: *übereifrig* Gebrontshsn PAF. V.S.

Eige[1] →*Egge*.

Eige[2] →*Eibe*.

Eigel

(Genus?), Rauschbeere, °OB (v.a. TS) vielf.: °*Oagln* Siegsdf TS.

Etym.: Herkunft unklar. A.S.H.

Eigen[1]

N. **1** Eigentum, Besitz.– **1a** abgabenfreies u. vererbbares, nicht entlehntes, von gemeiner Nutzung freies Grundstück od. Gut, °OB, °NB vereinz.: °*das Aigen* „Eigenhof“ Erlstätt TS; *das Aigen* „Gut, Acker, Holz, Grundstück, so ... nicht im Lehen- oder grundherrlichen Verbande steht“ SCHMELLER I,48; *usque ad illud Vvagreini quod dividit Smurseseigan et predium sancti Castuli* nach 895 Trad.Frsg I,761; *Jch Heinrich von sæhsinhausen vergihe ... daz ich meinen hof ... der mein reht vrei aigen ist/ gib ... den gůten vrowen/ dem conuente ze altenhohinawe* Mchn 1283 Corp.Urk. II,5,2-4; *Also daß alle die auf des Gotteshauß Eigen sitzen .... sollen einem Abt versprechen und Recht vor ihm halten* Kastl NM 2.H.16.Jh. VHO 89 (1939) 171.– Auch †zinspflichtiger Grundbesitz: *Ilmarsdorf von des schenken æigen ain hof der giltet zwælf mvtte waitzen ... ahte hvnre, hvndert æier* Bayer.Herzogsurb. 203,1439a.– Häufig als od. in ON, Fln., z.B. *Aigen* GRI, *Aign* KEM.– **1b** allg., °OB, °NB, °OP vereinz.: °*Aign* „Eigentum in Sachen“ Scharmassing R; *diu sela ... upi ... si dero engilo eigan uuirdit* 9.Jh. SKD 66,6-12 (Muspilli); *daz man im ein künicrîche drinne ze rehtem eigen gæbe* BERTHOLDvR I,234,13f.

2 auch M., †Leibeigener, Höriger, Unfreier: *Swer auf ein gůt sitzzet hinder einen herren, dez aigen er nicht enist noch lehen, den mag man nicht tewrer pfenten dann umb sein dienst* 1340 Stadtr.Mchn (DIRR) 343,6-8.

Etym.: Ahd. *eigan*, mhd. *eigen* stn., Abl. von →*eigen*[1]; PFEIFER Et.Wb. 266.

SCHMELLER I,48.– WBÖ V,1431-1433.